AF496123

Ouvrages de M. Marius Vachon

L'Ancien Hôtel de Ville de Paris — Grand in-4°, 200 gravures. A. QUANTIN, éditeur. Prix : 60 francs. Ouvrage publié avec le concours du Conseil municipal de Paris.

L'Art Français pendant la Guerre de 1870-1871 et la Commune — Ouvrage auquel le prix Bordin a été décerné en 1880 par l'Académie des Beaux-Arts. 4 vol. in-12, avec gravures. A. QUANTIN, éditeur.

Les Peintres Étrangers à l'Exposition de 1878 — In-18. L. BASCHET, éditeur.

Pierre Vaneau et le Monument de Jean Sobieski — Grand in-4°, avec gravures, 1879. CHARAVAY frères, éditeurs.

Les Ruines Archéologiques de Sanxay — In-4°, avec photog. L. BASCHET, éditeur, 1881.

Nos Industries d'Art en péril — In-8°, L. BASCHET, éditeur, 1882.

La Question du Mont Saint-Michel — In-4° de 50 pages avec gravures, 1883.

Delacroix, sa vie et son œuvre — In-folio, 40 photogravures et nombreux dessins dans le texte. DUMAS, éditeur, 1885.

Jacques Callot — In-8°, avec gravures. Librairie de l'ART, Rouam, 1885.

Philibert de L'Orme — In-8°, avec gravures. Librairie de l'ART, Rouam, 1887.

La Russie au Soleil — In-16. V. HAVARD, éditeur, 1886.

La Crise Industrielle et Artistique en France et en Europe — In-16. LIBRAIRIE ILLUSTRÉE, 1886.

Rapports de Missions Officielles — (Ministère de l'Instruction publique et des Beaux-Arts) sur les Musées, Écoles et Institutions d'Art industriel, en Allemagne, Angleterre, Autriche-Hongrie, Belgique, Hollande, Italie, Russie, Danemark, Suède et Norvège. 5 volumes grand in-4°. A. QUANTIN et IMPRIMERIE NATIONALE, 1885-1889.

Les Manufactures nationales : Les Gobelins, Sèvres et Beauvais — (En collaboration avec Henry HAVARD). Grand in-8° avec gravures. G. DECAUX, éditeur, 1889.

L'Exposition d'Art et d'Industrie de Saint-Étienne — In-4°, avec phototypies et dessins. THÉOLIER, éditeur, 1890. (Médaille d'or de la Société d'Encouragement à l'Industrie nationale, 1894.)

La Femme dans l'Art — Grand in-4° de 600 pages, avec 400 gravures. ROUAM, éditeur, 1893.

Les Marins Russes en France — In-4°, avec photogr. et dess. LIBRAIRIES-IMPRIMERIES RÉUNIES, 1894.

Les Chats : Esquisse naturelle et sociale — Tableaux et dessins d'Henriette RÖNNER. In-folio. BOUSSOD et VALADON. 1893.

EN PRÉPARATION :

Les Arts et les Industries du Métal, du Tissu, de la Terre, etc.

LES ARTS ET LES INDUSTRIES

DU PAPIER

Les Arts et les Industries du PAPIER en FRANCE

par

Marius VACHON

1871-1894

PARIS

LIBRAIRIES-IMPRIMERIES RÉUNIES

MAY & MOTTEROZ, Directeurs

7, rue Saint-Benoît

Gravure extraite de *Paris* par Auguste Vitu. Édité par l'Ancienne Maison Quantin.

Sommaire des Chapitres

Gravure extraite de *L'Art japonais*, par Louis Gonse.
Édité par A. Quantin.

Architecture

DE

PHILIBERT

DE L'ORME,

CONSEILLER ET AVMOSNIER

A PARIS,

Chez REGNAVLD CHAVDIERE, ruë sainct Iacques,
à l'Escu de Florence.

M. DC. XXVI.

Ecc iij

Avez vous remarqué les avantages d'un mauvais caractère. Edmond Pailleron

de la part de Gyp

au sont grattées son odeur et leur souffle   Hector Malot

Le souhait, hélas ! comme tant d'autres est resté lettre morte   Henry...   Pierre Loti

J'ai enfin retrouvé son tombeau   J'écris à l'Empereur ... d'Italie

l'irréflexion des oiseaux   Aurélien Scholl   ne faites que des... anonymes   Arsène Houssaye

St Claude

à vos espoirs et vos rêves de plaisirs   au... Jules Claretie   non de la table des riches, mais de celle de pauvre

le ballon   esprit bouée, il reviendra bouée   A. Dumas   Paul Leroy-Beaulieu

Croyez...   Navarre   tout à vous cordialement   S. Glichon   se trouva vers...

à nos... Alphonse Daudet

avenir meilleur de justice et ... sociale   G. ...   E. Spuller, ancien ministre de l'instruction publique, député de la côte d'or, rédacteur à la République française

de fraternité civique   Georges Briet

nous croyons que c'est sagement jugé et qu'ainsi... le projet de la chambre... mille...

... doit nécessairement être condamnée sans la charité... universelle   V. Duruy   E. M. de Vogüé   appel

L'enseignement secondaire spécial est né ce jour là   leur liberté d'esprit, les honore d'ailleurs profondément. Naquet   Ani

... la gloire   John Bos, travaille pour l'homme, ... C. Pelletan travaille pour Dieu.

grands hommes que nous admirons. Maurice Barrès   Hyacinthe Loyson   Ernest Renan

Clovis Hugues   Jean Richepin

Héliographie Motteroz

Librairies-Imprimeries réunies   Siège social, 2, r. Mignon, Paris

Comme les autographes, les actes quelconques, les dessins au trait, les volumes anciens et nouveaux sont reproduits en fac-similé par l'héliographie Motteroz, 2, rue Mignon, Paris. Librairies-Imprimeries Réunies.

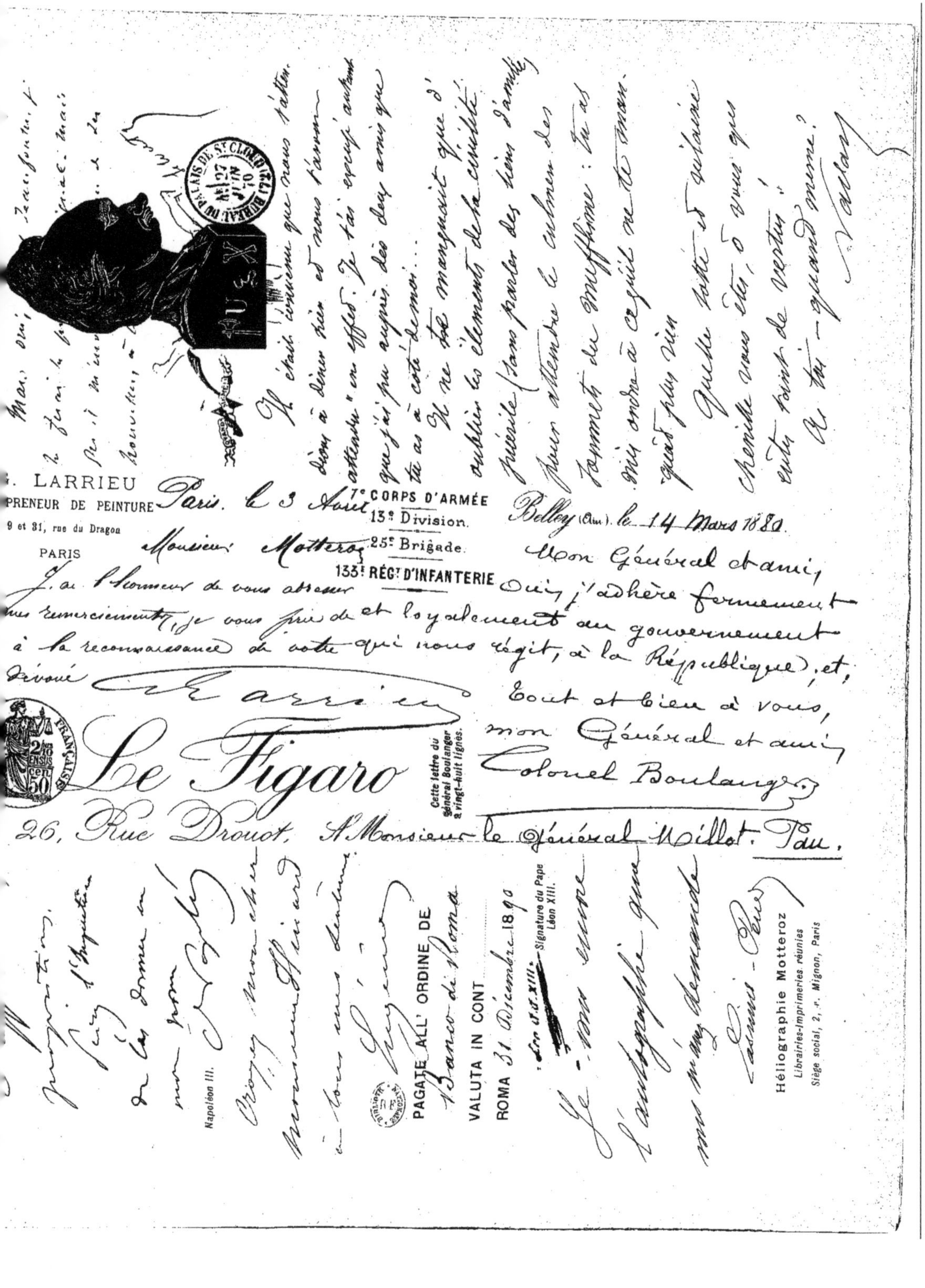

LARRIEU
PRENEUR DE PEINTURE
9 et 31, rue du Dragon
PARIS

Paris. le 3 Avril

Monsieur Motteroz

J'ai l'honneur de vous adresser mes remerciements, je vous prie de à la reconnaissance de votre dévoué

7e CORPS D'ARMÉE
13e Division.
25e Brigade.
133e RÉG' D'INFANTERIE

Belley (Ain). le 14 Mars 1880

Mon Général et ami,
Oui, j'adhère fermement et loyalement au gouvernement qui nous régit, à la République, et,
Tout et bien à vous,
mon Général et ami,
Colonel Boulanger.

A Monsieur le Général Millot. Pau.

Cette lettre du Général Boulanger a vingt-huit lignes.

Le Figaro
26, Rue Drouot,

Napoléon III.

PAGATE ALL' ORDINE DE
Banco di Roma
VALUTA IN CONT
ROMA 31 Dicembre 1890

Signature du Pape
Léon XIII.

Tout ce qu'on apprend'sut toujours Il le étudie en la mort et qui semblent par instants avoir apparence le plus inutile rapportant toujours des avantages l'inréflexion des oiseaux — Pierre Loti, considerable. J. Cornély

Oh! malheureux...
M. V.-Sardou

Il avait cru montrer sa science, et ne montra que son ignorance. Jules Simon

Il est de chêne, hélas! et ce n'est qu'un...
Le Achille
Eugène Manuel

C'est une grande chose que la bienfaisance; c'en est une bien plus grande que la charité. Être bienfaisant, c'est seulement secourir, consoler; être charitable, c'est encore les secourir, sans doute, mais, surtout, c'est les aimer. La bienfaisance est une vertu, la charité est un sentiment, le plus beau de tous et qui peut devenir une sublime passion. Donner un louis d'or ou un morceau de pain, selon que l'on est riche ou pauvre, cela ne suffit pas; il faut, en même temps donner un peu de son cœur.

Cela est une belle noirceur...
François Coppée

...moi historiens sont obligeam-ment...
Georges Montorgueil

On aurait pour être utilement... l'État peut seul mettre au service la science. M. Fouchet

Les amateurs de bon billet avaient ils... le cœur aussi éclair... l'estime? J. Lepelletier. C'est à l'École de l'antiquité classique que Rossent s'est formé; c'est à elle que nous devons cette éloquence, que Platon et Démosthène n'ont pas surpassée Barthélemy - St Hilaire

De même que l'Église fête ses saints et ses martyrs, de même la Patrie devrait fêter ses génies qui... et ne songent à lutter et à souffrir.
Henri de Pommereux

Comme un fou, les bras ouverts, les lèvres tendues cherchant un être à étreindre. Guy de Maupassant

Il était mystique et non romantique. L'action lui répugnait. Et tout à coup on voyait homme d'action — et de quelle action!
M. Vacquerie

De madame Smart.
Théodore de Banville

Et son influence désastreuse favorable... développe... théorie dans ses origines de l'Alchimie...
M. Berthelot

Offrande faite par Abimiskar fils de Baalsillekh, à son seigneur... Salman. Qu'il le bénisse! Ernest Renan

Oui, mais qui bien... — C. Villetar.

CHAPITRE PREMIER

Le Papier

I

La Genèse du Papier ⁂ La Nature et la Science

Un court préambule historique est nécessaire en tête de cette rapide étude sur la fabrication contemporaine du papier. L'auteur toutefois n'y poursuit point le but de faire facilement montre d'érudition ; les nombreux livres publiés sur cette très antique industrie, depuis Pline et Théophraste jusqu'à Lalande, Lacroix et Payen, et les encyclopédies de tous genres contiennent tout ce qui peut s'écrire de plus savant. Mais l'analyse, même succincte, des phases diverses de la création de ce produit, si précieux pour l'humanité, est d'une telle suggestion de pensées philosophiques et sociales sur la puissance du génie de l'homme, quand il s'appuie solidement sur l'observation des phénomènes de la nature, qu'il n'est pas inutile de faire précéder la description des progrès réalisés pendant ce dernier quart de siècle de quelques lignes résumant les évolutions de l'industrie dans le passé et de signaler en même temps certaines analogies technologiques, assez curieuses, du domaine de l'histoire naturelle, que le dépouillement de mémoires et de travaux scientifiques, tant anciens que nouveaux, peu connus, permet de révéler.

Les érudits ont écrit, les uns, que le papier était dû aux Chinois ; les autres, aux Égyptiens. Il a été beaucoup disserté à ce propos, sans qu'on ait pu parvenir à s'entendre sur la question de priorité, qui n'est pas, il est vrai, d'une bien grande importance historique et ne pourrait porter un grave préjudice d'amour-propre ni à ceux-ci, ni à ceux-là, en raison de leur éloignement dans la nuit profonde du passé. Chez les Égyptiens, l'usage du papier ou papyrus semblerait, en effet, remonter à des temps extrêmes ; car l'on possède aujourd'hui des papyrus trouvés dans des tombeaux datant d'au moins dix-huit siècles avant Jésus-Christ. Ce papier était fait au moyen d'une plante qui croît sur les rives du Nil et qui a donné son nom au produit. Pline en a sommairement décrit le procédé. Après avoir dépouillé le papyrus de son écorce, on en tirait, par un tour de main particulier, d'assez larges pellicules étendues ensuite les unes sur les autres, en entre-croisant les fibres, et rendues adhésives par le frottement ou la compression ; on les polissait à l'aide d'une dent de cheval, et les feuilles pouvaient recevoir l'écriture ou le dessin. Pendant que les Égyptiens préparaient ainsi le papyrus, les Chinois produisaient un autre papier par un système différent, celui de la fabrication à la cuve, tout en s'inspirant évidemment du même principe industriel, le feutrage par agglutination des fibres du bambou ou du mûrier. D'autres écrivains déclarent que le papier chinois a été transmis à l'Occident par les caravanes qui, de l'Asie Mineure, entretenaient un commerce incessant avec les Indes et l'Extrême Orient. Les Arabes, dont la civilisation a été si puissante et si féconde, qu'ils aient découvert ou reçu le procédé, installèrent en Afrique et dans la péninsule Ibérique des fabriques de papier de coton, qui, dès le neuvième siècle, firent au parchemin et au papyrus une concurrence écrasante. L'Europe ne devait pas tarder à importer cette industrie. L'érudition nous révèle, grâce à l'étude des vieilles archives, qu'un évêque de Lodève, en Languedoc, autorisait, par une charte en date de 1189, l'établissement de moulins à papier sur l'Hérault ; elle nous informe encore, avec moins de précision, toutefois, de la date de la substitution du fil au coton, dont l'importation occasionnait de très grands frais ; ce fut à la fin du treizième siècle, ou dans les premières années du quatorzième. On sait nettement, au moyen de documents authentiques, reproduits par Henry Havard dans son *Dictionnaire de l'Ameublement et de la Décoration*, que, vers la fin de ce dernier siècle, le papier était devenu si bon marché qu'on s'en servait pour les comptes de cuisine. Une « Ordonnance au sujet des finances du duc de Bourbon », rendue en 1374, oblige le trésorier du prince « à faire papier et registre » de toutes les sommes encaissées pour le compte de son maître et l'argentier « à faire escripre en papier journal du clerc d'offices ou du contrerolleur » le détail de tout ce qu'il « acheptera et prendra au meilleur marché qu'il luy sera possible ». Dans les Comptes des rois de France se trouve la trace de nombreuses acquisitions de papier destiné à des usages analogues.

La généalogie du papier peut donc être établie assez exactement. Mais ce que, sans aucun doute, avec beaucoup de peine et après des tâtonnements infinis, le génie des Orientaux avait inventé ou découvert, la nature le réalisait avec perfection. De simples insectes, depuis que le monde est monde, bien avant l'homme, surent faire du papier et avec plus de science qu'il n'en montrera lui-même plus tard. Un chimiste, Aimé Girard, que cette citation révèle un naturaliste subtil, d'un tempérament à la Buffon, va le prouver éloquemment, dans une de ses conférences des Arts et Métiers :

« Avez-vous quelquefois observé dans nos bois les nids qu'y construisent les guêpes avec une habileté merveilleuse ? L'étude en est bien instructive : voyez celui-ci. C'est une sorte de boule faite de feuilles minces s'enveloppant les unes les autres et

portée encore par la branche de viorne sur laquelle le nid a été construit. Ici la paroi
en est arrachée, laissant voir à l'intérieur la ruche avec ses alvéoles. Détachez un fragment de cette enveloppe, détachez la paroi d'une des loges de cette ruche, et vous
serez tout étonnés de voir l'une et l'autre composées de fibres végétales entre-croisées,
feutrées et collées entre elles.

« Portez alors au microscope une feuille de papier lâche, c'est du papier Joseph ;
étudiez-en la structure, et vous la voyez formée, comme le papier chinois de tout à
l'heure, par l'entre-croisement d'une multitude de fibres se recouvrant et se feutrant de
mille manières. A cette vue, substituez ensuite l'image d'un fragment détaché de ce
nid, faites abstraction des impuretés : grains de sable, poussières, etc., dont le vent
l'a nécessairement couvert, et c'est en face d'une structure identique à la précédente
que vous vous trouverez. Ce résultat, comment les guêpes papelières l'ont-elles obtenu ?
C'est en broyant, à l'aide de leurs mandibules, les jeunes pousses des plantes, en
dégageant la cellulose fibreuse du tissu végétal, en collant ensuite à l'aide d'un liquide
gluant qu'elles sécrètent les fibres ainsi dégagées, qu'elles ont confectionné le tissu de
leur nid. »

Il y a plus encore. La nature a résolu le même problème par d'autres procédés
techniques, devançant ainsi la science, qui, tout en ayant eu sous les yeux la preuve de
la solution, ne sut pas en dégager immédiatement la leçon expérimentale. L'auteur de
l'Art de fabriquer le Papier, Lalande, écrivait en 1761 : « M. de Réaumur avait pensé
que les bois qui se pourrissoient pouvoient aussi être employés à former du papier. La
nature même opère sans le secours d'aucun art un papier très fin avec des plantes
pourries au fond de l'eau ; M. Guétard a observé dans des mares d'eau de la forêt de
Dourdan, qui avaient été desséchées, des masses d'une matière totalement semblable
à du papier. » Or ce n'est qu'en 1801 qu'on tentait de faire industriellement du papier
de bois ! Et, environ un siècle seulement après les constatations de Réaumur et de
Guétard, Payen découvrait la cellulose et en donnait l'analyse chimique, avec l'indi-
cation de ses propriétés industrielles, dont l'application allait provoquer une révolution
en papeterie. Il y a dans le règne végétal une substance scientifiquement dénommée cellulose, que les botanistes définissent : « matière insoluble qui forme essentiellement les
parois des cellules, des fibres et des vaisseaux. » Le bois n'est autre chose que de la
cellulose épaissie et condensée. Étant révélée la cellulose à l'état de fibrilles infiniment
divisées, toute la théorie de la fabrication du papier basée sur son emploi se réduit à
obtenir avec ces éléments végétaux un feutrage analogue à celui que donnent les poils
d'animaux, pressés et foulés. Une feuille de papier est, en somme, un mince feutre
végétal, le tissu qui le constitue étant formé par l'étroite adhésion des brins de cellulose.

Depuis la seconde moitié de ce siècle, la science a mis à la disposition des industriels, en même temps que les théories les plus exactes et les plus fécondes, des agents
chimiques et mécaniques, qui leur permettent de les appliquer et qui ont donné ainsi
à la fabrication du papier un développement prodigieux.

Autrefois, dans la première opération de la papeterie — la formation de la pâte à
papier — l'empirisme tenait presque exclusivement le rôle que la chimie y occupe

aujourd'hui, en possession d'un outillage et de procédés relativement infaillibles, qui deviennent de jour en jour plus puissants et plus variés. On ne connaissait alors, comme matière première usuelle, que le chiffon, dont la rareté et la concurrence industrielle élevaient le prix de façon à empêcher la généralisation de l'emploi du papier, en dépit de la diffusion de l'instruction publique et du développement du commerce. Il ne fallut rien moins que la découverte par Berthollet du blanchiment par le chlore, pour l'utilisation de matières jusqu'alors considérées comme impropres à la papeterie. Et, en même temps, on se préoccupait, pour parer à cette rareté, de

Magasin à chiffons délissés. Usine Firmin-Didot, à Sorel-Moussel

trouver des succédanés du chiffon. Cette recherche, qui se poursuit toujours avec activité et acharnement, est une des évolutions caractéristiques de l'industrie contemporaine. Déjà, en 1765, un livre singulier avait été publié à Ratisbonne, formé de spécimens de papiers fabriqués avec des pâtes de coton, de mousse, de sarment, de paille, de jonc et de feuilles de choux. Vingt-deux ans après, paraissait en France un ouvrage avec texte sur papier de tilleul, relatant les expériences de Léonce Delisle sur l'utilisation en papeterie de l'ortie, du houblon, de la mousse, du roseau, de la racine de chiendent, du coudrier, de l'écorce de chêne, du saule, du tilleul et du peuplier d'Orient. En 1834, un industriel, nommé Delestrade, expose un papier fait avec l'algue marine des Martigues et des étangs de Berre. En 1849, on essaye d'utiliser le bananier et le palmier nain d'Algérie; les Didot, vers ce même temps, fabriquent dans le Vaucluse

Batterie des piles blanchisseuses
Usine Firmin-Didot

du papier avec le bois de saule haché et passé sous la meule de moulin. Dans son rapport sur la Papeterie, à l'Exposition universelle de 1851, Ambroise Firmin-Didot écrivait relativement à ces succédanés du chiffon : « Après bien des essais infructueux on est cependant parvenu à employer avec plus ou moins de succès la paille et le bois, mais sans pouvoir détruire jusqu'à présent le principe colorant, qui ne permet d'en faire l'emploi que dans des proportions restreintes et dans les papiers de qualité inférieure. » Pendant longtemps, la paille a été, en effet, pour l'industrie française, le principal succédané ; l'industrie anglaise avait choisi l'alfa d'Algérie. Introduite par Seguin dans la papeterie, au commencement du siècle, la paille tient en Occident un peu le rôle, en Orient, du bambou, par ses multiples applications à la vie matérielle : la nourriture, le vêtement, l'outillage, l'habitation et le papier. Cette matière première est utilisée de deux façons. Abandonnée pendant quelques semaines à la macération à froid, au contact d'un lait de chaux ou bien lessivée rapidement sous pression à l'aide soit de cet agent chimique, soit de la soude caustique, elle fournit sous la meule un défilé coloré, qui tantôt, soumis à un raffinage sommaire, est employé à la fabrication du papier de pliage, sa première application et la plus généralisée ; tantôt, blanchi au chlorure de chaux liquide, constitue l'élément essentiel de la fabrication des papiers blancs pour journal, emploi qui date de 1851 et qui a été perfectionné par le procédé Lespermont, remplacé lui-même récemment par un mode de lavage par déplacement du chlorure de chaux. Cette même année, il était pris un brevet pour fabriquer une pâte chimique de paille. La fabrication du papier de paille a toujours été en progrès de qualité et en augmentation de quantité. Actuellement des usines nombreuses sont outillées pour produire 15 000 kilogrammes par vingt-quatre heures de travail.

L'invention de la pâte de paille

Raffineuses & Défileurs de chiffons & pâtes
de bois
Papeterie de La Haye-Descartes

avait provoqué une transformation industrielle et économique de la papeterie; celle de la pâte de bois devait y produire une révolution. Les expériences de Léonce Delisle et des Didot étaient reprises avec des procédés nouveaux. On imaginait de défibrer mécaniquement le bois, et il paraissait, à l'Exposition universelle de 1867, une machine, inventée par l'Allemand Keller et perfectionnée par un papetier d'Idelsheim, nommé Welter, dont le principe technique est encore maintenu aujourd'hui dans les engins divers qui lui ont succédé. L'opération du défibrage mécanique par le procédé Welter

Atelier des machines à fabriquer le papier
Papeterie de La Haye-Descartes

se fait ainsi : le bois — ordinairement de l'épicéa et du tremble — est écorcé, puis taillé en bûchettes de 33 à 50 centimètres de longueur et débarrassé de toutes ses nodosités; on place les bûchettes sous une meule en grès de 1ᵐ,25 à 1ᵐ,50 de diamètre, fixée sur un arbre horizontal faisant de cent vingt à cent cinquante tours à la minute, dans une auge en fonte divisée en compartiments, huit, douze ou seize, suivant la force à absorber. Chaque compartiment, dénommé tiroir, renferme un rinceur lavant la meule et entraînant les fibres au fur et à mesure qu'elles sont produites; le bois râpé, conduit par un courant d'eau, s'épure au travers de tamis cylindriques, d'où il est amené dans

Blanchiment de la pâte de bois
Usine Firmin-Didot

un raffineur composé de deux meules horizontales fonctionnant comme des meules à farine. La pâte, classée suivant sa finesse par des tamis, est mise sous presse pour former une galette de quelques millimètres d'épaisseur, qu'on expédie en ballots aux papeteries. De nombreuses et importantes usines se créèrent, pour cette branche d'industrie, en Belgique, en Suisse, en Autriche, en Allemagne, mais principalement en Suède et en Norvège. On utilisa non seulement le pin et le sapin, mais toutes les essences tendres et riches en cellulose : le tremble, le peuplier blanc, le tilleul, le charme, le saule et le noisetier. Dans les débuts de la fabrication, la pâte de bois mécanique présentait de fort graves inconvénients. Le papier, dans la composition duquel elle était entrée, jaunissait rapidement à la lumière, par suite de la présence d'une matière incrustante, dont la défibreuse ne pouvait débarrasser la cellulose; mais on ne devait pas tarder à trouver les moyens chimiques de purifier la pâte de bois. Cette découverte conduit rapidement à une autre : la défibration chimique par des procédés consistant à diviser la matière première en petites bûches, pour faciliter l'action des agents de transformation, à la lessiver sous pression dans un bain concentré de bisulfite de chaux ou de magnésie, puis à la laver, à la réduire en pulpe et à la blanchir par le chlorure de chaux.

Par toutes ces découvertes, l'industrie de la papeterie était entrée définitivement dans une période nouvelle, la période scientifique, exclusive de tout empirisme. Elle a marché à pas de géant, et ses progrès sont continus. Non seulement l'industrie analyse aujourd'hui, avec une précision rigoureuse, les phénomènes mécaniques et chimiques

Moulins à broyer la pâte de bois
Usine Firmin-Didot

de la nature ; elle en crée de nouveaux par des théories préventives, dont les expériences de laboratoire démontrent l'exactitude et la fécondité ; elle arrive ainsi avec certitude à des procédés infaillibles. La genèse de la fabrication de la pâte de bois en est la démonstration. En 1801, Mathias Koops prend à Londres un brevet pour fabriquer du papier avec la paille, les déchets de chanvre et de lin, « différentes sortes de bois » et d'écorce, en les trempant ou les faisant bouillir dans l'eau, à laquelle il a ajouté, suivant les cas, de la potasse ou des cristaux de soude. Le procédé est assurément ingénieux ; mais il n'a pas de base scientifique solide. Les papetiers accumulent successivement brevets sur brevets, pour exploiter l'idée ; aucun n'arrive à une application raisonnée et pratique ; tous font plus ou moins de l'empirisme. L'idée reste stationnaire et inutilisée. Intervient la science ; elle va résoudre le problème, donner la vie au germe inerte de l'invention de Koops, qui produira rapidement une superbe floraison de découvertes précieuses et de procédés industriels merveilleux. Payen crée la théorie chimique de la cellulose. Il démontre que le tissu végétal, formé primitivement de cellules allongées, souples et fibreuses, constituées par de la cellulose pure, se complique peu à peu, en vieillissant, du fait de l'incrustation de ces fibres par des matières nouvelles, nombreuses et variées, qu'il désigne sous le nom générique de matières incrustantes, et qui sont caractérisées par ce fait qu'elles comportent en général dans leur composition plus de carbone que de cellulose pure ; il établit encore que la cellulose résistant énergiquement aux agents chimiques peut impunément être soumise à l'action des alcalis bouillants et des acides étendus, tandis que les matières incrustantes se transforment aisément, au contact de ces réactifs, en produits solubles et colorés. Une théorie aussi nettement établie, son application industrielle ne pouvait pas tarder.

En 1857, Houghton traite le bois par l'emploi simultané des liqueurs alcalines concentrées et des pressions considérables à douze et quatorze atmosphères, et en tire 33 pour 100 de fibres encore colorées, mais transformables en pâte blanche d'une utilisation facile pour le papier. Il se fonde une Société anglaise pour l'exploitation du procédé, et la fabrication de la pâte de bois chimique commence régulièrement et avec succès. Depuis lors, il a été inventé une série considérable de procédés nouveaux, procédés Sinclair, Francke, Mitscherlich, Kellner, Darblay, Eckmann, etc., qui apportent au premier des perfectionnements ou des transformations et se résument tous en un lessivage de la matière première, effectué à des températures variables, dans un bain de bisulfite de chaux ou de magnésie et de résineux, suivi d'un lavage destiné à enlever à la pâte toute trace d'acidité provoquée par ces violents traitements chimiques. Les procédés actuels sont si parfaits que le papier à pâte de bois au bisulfite peut servir au tirage des plus belles gravures. La France possède à cette heure de nombreuses et importantes usines pour cette branche de la papeterie. On fabrique aussi actuellement de la pâte de bois demi-chimique, obtenue par la cuisson, à 160 ou 170 degrés, de copeaux, bûchettes et par le raffinage économique au pulp-engine, et le plus souvent sur des défibreuses à pâte mécanique.

L'invention de la pâte de bois, soit mécanique, soit chimique, a pris une immense extension. On estime qu'il se fabrique annuellement dans le monde 300 millions de kilogrammes de cellulose. Quelles forêts il a fallu abattre ! Le bois rend en moyenne 33 pour 100 de cellulose ; un stère de sapin écorcé donne 150 kilogrammes de cette matière par le traitement chimique, et 200 à 250 — suivant le régime, — par le traitement mécanique : cette production représente donc environ 900 millions de kilogrammes de bois détruit. Ne soulèvera-t-on pas, un jour prochain, le même problème que celui des mines de charbon : l'épuisement de la matière première? Pauvres Dryades, Sylvains, Faunes et Nymphes, qui, à travers les bois, « suiviez d'un pied furtif le dieu Pan vers la fontaine profonde, et dont les voix sonores répondaient à l'écho du sommet des montagnes, dans la prairie où le crocus et la jacinthe aux suaves parfums confondent leurs fleurs avec l'herbe touffue! » ce n'était pas assez des bûcherons et des charbonniers pour détruire vos retraites ombreuses; arrive la horde impétueuse des papetiers! Oui, vraiment, le grand Pan est mort !

La science moderne a fourni à la papeterie une série considérable de succédanés du chiffon. Pour leur traitement et leur transformation en papier, elle mettra à sa disposition des produits chimiques et un outillage d'une puissance prodigieuse. A l'Exposition de 1839, le rapporteur général signale, comme un grand progrès, la généralisation du blanchiment par le chlore ; en 1849, Ambroise Firmin-Didot, la substitution du chlore liquide au chlore gazeux, l'usage des antichlores et particulièrement des sulfites. Et, enfin, le jury de la Papeterie en 1867 constate, à défaut de découvertes importantes, des perfectionnements dans le lavage, le lessivage, le blanchiment des chiffons et l'épuration des pâtes de paille et de bois. Les usines à pâte et à papier sont devenues aujourd'hui de véritables laboratoires de chimie, tant est nombreuse la série des produits chimiques qu'on y emploie, qu'on y transforme et même très fréquemment, depuis quelques années, qu'on y prépare industriellement. L'eau est la base des opérations. Toutes les anciennes fabriques du Dauphiné, de l'Auvergne et des Vosges n'ont été fondées, n'ont vécu et ne se sont développées en de gigantesques usines que par suite de la qualité des eaux et de leur abondance pour les opérations de lavage, de blanchiment et pour la force motrice.

Atelier d'apprêt du papier
Usine Firmin-Didot.

Dans *l'Art de fabriquer le Papier*, Lalande, au dix-huitième siècle, signalait avec soin les particularités des eaux d'Auvergne : « La différence des qualités du papier, dit-il, vient elle-même des eaux dont on est obligé de se servir dans les fabriques. L'eau qu'on emploie à Ambert y tombe immédiatement des montagnes; elle est plus vive et plus nette : souvent elle fait le papier plus blanc qu'à Thiers ; mais elle cuit et dissout ou forme la colle moins bien que l'eau de rivière qui s'emploie à Thiers et contient plus d'air et de sels. » Aussi, l'eau employée dans les papeteries subit-elle de minutieuses analyses. Elle doit être complètement incolore, inodore et sapide; ne contenir ni carbonate de chaux ni sels de fer en dissolution. D'ailleurs, une série de réactifs, le chlorure de baryum, l'oxalate d'ammonium, le nitrate d'argent, le composé d'iodure de potassium et d'iodure de mercure, le sulfocyanure d'ammonium, l'hyper-manganate de potasse à l'alun, l'ammoniaque et l'acétate de plomb en décèlent bien vite les traces nuisibles au papier. A l'eau réunissant les qualités requises, le chef d'usine mélangera, suivant la nature des matières premières et leurs transformations, la chaux vive, la soude, le sulfate d'alumine, le sulfate de fer, les extraits de bois brésiliens (pour les belles colorations), le carbonate de soude, le chromate de potasse, l'acétate de plomb, le manganèse, le prussiate de potasse, la colophane, l'ocre, le kaolin, la résine, l'amidon, l'hyposulfite de soude, le chlorure de chaux, le gaz muriatique oxygéné, l'acide sulfu-rique, le bisulfite de chaux, le bisulfite de manganèse, le sulfate de baryte, le carbonate de magnésie, le silicate d'alumine ou asbestine, etc., et beaucoup d'autres produits encore, dont l'emploi constitue des secrets de fabrication. Et comme l'électricité a l'ambition aujourd'hui d'intervenir partout, elle manifeste là sa puissance d'action par le procédé Hermitte, pour le blanchiment de la cellulose de sapin. Sous l'influence électrique et en présence de l'eau, le chlorure de magnésium se décompose en magnésium et en chlore, tandis que l'hydrogène et l'oxygène étant « électrolysés » également, le premier se dégage et le second se combine avec le chlore, produisant un composé, très instable, qui blanchit énergiquement la fibre de la cellulose. Mais le magnésium s'est oxydé pour former de la magnésie. De son côté, converti en acide chlorhydrique, le chlore s'est uni à la même matière. Alors, pendant que s'opérait le blanchiment, le chlorure de magnésium primitif a été reconstitué. Le procédé est donc d'une rare ingéniosité.

II

La Fabrication du Papier il y a cent ans et aujourd'hui

De la collaboration constante et intime de la chimie et de la mécanique, l'industrie contemporaine du papier a subi une transformation radicale dans les conditions

Usine Firmin-Didot, à Sorel-Moussel (Côté sud)

techniques, économiques et sociales de sa production. Un parallèle entre les procédés d'il y a un siècle et ceux d'aujourd'hui, d'après un type de grande usine, celle des Firmin-Didot, à Sorel-Moussel, sur l'Eure, par exemple, ne saurait manquer d'intérêt.

Prenons d'abord la préparation du chiffon, en excluant celle de la pâte de bois

qui n'était pas encore inventée avant la Révolution. Les deux premières opérations
sont le triage et le délissage. On amène les ballots de chiffons dans un vaste atelier, très clair et à l'aération facile, en considération des poussières qui se dégagent constamment dans l'atmosphère. A Sorel, Ambroise Firmin-Didot, par un caprice original
d'érudit et d'artiste, s'est inspiré, dans sa construction, de l'architecture de Santa-Maria-
Novella à Florence. Une immense table occupe le milieu de l'atelier; elle est divisée
en vingt bancs de délissage, opération qui a pour but de déchiqueter et couper les
chiffons sur une faux ébréchée, d'ouvrir les coutures et les ourlets, d'enlever les boutons,

Atelier de délissage des chiffons
Usine Firmin-Didot.

les agrafes et les œillets, et, ce travail fini, de classer les chiffons dans des casiers,
suivant la qualité et la nature de la matière première. Le chiffon blanc doit servir pour
les papiers de luxe; avec le gris, on fera du bulle; avec le bleu, de l'azuré, et avec le
rouge, du buvard rose. La toile est séparée du coton; le lin, du chanvre; la laine, de la
soie. Les auteurs de manuels et de guides du papetier établissent une classification de
soixante-dix sortes de chiffons à séparer utilement avant leur emploi dans la fabrication.
Parfois, on se sert pour le délissage de machines dites coupe-chiffons. A voir les chif-
fonnières, pour la plupart des femmes âgées, la tête couverte de la traditionnelle
marmotte et vêtues de robes de coutil bleu, dans cet atelier sans machines, on pourrait
se croire encore au dix-huitième siècle.

Trié et délissé, le chiffon est bluté dans un grand tambour en toile métallique, armé de bras et de pointes de fer, qui l'entraîne dans un mouvement rotatif, précipité et vigoureux. La poussière et les impuretés tombent dans une chambre inférieure; elles constitueront un engrais recherché par les paysans. Le nettoyage des chiffons blutés dans la pile laveuse, munie d'un cylindre rotatif pour l'eau claire et d'un tambour laveur à écopes, d'où le chiffon est conduit par des valves de fond dans les réservoirs

Atelier de trituration pour la préparation des pâtes
Fabrication du papier & du carton. Usine Vacquerel

d'égouttage, ne diffère pas sensiblement de la méthode employée autrefois. Mais là s'arrête l'analogie des procédés. Au dix-huitième siècle, et de temps immémorial, après le blutage, le chiffon était déposé dans une cave, le « pourrissoir », où il devait séjourner jusqu'à ce que la fermentation et la putréfaction eussent déglutiné les tissus. Aujourd'hui, la chimie se charge de cette besogne, dans des conditions de rapidité extraordinaire et d'innocuité absolue pour la cellulose. Des réservoirs d'égouttage, le chiffon est versé, par des wagonnets à bascule, dans un lessiveur sphérique, d'une contenance moyenne de 1000 kilogrammes de matière et pourvu d'un engrenage de rotation continue, où il est soumis, sous une pression de vapeur de 3 kilogrammes, à l'action d'une lessive de soude et de chaux, qui le décolore et le dégraisse. Après le lessivage, des cylindres à lames d'acier ou de bronze, mus rapidement, déchiquettent le chiffon et le réduisent en bouillie; c'est là le défilage, qui dure de deux à trois heures. Cette opération, autrefois faite au moyen de batteries de pilons actionnés par une roue de moulin, était suivie de l'exposition du chiffon au soleil et à la rosée, pour le blanchir par l'oxygénation atmosphérique. Aujourd'hui, les piles blanchisseuses ont supprimé ce procédé, fort pittoresque sans doute, mais ausssi lent

Piles raffineuses. Usine Firmin-Didot

qu'incertain, par suite des variations de la température. Dans de grandes cuves doublées en ciment et de forme elliptique est jeté le chiffon, auquel on mélange la pâte de bois chimique ou demi-chimique, suivant les besoins. Sur la masse, on verse un bain de chlore liquide, avec addition d'acide sulfurique étendu d'eau pour le dégagement rapide de cet agent. Sous l'action d'un cylindre à spatules de sapin, la matière est maintenue constamment dans un mouvement lent de rotation et d'agitation. Elle ressemble à un ruisseau de neige à demi fondue, ou mieux à un pantagruélique sorbet granité. Les grandes piles contiennent jusqu'à 700 kilogrammes de matière, dont le blanchiment, suivant la qualité à donner à la pâte, exige de trois à cinq heures d'immersion. Au bout de quelques semaines d'usage, la pile présente un aspect à ravir un amateur de patines antiques ; le ciment ressemble à de l'albâtre, et le cuivre des énormes robinets de distribution et de vidange, à du bronze pompéien. Des piles blanchisseuses, la matière est conduite par des tuyaux dans les piles raffineuses, où elle subit l'addition de la pâte mécanique et une trituration nouvelle, qui réduit la cellulose en une pâte très fine et fort homogène, ressemblant à des œufs à la neige. La trituration aux trois quarts achevée, la pile reçoit les matières propres au collage et à la coloration. Pour cette opération du raffinage, on se sert aussi fréquemment de machines à force centrifuge, le pulp-engine, d'une énergie exceptionnelle. Dans une auge, à la forme singulière d'une oreille humaine, une meule en fonte est calée sur un arbre horizontal, faisant trois cents tours à la minute. En regard des deux faces de cette meule tournante se trouvent deux autres meules fixes, l'une conique concave, l'autre conique convexe, armées sur leurs deux faces de lames d'acier en rayon. La trituration de la matière y est aussi complète que rapide. Ailleurs est préparée la colle par une série d'opérations fort délicates.

3

Machine à papier & à carton continus. Dessin technique de l'ensemble
Usine Vacquerel

Dans une cuve en tôle d'acier, remplie au tiers d'eau chaude, sont dissous 20 pour 100 de carbonate de soude Solvay et 50 pour 100 de colophane. La dissolution ne s'effectue qu'après deux ou trois heures de cuisson lente et bien soignée. Ce mélange est versé dans une série de cuves en ciment, où il reste jusqu'à complet refroidissement, pour en extraire tout le réactif qui se dégage à la surface. Après huit ou dix jours de repos, décantation. Le savon, devenu semblable à une crème au café, est mis en disso-

Machine à fabriquer le papier & le carton. Cuves & Épurateurs
Usine Vacquerel

lution de nouveau dans une cuve en tôle d'acier, renfermant 80 pour 100 d'eau tiède, pour obtenir un lait de colle bien blanc, qu'on filtre d'abord et qu'on mélange ensuite à une bouillie de fécule, d'asbestine ou de kaolin. Il sort de cette cuve un liquide un peu épais, qui est transporté dans les piles raffineuses par une ingénieuse combinaison de tuyaux distributeurs. Quant aux produits chimiques destinés à colorer la pâte, ils sont fournis tout préparés à la papeterie. Cette série d'opérations terminée, la pâte à papier est faite.

Vient ensuite la transformation de cette pâte en papier. Pour le dix-huitième siècle,

Machine Lhuillier à fabriquer le papier : la Sécherie
Usine Firmin-Didot

Lalande nous servira de guide. Cette digression rétrospective est indispensable, pour montrer par comparaison les immenses progrès accomplis dans cette industrie, depuis cinquante ans. « Quand la pâte a reçu sa dernière façon, dit Lalande, elle n'est plus que comme de la bouillie, sans aucune consistance ; un des ouvriers, qu'on appelle laveur, la tire de la pile avec une petite bassine de cuivre et en remplit une auge de pierre qui est à sa portée. Aidè de l'ouvrier, il décharge sa bassine dans cette cuve. L'ouvrier ajoute la quantité d'eau qu'il juge nécessaire suivant la force du papier qu'il est question de faire ; il remue cette pâte avec une fourche de bois pour la bien mêler

Machine Lhuillier à fabriquer le papier : Cylindres épurateurs
Usines Firmin-Didot

et délayer avec l'eau. Dans cet état, la pâte ne paraît plus que comme du petit-lait ou de l'eau un peu trouble. On entretient la cuve dans une chaleur à y pouvoir tenir la main pendant tout le temps qu'on y travaille. Il faut avoir soin de brasser la cuve plusieurs fois dans la journée. L'ouvrier, que l'on appelle aussi ouvreur ou plongeur, monte dans sa nageoire (espèce de niche) et, dans l'échancrure de cette espèce de table qui borde le contour de la cuve, tient une forme à deux mains par les extrémités, avec le cadre ou la couverture appliquée exactement dessus la forme. Alors, l'inclinant un peu, il la plonge dans la cuve. Aussitôt il relève horizontalement la forme chargée de cette pâte liquide, dont le superflu s'écoule à l'instant de tous côtés et dont la quantité suffisante est retenue par le contour de la couverture et par son épaisseur. L'ouvrier étend cette

pâte sur la forme en secouant doucement de droite à gauche et de gauche à droite,
comme s'il voulait la tamiser; c'est ce qui s'appelle « promener »; de même, par un
autre mouvement qui se fait en avançant et reculant horizontalement la forme d'avant
en arrière et d'arrière en avant, cette matière se serre, s'unit, se perfectionne; c'est ce
qu'ils appellent « serrer ». Ces mouvements sont accompagnés d'une légère secousse qui
sert à enverger la feuille, c'est-à-dire à la fixer. La feuille se précipite sur le grillage

Machine Lhuillier à fabriquer le papier : Table de fabrication
Usine Firmin-Didot

de laiton, tandis que l'eau passe au travers des intervalles, et il reste sur la forme une
vraie feuille de papier. Le plongeur pose aussitôt sa forme sur le bord de cuve et
il en ôte la couverture. Le coucheur prend la forme sur le trapan de cuve avec la
main gauche; il la roule doucement en l'inclinant sur le coin du bord carron (le coin
qu'on pince en levant la feuille), afin de le renforcer; ensuite, il la redresse et l'appuie
contre des petits bâtons implantés dans la bordure de la cuve. Pendant qu'elle s'égoutte,
le coucheur étend un feutre et la renverse dessus. Il la rend au plongeur et trouve
sur le trapan de cuve une seconde feuille à coucher. Lorsqu'on a le nombre de

Machine Lhuillier à fabriquer le papier : Vue d'ensemble
Usine Firmin-Didot

Vue d'ensemble de la Machine à fabriquer le papier & le carton ; les Coupeuses & les Calandres

Usine Vacquerel

feuilles et de feutres suffisant pour former une « porse », c'est-à-dire un nombre de feuilles traditionnel correspondant à la grandeur du papier, on porte la porse sous la presse. Quatre hommes pressent avec toute la force dont ils sont capables sur un levier de douze pieds et emploient ensuite le cabestan. Cela fait, le coucheur et l'apprenti vireur retirent la porse de dessous la presse et la remettent à un quatrième ouvrier nommé le leveur. La fonction du leveur consiste à détacher les feuilles de dessus les feutres. Le leveur pince le coin de la feuille qui est de son côté avec le pouce et l'index de la main droite ; dès que le coin de la feuille est levé d'environ un pouce, le leveur le prend de la main gauche, soulève la feuille en glissant en même temps la main droite vers le milieu de la feuille jusqu'à l'autre coin. Alors qu'elle est levée au tiers, il l'enlève hardiment des deux mains et l'étend sur la planche. Cette nouvelle porse, dite « porse blanche », est portée ensuite sous une pressette qui en exprime encore le peu d'eau qui pouvait y rester ; cette pressette donne du corps au papier, rend le grain plus uniforme en effaçant les impressions de la vergeure. Ainsi formée d'environ huit cents feuilles, la porse se porte aux étendoirs. Le papier ayant séché, on descend les feuilles de dessus les cordes, le leveur les met en moules, c'est-à-dire en piles, puis il les frotte avec une lisse de bois, les manie, les secoue pour en faire tomber la poussière et les détacher les unes des autres ; ensuite il les met en pile dans le magasin où l'apprenti vient les prendre pour le collage. Le « saleran », ouvrier colleur, debout devant son « mouilloir » ou « mouilladour », où a été versée la colle de la grande bassine, mélangée avec de l'eau et où l'on fait infuser de l'alun rouge au moment du travail, reçoit les « pages » (sept à huit feuilles) des mains de l'apprenti, en fait des poignées ou « empages » et les plonge dans le mouilloir avec des petites palettes de carton ou de sapin mince. Pendant que d'une main il tient les palettes, de l'autre il feuillette les feuilles de papier pour que la colle puisse s'insinuer facilement partout. On porte ensuite la poignée sous une presse pour en dégager la colle superflue. »

Voilà comment en France, au dix-huitième siècle et même dans les premières années de celui-ci, on faisait le papier. Combien cette opération était longue, pénible, coûteuse et aléatoire ! Je vais montrer cette fabrication à la fin du dix-neuvième siècle. Le contraste entre les deux procédés sera saisissant.

Dans une grande galerie, dont les larges baies mettent partout de la lumière et de l'air, est installée une colossale machine, qui l'occupe tout entière, moins les dégagements nécessaires à la circulation des ouvriers. A l'extrémité de la galerie, deux vastes cuves de bois, élevées de 2 mètres au-dessus du sol, sont juxtaposées, pleines d'un liquide laiteux. La première par un tuyau énorme reçoit directement la matière des piles raffineuses situées à un étage supérieur, en même temps qu'une pompe y déverse de l'eau, dans de telles proportions graduées qu'elle puisse servir de régulateur de densité de la pâte. Dans la seconde cuve, réservoir d'alimentation de la machine à papier, une hélice agite constamment le liquide pour maintenir la cellulose en suspens. De cette cuve, le liquide se déverse dans un labyrinthe de bois, dit le sablier, dont le fond est garni de lamelles renversées, qui ont pour but d'arrêter toutes les parties siliceuses imparfaitement triturées, et gagne successivement, par les tourillons, une batterie de trois cylindres épurateurs rotatifs à mailles de bronze d'un demi-millimètre, d'où ne peut sortir aucune impureté. Des épurateurs, la pâte va tomber sur la table de fabrication, après avoir traversé le « réglard », qui a pour rôle de ne laisser passer par seconde que la stricte quantité de liquide exigée par l'épaisseur du papier à fabriquer. Mettez le doigt dans la pâte; il semble qu'on ne touche que de l'eau, tant est complète la diffusion de la cellulose. Comment cette eau pourra-t-elle se convertir en feuille de papier ? La table de fabrication, de 8 mètres de longueur, sur une largeur

Machines à fabriquer le papier
Usine Firmin-Didot

variable, mais qui peut atteindre jusqu'à 3 mètres, est formée par une toile de fils de bronze, sans fin, qui se meut lentement, avec un mouvement de va-et-vient, par la rotation d'une série de soixante rouleaux, sur lesquels elle porte. Une partie de l'eau de la pâte filtre à travers les mailles de la toile d'un dixième de millimètre d'écartement; les fibres de la cellulose diluée, tout à l'heure impalpables, commencent à s'agglutiner, techniquement à « se cailler », sous les effets combinés du va-et-vient et du filtrage. La rapidité d'écoulement du liquide est encore cependant de plus d'un mètre par seconde. Mais tout à coup la lame d'eau, conduite par la toile métallique, passe au-dessus d'une sorte de caniveau, où fonctionne une pompe aspirante. L'agglutination des fibres de la cellulose, qui à ce moment ne contient pas moins de trois quarts d'eau, devient, sous cette aspiration, instantanément si rapide et si énergique qu'en quittant sur ce point la toile métallique, la pâte forme une feuille qui peut gagner sans support la batterie des presses humides. Elle est bien ténue; l'attouchement le plus léger, un souffle peut-être, la romprait, et l'on ne se défend pas d'une certaine anxiété, en la voyant s'engager sous le premier rouleau, dont la puissance de pression dépasse 20 000 kilogrammes. Mais elle est déjà sortie, pour glisser sous un deuxième, et, de là, entre une nouvelle batterie de presses coucheuses : le papier est fait! Il s'est écoulé, du moment où la pâte est sortie torrentueusement du réservoir d'alimentation, jusqu'à celui où la seconde opération, le séchage, va commencer, une demi-minute! Le papier est tout humide; il recèle encore près d'un tiers d'eau. Une série de vingt-deux cylindres chauffés à la vapeur à une température graduelle, autour desquels, sur des feutres sans fin, s'enroule la feuille, le séchera en moins d'un quart de minute, jusqu'à son passage dans une calandre, où il recevra un lissage perfectionné, et à son embobinage définitif, après avoir été coupé mécaniquement à la dimension réclamée par le client. L'opération générale de la fabrication du papier a duré moins d'une minute! Une machine de ce type, la plus belle qui ait été montée jusqu'à ce jour en France, produit en vingt-quatre heures 12 000 kilogrammes de papier. Tout cet outillage prodigieux, qui compte plus de mille organes variés, actionné par une force motrice de cinquante chevaux, fonctionne paisiblement, avec la calme régularité d'une force inépuisable et consciente. Autour du colosse circule gravement, sans agitation ni inquiétude, un ouvrier à la figure intelligente, au regard fin et profond. De temps en temps, il se penche sur la table de fabrication, ou sur un cylindre; examine le papier; serre un écrou; verse un peu d'huile lubrifiante sur un engrenage; hausse ou baisse un rouleau; tâte du doigt un feutre sécheur; vérifie le manomètre, et, cela fait, s'accoude contre un bâti, silencieux et méditatif : personnification expressive et superbe du travail moderne, où l'intelligence active asservit et gouverne à son gré la force physique de la nature. De quelle puissance de l'esprit humain témoigne la création d'une pareille machine, à l'organisme si complexe et si simple à la fois dans la variété et l'unité de son action! De la première jusqu'à la dernière opération, ni interruption, ni arrêt, rien qui trahisse une hésitation ou une défaillance. Tout cela est d'une grandiose poésie.

C'est la France qui a créé la machine à papier la plus perfectionnée; c'est à elle aussi que revient l'honneur de sa première conception. A la fin du siècle dernier furent faits à Essonnes, chez François Didot, les essais de la fabrication mécanique du papier continu, dont l'idée était d'un employé de l'usine, nommé Robert. On en obtint un résultat satisfaisant; mais les événements politiques firent ajourner les expériences décisives. Dès que la paix d'Amiens eut renoué les relations entre la France et l'Angleterre, le fils de François Didot, convaincu de l'avenir de l'invention, alla chercher outre-Manche ce que la France ne pouvait, à son avis, lui donner : des capitalistes, des mécaniciens et des fabricants audacieux. Il s'associa avec son beau-frère, John Gamble, et tous deux prirent, en 1801, un brevet anglais. Après une longue période de tâtonnements coûteux et pénibles dans la papeterie de Dartford, la fabrication mécanique du papier continu entra définitivement dans la pratique industrielle. Quel nouvel exemple des vicissitudes et des luttes du génie français ; de cette fatalité, qui semble être une loi historique : l'expatriation des plus grandes découvertes nationales et leur retour de l'étranger sous une forme nouvelle, après de longues années de dédain et d'oubli !

En papeterie, dans le domaine de la mécanique, comme dans celui de la chimie, une découverte ou une invention en provoque une autre. A la suite de la construction

Calandres & Satineuses
Papeterie de La Haye-Descartes

des nouvelles machines à fabriquer le papier continu, la fabrication à la cuve ne pouvait rester stationnaire et continuer à évoquer, à la fin du dix-neuvième siècle, par son outillage et son principe, l'industrie du temps des Elzévier et des Pigouchet. En 1884, le directeur adjoint de la fabrication des billets de la Banque de France, A. Dupont, a inventé une machine à fabriquer le papier à la cuve dans les mêmes conditions de qualité. Cette machine, originale, d'une forme toute nouvelle, a été décrite comme suit, par le rapporteur de la Papeterie à l'Exposition universelle de 1889 : « Elle possède quarante formes en bronze, montées sur une chaîne sans fin. Cette chaîne supportée par des galets se déplace d'un mouvement uniforme, dans un plan vertical, sur des chemins hori-

zontaux, parallèles et superposés. Chacune des formes porte une couverte articulée sur
un des côtés, formant charnière et pouvant se rabattre au-dessous du niveau de la toile
sur laquelle se fait le papier. Contrairement à ce qui a lieu dans la fabrication à la main,
on ne fait pas descendre les formes pour les plonger dans la cuve : c'est celle-ci qui monte
vers les formes et les noie. Dans leur mouvement de translation, les formes viennent se
présenter successivement au-dessus de la caisse à pâte qui, en s'élevant, les recouvre
de pâte pour s'abaisser ensuite. Au sortir de la caisse, les formes, continuant leur mouvement, reçoivent sur une partie de leur parcours un tremblement analogue à celui de
la toile mécanique d'une machine à papier ordinaire. Lorsque la pâte est suffisamment

Calandres & Coupeuses
Usine Firmin-Didot

envergée et égouttée, une fourchette saisit la couverte par une oreille fixée sur un de ses
côtés et la rabat, laissant la feuille complètement à découvert sur la forme et prête à être
couchée. Le couchage se fait de bas en haut sur une toile mécanique sans fin qui passe
sur un gros cylindre garni de flanelles mouillées. Après le couchage, les formes, continuant leur mouvement, descendent dans le chemin circulaire, au-dessous d'un plancher de service qui règne tout autour de la machine, et viennent se laver dans un bac
rempli d'eau ; elles remontent par le chemin circulaire opposé et reviennent à leur point
de départ. La feuille couchée sur la toile sans fin passe à l'étage supérieur et rentre
dans la sécherie ; elle est d'abord essorée par des feutres, pressée entre les rouleaux

d'une presse humide, séchée sur des cylindres chauffés à la vapeur et finalement à la sortie du dernier sécheur enlevée à la main par un apprenti. La toile passe ensuite dans des caisses remplies d'eau où elle est nettoyée par des brosses et revient au coucheur. » A la même Exposition figurait le modèle en réduction d'une machine inventée par le comte de Sparre pour fabriquer le papier à la cuve, également avec une combinaison de formes multiples et mobiles.

Ce n'est point seulement dans la construction de ces machines colossales que se manifeste le génie français moderne. L'ambition de certaines spécialités a enrichi l'outillage ordinaire d'innovations, précieuses et intéressantes par leur originalité et par leurs services industriels. Laroche-Joubert, le grand-père du chef actuel de la célèbre Coopérative d'Angoulême, a inventé le rouleau vergé et bâtonné. A lui sont dus aussi les rouleaux pour imprimer dans la pâte le filigrane, cette préoccupation constante des recherches de ceux qui fabriquent des papier fiduciaires et des papiers de fantaisie. Par des procédés spéciaux, les usines du Marais ont apporté récemment dans cette branche de fabrication une régularité mathématique, qui en fait la garantie la plus efficace contre la fraude, et permet à l'impression, sans repérage nouveau continuel, par un simple margeage, de coïncider rigoureusement avec le filigrane. D'autres, Morel, Bercioux et Masure, obtiennent des filigranes en vélins, par l'emboutissage ou le gaufrage des toiles mécaniques entre deux matrices gravées et envergées, présentant cette particularité caractéristique que la vergeure existant dans les parties unies de la feuille se continue et reste visible dans les parties sombres, comme dans les parties claires du filigrane, lettres, figures ou ornements.

Fabrication du carton & de la carte en feuilles
Atelier de collage
Usine Vacquerel

Et quelle nombreuse série de machines secondaires ont créées nos constructeurs; machines qui viennent compléter le travail de la fabrication du papier : bobineuses, coupeuses en long et en large à coupe droite et oblique, coupeuses en biais avec ramasse-feuilles, ébarbeuses, laminoirs et calandres! On lissait tout récemment encore le papier avec un outillage primitif et compliqué. Aujourd'hui, cette opération, qui s'applique aux sortes les plus vulgaires, a donné naissance à la calandre de papeterie, d'une puissance extraordinaire dans les dernières inventions françaises. Dans un bâti vertical de fonte et d'acier d'une hauteur de 6 mètres, sont superposées par accouplement des batteries de cylindres, douze fréquemment, de dimensions colossales, à rondelles de papier comprimé. Entre ces cylindres, entraînés dans un mouvement de rotation rapide, glisse la feuille de papier continu, qui, de la compression et de la friction simultanées, reçoit un apprêt de consistance et de poli, la rendant apte aux impressions des gravures les plus délicates. Deux calandres, dernier type de Lhuillier, peuvent en vingt-quatre heures de travail suivre la production d'une des nouvelles machines à fabriquer le papier. Avant d'être livré au consommateur, le papier subit souvent, dans la fabrique même, ou dans des usines distinctes, des préparations spéciales d'apprêt, de couchage et de teinture, pour le rendre propre à certaines impressions ou à des usages de fantaisie. Cette industrie se rattache à celle du papier peint.

La fabrication du carton ne présente pas, par rapport à celle du papier, de différences technologiques, comme matières premières, outillage et procédés. Les matières premières sont : les vieux papiers, les déchets de papeterie, les chiffons grossiers, la paille et la pâte de bois. Il y a là aussi des blutoirs, des lessiveurs, des piles raffineuses, des pulp-engine, qui nettoient, déchiquettent, triturent et blanchissent. On mélange également à la pâte de nombreux produits chimiques, de l'argile, de la craie et du kaolin. Le carton se fabrique à la cuve ou à la machine; cette dernière méthode acquiert de jour en jour de l'extension. On a construit dans ce but de puissantes machines, du type de celles de la papeterie, qui permettent de produire par vingt-quatre heures jusqu'à 20 000 kilogrammes de carton, variant d'épaisseur et de poids, depuis 90 grammes jusqu'à 2 livres et demie. De ces machines le carton sort rogné, laminé, coupé et compté. Quand le carton doit, en raison d'un emploi direct, recevoir une teinte particulière — car le teint en pâte est réservé à quelques rares qualités superfines — il subit, en fabrique, des manipulations spéciales. Soit manuellement, soit au moyen de machines, on revêt les deux faces d'une feuille de papier de la couleur demandée. Les feuilles, après encollage, sont portées sous des presses hydrauliques, et, de là, conduites en wagons dans des séchoirs où la dessiccation se fait graduellement. Cette opération a déformé et gondolé les cartons; des laminoirs, dans lesquels ils passent entre des plaques de zinc, les rendent parfaitement plats et polis. Il est des machines à fabriquer le carton, où cette opération de l'encollage de la feuille de couverture se fait au passage de la matière liquide sous la presse humide; la fécule dont a été enduite la feuille se transforme instantanément en colle, quand elle entre en contact avec le premier cylindre de la sécherie. On fait encore du carton, solide et économique, en insérant entre les feuilles de papier des copeaux, des lamelles de bois et même des plaques métalliques; au moyen de feuilles de papier de paille, superposées, collées et pressées, du carton-planche, qui se rabote et se travaille comme du bois. Mais nous entrons là dans un domaine industriel qui n'est plus guère celui de cet ouvrage. L'analyse des applications si variées et parfois très extraordinaires du carton entraînerait fort loin.

Les Dynasties de Papetiers

Les anciennes Papeteries de France

Toutes ces inventions mécaniques, toutes ces découvertes de la chimie ont donné à l'industrie française de la papeterie un développement immense. Sa production générale atteint aujourd'hui à un chiffre, qui, il y a un demi-siècle, aurait été considéré comme

L'Eure & Saint-Roch. Vue prise de l'Usine Firmin-Didot

invraisemblable. En 1789, on ne fabriquait en France que 8 millions de kilogrammes de papier ; en moins de cinquante ans, ce chiffre est presque triplé ; quarante ans plus tard, en 1879, on le décuple. Cette progression, déjà bien rapide, va devenir vertigineuse. En 1889, elle arrive à 250 millions de kilogrammes et, en 1893, à 300 millions. La France compte actuellement environ cinq cents usines, avec un personnel de vingt-huit mille ouvriers. Ces usines sont disséminées un peu sur tous les points du pays; mais certaines régions montagneuses, abondamment pourvues d'eau et de forêts de sapins, pour leur alimentation en force motrice et en matières premières, les Vosges et le Dauphiné, en ont concentré un certain nombre.

La papeterie française peut s'honorer de véritables dynasties industrielles et d'établissements séculaires. Les Johannot, d'Annonay, remontent, comme papetiers, à l'année 1634. Deux frères, aux prénoms de Mathieu et Barthélemy, employés aux papeteries d'Ambert, quittaient l'Auvergne pour aller chercher fortune dans le Vivarais. Ils s'arrêtèrent à Annonay et y construisirent avec leurs modestes économies une petite

Usine Firmin-Didot, à Sorel-Moussel (Côté ouest)

usine, qui, grâce à leur intelligence et à leur activité, ne tarda pas à prospérer. En 1780, un autre Mathieu achète une chute d'eau dans le voisinage et fonde l'établissement de Marmaty. La célèbre manufacture de Vidalon-lès-Annonay, dont la création remonte au seizième siècle, n'a jamais cessé d'appartenir aux descendants de ses fondateurs : Canson et Montgolfier. De nombreux membres de cette dernière famille ont essaimé de là sur tous les points de la France : Charles de Montgolfier, en 1858, à la Haye-Descartes, sur les bords de la Creuse ; Vincent de Montgolfier, en 1849, à la Tour-Clermont, par Charavines, dans le Dauphiné ; un troisième, à Montbard, dans la Côte-d'Or.

Les Laroche et les Joubert, aujourd'hui réunis, avaient formé deux maisons de papeterie de l'Angoumois, dont la généalogie industrielle s'établit avec certitude et sans intermittence pendant deux cents ans. A la fin du dix-huitième siècle, Pierre-François Didot, créant l'établissement Didot à Essonnes, commençait une famille glorieuse de

papetiers, qui en est aujourd'hui à la cinquième
génération, dont chacune a apporté à l'industrie
nationale des découvertes et des perfectionnements. Pierre-François fait les premiers essais
de la machine Robert à fabriquer le papier
continu. Léger, son second fils, inaugure, en
1801, à Dartford, une fabrication nouvelle et
l'importe, en 1811, à Sorel. Frédéric Firmin II,
fils de Firmin Ier, dirige pendant plusieurs
années jusqu'en 1836, date de sa mort, l'usine
du Mesnil, où le papier fut séché pour la première fois à l'aide de cylindres chauffés à la
vapeur ; Alfred Firmin IV, fils d'Ambroise
Firmin III, gère ensuite les papeteries de
Saussay, Sorel, Muzy et l'Estrée, où lui succède, en 1892, son fils cadet René Firmin V.

Les anciennes papeteries sont fort nombreuses. Le Marais a été fondé au commencement du dix-septième siècle. Dès le seizième,
on trouvait des pilons à papier au village de
Paviot, près Voiron, en Dauphiné, où il y a
encore actuellement d'importantes usines. Les
papeteries d'Arches et d'Archettes, dans les
Vosges, ont conservé des titres de propriété
datés du 23 juillet 1498. La première, à partir
de l'année 1784, fut exploitée par la fameuse
Société littéraire et typographique, fondée par
Beaumarchais pour fabriquer les papiers de
l'édition de Kehl de Voltaire. Depuis 1789, elle
est entre les mains de la même famille, les
Couad-Morel. L'usine de Cothiers, près d'Angoulême, a été créée en 1550. L'établissement
Peyron frères à Vizille existait au quinzième
siècle ; il fut, pendant de longues années, la
propriété du dernier connétable de France, le
célèbre Lesdiguières. Les usines des Castilloux
sur la rivière de l'Isle, près de Thiviers (Dor-
dogne), datent au moins du commencement du
dix-septième siècle ; leur directeur actuel,
L. Gaillard, descendant d'une des plus anciennes familles de papetiers du Périgord, possède un bail du moulin des Castilloux signé le
21 mars 1632. Les papeteries des vallées de
Valeyre et de la Force, en Auvergne, figurent

Vue panoramique des Papeteries d'Essonnes

5

Fabrication du papier à lettres
Machines
à enveloppes & à gommer
Maison Paul-Auguste Godchaux & C⁰

parmi les premières installées en France. L'usine de Notre-Dame-du-Port (Haute-Vienne) remonte à l'année 1682. La plus ancienne papeterie de France serait Essonnes. On croit que ses moulins ont été établis en 1340. Les premières mentions historiques, précises et détaillées, datent de la fin du quinzième siècle et du milieu du seizième. « En 1480, dit l'abbé Lebœuf dans son *Histoire du diocèse de Paris* (1757), il y avoit un autre moulin à papier nouvellement bâti par Hugues Denison en une petite isle à Essone et on l'appeloit le moulin du Pré. » En 1562, les moulins à papier, dont les ouvriers se disaient les suppôts du recteur de l'université de Paris, furent renversés dans la rivière d'Étampes par les soldats de l'armée du prince de Condé, qui ravageait le Gâtinais.

Autrefois, la classification officielle du papier ne comprenait pas moins de soixante dénominations, depuis le Grand-Monde, de 1ᵐ,64 de largeur sur 0ᵐ,846 de hauteur, jusqu'au Petit-Jésus ne mesurant que 0ᵐ,358 sur 0ᵐ,221. Quelques-unes étaient fort pittoresques : le Grand-Soleil, Pomponne, Pantalon, Petit-nom-de-Jésus, Pigeonne, Main-Fleurie. Aujourd'hui il n'y en a plus que vingt et une. Il serait impossible d'établir en quelques lignes, par suite de leur multiplicité, la simple énumération des articles de toutes sortes livrés aujourd'hui par les fabricants à leur clientèle, pour la consommation immédiate ; force est de les résumer en six grandes catégories : 1° les papiers à imprimer, en bobines et en rames, collés et sans colle, coquilles pour travaux de ville et papiers de couleur pour affiches ; 2° les papiers à écrire, subdivisés en vélins et vergés, papier ministre, cartes collées à la gélatine, bulles et colorés pour enveloppes et pâte à registres ; 3° les papiers filigranés et parcheminés ; 4° les bobines blanches et colorées pour papier de tenture ; les raisins et les jésus pour bristols ; les articles pour papiers

Fabrication du papier à lettres : la mise en boîtes
Maison Paul-Auguste Godchaux & C⁰

Atelier de papeterie
Maison Paul-Auguste Godchaux & Cie

couchés et de fantaisie; 5° les sortes minces, papiers à cigarettes, pelures, mousselines; 6° les papiers de paquetage et d'emballage.

A quels emplois protéiques le papier est destiné par ses innombrables transformations industrielles ! De lui, plus encore que du bloc de marbre de la fable de La Fontaine, on peut dire philosophiquement :

Sera-t-il dieu, table ou cuvette?

Le matériel et l'outillage de la vie contemporaine en sont faits pour une grande partie. Mâché et comprimé, on en fabrique des roues de wagons, des panneaux de voitures, des coques de bateaux, des tonneaux à bière, des bouteilles à liqueur, des fûts de canons, des tables, des guéridons, des fauteuils, des tuyaux à gaz, des poulies de transmission, des fers à cheval, des parquets, des portes, des fenêtres, des toits et des cheminées d'usine. Papier peint et carton-pâte, il contribue à la décoration des intérieurs les plus luxueux et les plus modestes. Les cartonniers, avec la collaboration de peintres et de sculpteurs, le convertissent féeriquement en ces mille fantaisies exquises des vitrines des confiseurs, des papetiers, des marchands d'articles de Paris : bonbonnières, coffrets de baptême, boîtes à mouchoirs, corbeilles, jouets, accessoires de cotillons, etc. Tout ce qui, dans les industries et les commerces de luxe, sert à envelopper, à parer, à présenter avec élégance et séduction un produit, dérive directement de lui. Orné de quelques vignettes légendaires, il résume la passion du jeu; billet de banque, il deviendra un des puissants leviers du monde. Le développement de sa production constitue donc une sorte de criterium de la civilisation moderne. Mais la plus haute manifestation de son utilité universelle est de répondre à la fonction supérieure de l'humanité : la diffusion de l'Idée. Il sera

Atelier de glaçage du papier
Maison Berger-Levrault, à Nancy

l'Image, création d'artiste, qui reflète presque à l'infini, pour le plaisir du pauvre comme pour l'orgueil du riche, le rêve et la réalité, le passé et l'idéal, revêtus des formes les plus séduisantes de la nature : la couleur, la grâce et la beauté. Il sera le Livre, la moderne Boîte de Pandore, où le génie a renfermé, et d'où s'envolent sur le monde, quand une âme l'ouvre, les nobles espérances, les douces illusions, les rêveries profondes, les consolations réconfortantes, les aspirations généreuses et la foi dans la justice, la liberté et l'amour. Il sera le Journal, qui, à travers l'espace et le temps, met les hommes en constante communion intellectuelle; qui solidarise d'opinions et de sensations des millions de cerveaux et de cœurs; qui sème partout des germes de progrès, et par qui se fera peut-être un jour l'unité morale de l'univers dans l'harmonie des pensées et des ambitions.

Usine Firmin-Didot (Côté nord)

CHAPITRE II

L'Imprimerie

I

La Fonte des Caractères

L'histoire de l'imprimerie présente une particularité intime, qui pourrait fournir matière abondante à des réflexions très suggestives. Pour ainsi dire dès son berceau, elle a atteint, avec des maîtres d'une science presque universelle et d'une intelligence supérieure, à une perfection qu'on n'a point surpassée. Il semble qu'elle ait voulu, dans les temps modernes, renouveler le mythe antique de Minerve sortant tout armée du crâne de Jupiter. Pendant plus de trois cents ans, alors que les autres industries progressent techniquement et se transforment par des découvertes et des inventions successives, elle reste stationnaire à ce point de vue, exclusivement soumise à des évolutions d'un caractère artistique, qui ne correspondent point toujours d'ailleurs à sa genèse politique et sociale. Et, au dix-neuvième siècle, les seuls progrès dont il soit possible d'établir avec certitude une énumération sont ceux qui se rattachent à l'outillage scientifique, coïncidant avec l'émancipation de la pensée et le développement de l'instruction générale. En sont-ils l'effet ou la cause? « La fonction crée l'organe, » disent les physiologistes; les moralistes professent une autre doctrine. Quoi qu'il en soit, l'imprimerie peut mettre aujourd'hui au service de l'humanité un merveilleux instrument d'action intellectuelle, dont la force grandit chaque jour, parce que la science est venue lui apporter son concours puissant.

Une courte analyse rétrospective de l'histoire de la fonte des caractères — la première branche de l'imprimerie — confirmera ce phénomène des origines de cette grande et fière industrie. Avec les procédés les plus élémentaires, le premier fondeur connu de caractères d'imprimerie, le célèbre Nicolas Jenson, graveur de la Monnaie royale de France, que Louis XI envoya à Mayence pour y apprendre les secrets de l'art naissant, établissait les beaux types romains, que Garamond prendra plus tard pour modèles de ses fontes, exécutées par ordre de François Ier, qu'emploieront les Alde, les Estienne, les Vascosan, et que remettra en honneur le dix-neuvième siècle. Un polygraphe d'il y a deux cents ans, Thevet, ressuscité par Henri Bouchot, nous a conservé, dans une notice sur Gutenberg, la technique de cette fabrication : « A former charactères d'impression, il est requis premièrement avoir poinçons d'acier amollis par le feu, sur lesquels engravent par contre-poinçons des-trempés, ou burins acérés, le blanc estant au dedans des lettres, achevans avec limes le corps d'icelles éminentes au bout, non à leur endroit, ains tournées. Après trempent ces poinçons pour les endurcir et polissent, puis en frappent de petits billons de fin cuivre

passés par le feu, lesquels ainsi engravés monstrent les lettres à leur vray naturel, ce qu'on appelle frappe de matrice. Alors justifient ces matrices sur moules de fer, et au blanc d'iceluy font les fontes avec plomb, estain de glace, antimoine et autres matières mixtionnées, afin de les rendurcir et qu'elles durent plus longuement. Les lettres ainsi fondues sont mises en une grande casse de bois pleine de petits cassis, lesquels sont distribués selon leur différence et bien d'autres dispositions que l'ordre alphabétique ne requiert coustumièrement. » Sanlecque, Le Bé, Ibarra, Caxton, Baskerville, Enschedé emploient les mêmes procédés pour obtenir leurs caractères fameux. Ce fut au commencement de ce siècle seulement qu'un léger perfectionnement résulta du moule dit américain, qui permettait à l'ouvrier de décrocher la

Fonderie de caractères Deberny

Atelier des hommes

Fonderie de caractères Deberny

matrice plus facilement et de pouvoir produire un tiers en plus. Ce perfectionnement rendit plus aisé et plus rapide le travail du fondeur, sans modifier sensiblement le principe du moule primitif. Il portait ainsi au chiffre de six mille lettres par jour et par ouvrier la fonte, qui, avec celui-ci, n'était guère que de quatre mille. Vers 1806, Henri Didot inventa le moule à refouloir et, peu après, le moule polyamatype, donnant une fonte simultanée de cent quarante lettres. Cette invention eut une singulière destinée. Les fondeurs anglais en acquirent le brevet et décidèrent de détruire immédiatement la nouvelle machine, pour n'avoir pas à former un nouvel outillage et à abandonner l'ancien. Le moule polyamatype continua cependant à fonctionner en France, dans l'établissement de l'inventeur, où le célèbre graveur Marcellin Legrand en fit usage pour ses caractères nouveaux. Léger Didot, l'industriel audacieux, à qui est due, comme on l'a vu plus haut, la machine à papier sans fin, fit construire, en 1820, une machine automatique pour fondre les lettres, d'une grande ingéniosité pour l'époque. Une manivelle faisait avancer simultanément deux appareils, à l'extrémité desquels était placée une des deux parties qui constituent le moule (les pièces de dessus et de dessous), en sorte que, quand ces deux appareils se trouvaient en contact, le moule était fermé. Au moyen de ressorts à boudins, les diverses opérations pour placer la matrice, l'appuyer fortement sur l'orifice du moule, la décrocher ensuite, brosser le moule, etc., s'effectuaient d'une manière toute nouvelle. Quand le moule était fermé, son ouverture se trouvait rapprochée d'un tuyau placé dans le creuset contenant le métal en fusion, qui au moyen d'un piston était lancé dans l'intérieur du moule pour y former la lettre ; alors la matrice se détachait au moyen d'un ressort, le moule s'ouvrait pour laisser tomber la lettre et recommençait incessamment le même travail. Ambroise Firmin-Didot essaya, dans sa fonderie de caractères, la machine qu'il vient de décrire, et constata qu'en dépit de ses mérites la pratique en rendait l'usage difficile, par suite de la perte du temps employé à la réparation des ressorts. En 1828, un Américain, William Johnson, faisait breveter un moule mécanique, qui obtint un certain succès en Europe ; en 1849, un industriel parisien, Petyt, construit une machine mue par la vapeur, produisant trois mille six cents caractères en cuivre, étirés et estampés à froid, des « apirotypes » ; mais l'invention fort originale n'entre point dans la pratique industrielle, malgré les pronostics de Didot. Brockhaus de Leipzig, et Dressler de Francfort, montrent à l'Exposition de Londres, en 1851, deux moules mécaniques fort curieux. Laboulaye perfectionne le premier et s'en sert. A cette même Exposition, Marcellin Legrand obtenait la « Prize Medal » pour un moule fondant cent quarante lettres à la fois. On trouvait

aussi au Cristal-Palace, cette année-là, de nombreux spécimens de logotypes, combinaisons de syllabes fondues d'une seule pièce; le jury ne se montra pas favorable à leur
adoption, déclarant qu'ils constituaient, au lieu d'un progrès, un retour à un système
suranné, abandonné depuis longtemps. A toutes les Expositions ultérieures, même en
1889, on verra revenir, sans plus de succès, le logotype sous des noms différents. Bientôt,
de nouvelles machines produisent les caractères sans arrêt et sans aucune manœuvre

Fonderie de caractères Deberny. Atelier de paquetage

manuelle. En voici l'organisme, d'après une description de la *Grande Encyclopédie* :
« Un creuset, où la matière est tenue en fusion, porte au fond un corps de pompe dans
lequel un piston, sollicité par un ressort, peut descendre vivement. Grâce à ce mécanisme, la matière liquide est refoulée dans un conduit, dont l'extrémité s'appelle nez,
et le moule que la matière va remplir, après avoir traversé la plaque percée d'un trou
en rapport avec la grosseur de la lettre à fondre, vient se présenter devant le nez. Le
moule est limité, à droite et à gauche, par deux parois fixes appelées grains; en bas
joue la lame, pièce d'acier mobile de bas en haut; en dessus joue un autre grain, qui
fait corps avec le chassoir, pièce mobile de droite à gauche. En arrière du moule, le

nez est approché tout à fait contre le vide ainsi formé, et à l'opposé du nez est fixée la matrice, au moyen d'un archet, sur le porte-matrice. Le moule étant fermé par le jeu des différentes cames, les opérations se succèdent ainsi : le piston, en descendant, chasse la matière qui, projetée sur l'œil de la matrice, s'y moule, remplit la cavité et forme le caractère. Ensuite, le porte-matrice recule entraînant la matrice, et en même temps le chassoir, qui forme le dessus du moule, recule aussi. Dès lors, la lame monte et dégage la lettre; le chassoir, en revenant pour refermer le moule, le pousse devant lui et, dans ce moment, la lame est redescendue à sa place, la matrice s'est représentée, le piston s'est relevé et tout est prêt pour une nouvelle opération. Avant de mettre la machine en marche, l'ouvrier doit vérifier la hauteur en papier, l'épaisseur, la ligne et l'approche. On obtient la hauteur en papier en ayant toujours la même profondeur de l'œil et les grains justifiés à la demande. Pour l'épaisseur de ligne et l'approche, on les vérifie par le moyen d'un instrument appelé justification, sorte de règle en cuivre munie d'un rebord et d'un jeton, qui est une équerre d'acier. Deux lettres *m* prises pour types sont placées dans la justification, et, trois lettres d'essai étant mises entre elles, on vérifie si l'épaisseur est bien la même en appuyant le jeton en divers points des tiges. Pour vérifier les lignes, le jeton est posé dans l'alignement du pied des deux *m* types et doit passer par le pied de deux lettres qui leur sont comparées ; suivant que la ligne monte ou descend, on serre ou l'on desserre la vis qui agit sur la matrice et comme, dans la position précédente, elle était ou trop à droite ou trop à gauche par rapport à l'axe du moule, l'action exercée sur la vis la pousse dans un sens ou dans l'autre et rectifie la position de l'œil. Enfin, on vérifie l'approche, qui est la distance entre l'œil et les bords de la tige, laquelle est réglée de telle sorte que les lettres, une fois composées, ne paraissent pas ou trop près ou trop loin les unes des autres. Quand il y a certitude que la fabrication peut s'opérer dans de bonnes conditions, la machine est mise en marche ; la production est de deux mille lettres à l'heure en corps 9. »

L'Exposition de 1878 montrera une machine plus perfectionnée, qui fond, frotte et rompt le caractère, et que supplantera, en 1889, une nouvelle construite de telle façon qu'en outre de ces trois opérations, elle crène (espèce d'évidage), apprête, fait la gouttière au pied de la lame et la place dans un composteur de fonderie, tout en produisant à l'heure quatre mille lettres, du corps 5 au corps 14. Plus tard, on accouplera ingénieusement deux de ces machines, en leur conservant un seul organisme moteur.

La gravure des caractères a subi, pendant la seconde partie de ce siècle, l'évolution rétrospective, qui caractérise si nettement la plupart des arts industriels de cette période. Tout d'abord, elle s'associait au romantisme, rompant violemment avec l'école des Didot ; alors, elle crée des types d'une si étrange conception, que le rapporteur général de l'Exposition nationale de 1834, Charles Dupin, n'hésite pas à les critiquer publiquement avec sévérité : « Chez les peuples qui tombent en décadence, dit-il, les caractères de leur écriture et de leurs inscriptions, les chiffres même s'abâtardissent. C'est d'après cette observation que les novateurs, rétrogrades au nom du progrès en se faisant moyen âge avec leurs meubles, leurs habits, leurs idées et leur style, ont voulu que les titres de leurs ouvrages et leurs noms même fussent imprimés ou gravés en caractères difformes, avec des lettres inégales en grosseur ; les unes renversées à droite, et les autres à gauche, ayant leurs parties rectilignes tracées en serpentant et leurs parties rondes brisées par des angles. D'autres ont traité les plus belles formes de nos lettres comme les caricaturistes traitent les traits d'une figure gracieuse, tantôt en élargissant, en aplatissant outre mesure toutes les proportions horizontales, tantôt en allongeant avec le même excès toutes les proportions verticales, pour présenter les extrêmes de grosseur et de maigreur des caractères. Ce goût barbare, étrusque, égyptien, tudesque a passé, du titre des livres énigmatiques, fantastiques ou romantiques, sur les annonces que le charlatanisme varie avec une fécondité merveilleuse. » On édite en caractères gothiques les fabliaux et les romans de chevalerie. Cependant, avec leur

grande collection des classiques, latins, grecs et français, les Didot maintiennent encore en honneur la typographie purement française. Mais un incident va provoquer bientôt une véritable révolution. Vers 1846, un imprimeur lyonnais, Perrin, faisait graver pour les *Inscriptions antiques de Lyon*, ouvrage de C. de Boissier, des capitales augustales. Le didot ne s'harmonisant point avec elles autant qu'il le désirait, Perrin entreprit de rechercher dans les ateliers des fondeurs de cette ville des types à son goût ; il trouva chez Rey des séries de lettres de bas de casse, qui lui parurent réaliser son idéal ; c'étaient des « elzevier » abandonnés depuis de bien longues années. L'édition par son archaïsme obtint un grand succès de curiosité. Jules Claye fit le voyage de Lyon pour fouiller à son tour les mêmes ateliers, et il y découvrit aussi un certain nombre de matrices anciennes, au moyen desquelles il restitua plusieurs caractères de la Renaissance. Jannet, de son côté, commandait pour sa fameuse Bibliothèque des

Fonderie de caractères de l'Imprimerie nationale
Atelier des hommes

poinçons d'après les fontes d'Adrien Elzevier. Pendant vingt ans, la typographie du dix-septième siècle eut la vogue ; les éditeurs ne rêvaient qu'« elzevier » pour les ouvrages de luxe et de fantaisie, quels qu'en fussent les auteurs, des écrivains modernes ou des écrivains anciens. Après 1871, il se produisit contre cette mode de rétrospectivité une énergique réaction, dont les témoignages publics éclatent à chaque Exposition universelle, en France et à l'étranger. Les types romains sont remis en faveur ; on revient résolument aux « jenson », aux « alde » et aux « estienne » ; les « didot » reconquièrent l'opinion, et des graveurs ingénieux créent avec un vif succès des types nouveaux, qui, en résumant les qualités spéciales à chacun de ces genres en concurrence, ne rappellent ni la trop grande sévérité des uns, ni la fantaisie ultra-pittoresque des autres. Aujourd'hui, il ne serait point aisé, dans cette branche de l'art national, comme dans presque toutes d'ailleurs, de déterminer avec quelque précision les tendances qui dominent. Il paraît y régner un éclectisme, aimable, tolérant, indulgent même à des importations américaines, qui certainement autrefois auraient provoqué d'impitoyables sourires ou de violentes protestations. Mais ce qu'il est facile de prouver par des exemples superbes, c'est la haute conscience artistique apportée par les éditeurs contemporains dans la création de ces nouveaux caractères français qui honorent tant notre typographie. Un seul de ces exemples suffira. Quand la maison Hachette projette la publication des *Saints Évangiles*, elle décide de faire graver et fondre des caractères spéciaux. Les dessins en sont demandés à un architecte-ornemaniste d'un rare mérite, Rossigneux. Le procédé qu'employa cet artiste pour réaliser l'œuvre réclamée de lui est original. Les meilleurs types employés par nos plus célèbres imprimeurs furent réunis ; on les ramena photographiquement à une échelle uniforme, assez grande pour que leurs défauts et leurs qualités apparussent nettement. Après une analyse minutieuse de ces types, Rossigneux dessina un alphabet, qu'il fit réduire aux proportions du caractère définitif et graver sur une même planche, de façon à pouvoir juger avec précision des rapports des lettres entre elles et de l'harmonie générale de l'alphabet. De longs mois étaient consacrés à ces études et aux essais. Lorsqu'un type satisfaisant à tous les points de vue fut trouvé, Viel-Cazal commença la gravure des poinçons des caractères, que fondirent ensuite Baron et Lebreton, sous sa surveillance étroite et sévère. Les *Saints Évangiles* resteront un monument d'art de l'école française de fonderie des caractères.

L'alliage des caractères d'imprimerie n'a pas subi de grandes modifications depuis Laurent de Coster. A celui consacré par la tradition, composé de plomb et de régule d'antimoine, Firmin Ier Didot substitua, pour son procédé de stéréotypie, l'alliage de régule d'antimoine, de cuivre et d'étain. En 1840, on introduit le fer allié à l'étain, et, en 1850, un Américain prenait un brevet pour la galvanoplastie en cuivre de l'œil de la lettre. On a essayé fréquemment, dans la fonte des caractères, de substituer au métal d'autres matières, la terre cuite, le verre trempé, la porcelaine et le caoutchouc ; mais toutes ces tentatives d'un jour n'ont pas eu en France de lendemains.

La machine à composer, qui fonctionne avec succès aux États-Unis et en Angleterre, n'est point encore entrée en France dans la période d'utilisation industrielle. Aucun constructeur ne s'est livré d'une façon permanente à l'étude et à la production de cet outillage mécanique, destiné à remplacer le travail du compositeur. L'introduction du personnel féminin dans la typographie a paru, jusqu'ici, la solution la plus pratique du problème économique poursuivi par la machine à composer, en même temps qu'elle réalisait un progrès social, par l'octroi à la femme d'un moyen d'existence répondant à ses aptitudes physiques et intellectuelles. C'est un imprimeur parisien, nommé Rignoux, qui, en 1834, eut, le premier, l'idée d'organiser un atelier de compositrices, dans son établissement de Fontenay, près Montbéliard ; il chargea l'illustre typographe Théotiste Lefèvre de choisir dans le pays les jeunes paysannes les plus intelligentes et de leur apprendre le métier de la composition. L'entreprise réussit. L'année suivante, Hyacinthe Firmin III Didot se préoccupa de doter de cette profession de pauvres sourdes-muettes ; il fondait dans ce but l'atelier féminin de Mesnil-sur-l'Estrée, où il appela Lefèvre pour mettre à exécution ses intentions philanthropiques, sur le modèle de l'établissement de Fontenay, en le complétant par l'institution d'un orphelinat. En 1855, de Soye introduisait à Paris la composition par les femmes, et, en 1862, Paul Dupont organise avec elles, à Clichy, des ateliers, bientôt assez importants pour alimenter une imprimerie considérable. Aujourd'hui, le système s'est généralisé. La femme occupe dans la typographie française une grande place, et de nombreux et puissants établissements fonctionnent, tant à Paris qu'en province, avec leur exclusive coopération.

Une autre opération préliminaire de l'impression, et qui a une grande importance aujourd'hui en typographie par suite de la multiplicité des presses rotatives ou autres, employées au tirage simultané d'un même texte, est le clichage. Le procédé actuel, qui

Un atelier de clicherie. Imprimerie Paul Dupont

paraît d'une si grande simplicité dans sa perfection technique, a été précédé d'une série considérable de tentatives et d'expériences, dont l'énumération seule servira de leçon philosophique. L' « In natura non saltus » trouve constamment, en science et en industrie, sa justification. Des érudits ont hardiment soulevé la question de savoir si les anciens imprimeurs connaissaient le clichage. Il paraît certain aujourd'hui que Simon Vostre, Vérard et d'autres de leur temps tiraient avec des gravures en relief sur métal. Les avait-on taillées ou avaient-elles été obtenues par un clichage ? On l'ignore encore ; mais il est à prévoir qu'on nous le dira bientôt nettement ; l'érudition contemporaine ne connaît point d'obstacles. Vers 1700, on imprimait à Paris des calendriers sur des formes obtenues par un moulage, dont la composition et la production sont inconnues. A la même date, un imprimeur parisien, du nom de Gabriel

Valleyre, prend l'empreinte de formes de caractères dans un moule d'argile et y coule du cuivre fondu. Sans nous préoccuper d'essais faits à l'étranger, il convient de signaler encore, avant la stéréotypie de Firmin Ier Didot, en 1795, l'innovation singulière d'un imprimeur de Toul, qui proposait, quatre ans auparavant, de laisser tomber une page de composition sur du plomb en fusion, quand il commence à se figer; mais les caractères se fondaient si le plomb était trop chaud, se brisaient s'il était trop froid; l'innovation n'eut pas de suite. En 1829, Genoud trouve le moulage au papier en feuilles, qu'améliore Justin, neuf ans plus tard, et qu'en 1850 Curmer applique avec un grand succès, après l'avoir beaucoup perfectionné. En 1845, Worms et Philippe faisaient breveter une presse à clichés curvilignes. Le rapporteur de la classe de l'Imprimerie à l'Exposition universelle de 1867 signale un très curieux mode de clichage, dénommé procédé Martin, où les empreintes sont prises au moyen de la gélatine, qui amplifie les types si on la fait gonfler dans l'eau et qui les rétrécit si on la baigne d'alcool. Le procédé actuel est celui de Genoud et Curmer. Des feuilles de papier très fort et humide, agglutinées et superposées entre des couches de talc, de plâtre fin ou de céruse, constituent la matière d'empreinte, le « flan ». Sur la forme, préalablement chauffée au gaz ou à la vapeur, on place ce flan, que l'ouvrier fait adhérer d'abord à coups de brosse et qu'il soumet ensuite à l'action d'une presse. Sous l'effet simultané de la chaleur et de la pression, le flan prend nettement l'empreinte des caractères et se sèche à devenir un carton. Après cela, il est inséré dans le fond d'un moule de fonte à bascule, où l'on verse du métal de caractère en fusion. Au bout de quelques minutes, le métal est solidifié; on démoule, et le cliché passe à l'échoppage mécanique ou manuel, qui a pour objet d'enlever toutes les parties qui ne doivent pas émerger, puis au biseautage. Il est prêt pour l'impression.

SPÉCIMEN D'AFFICHE DE L'IMPRIMERIE CHAIX

II

La Fabrication de l'Encre d'Imprimerie

Un élément important dans l'imprimerie est l'encre. Combien là aussi on est loin, à cette heure, des procédés d'autrefois, où, à l'imitation des peintres, les typographes broyaient eux-mêmes et mixtionnaient péniblement les matières entrant dans sa composition, l'huile, la résine et le noir de fumée, au moment d'en enduire le tampon de cuir ou « balles », pour frotter d'encre la forme après chaque coup. L'extension de l'imprimerie, la construction de machines à grande vitesse, le développement de la polychromie ont nécessité la création de vastes usines, pouvant être constamment en mesure d'alimenter les ateliers de produits d'une grande perfection et d'une variété prodigieuse. La fabrication de l'encre repose sur un principe industriel, dont on s'est peu écarté, depuis l'invention de Gutenberg, mais qui a été sans cesse perfectionné, surtout pendant la seconde partie de ce siècle : le mélange d'une matière colorante à un vernis. La matière colorante principale est le noir, l'impression en cette couleur étant la plus répandue ; et le noir de fumée occupe le premier rang dans la série. La dénomination de cette matière pourrait faire croire qu'on emploie encore pour sa production le procédé primitif — dont la description rétrospective se lit, comme actuelle, dans un ouvrage technique publié tout récemment, — procédé consistant « à faire brûler de l'huile dans des quinquets à becs simples que l'on place au-dessous d'une plaque de métal, laquelle se couvre bientôt d'un beau noir que l'on détache aisément en frappant sur la plaque ». Quinquet à part, on travaillait ainsi élémentairement du temps de Louis XI. Les « chambres à noir », où l'on brûle avec des appareils perfectionnés la résine, le brai, l'huile de houille, la stéarine, le pétrole, la naphtaline, ont remplacé cet outillage suranné. Chaque substance et la façon dont on la brûle ou la calcine même, donnent des noirs de contexture, de densité et de nuance variables, et, par conséquent, de qualités et d'emplois différents. Quant aux autres couleurs, il existe bien des matières naturelles, telles que les terres et les ocres ; mais un petit nombre seulement peuvent être utilisées dans l'encre d'imprimerie, et encore leurs nuances ne

Usine Lefranc. Le laboratoire de chimie

sont-elles point très vives ; il faut avoir recours aux produits de la chimie. Pour la fabrication des vernis, on n'en est plus également au procédé ancien, qui imposait la cuisson des huiles dans des bassines, où l'on faisait l'épreuve des phases de l'opération au moyen de croûtes de pain, de gousses d'ail, d'oignons et autres ingrédients culinaires. Les vernis les plus usuels sont fabriqués dans des appareils assez compliqués, par lesquels on obtient des résultats certains, avec de l'huile de lin, dont la cuisson s'opère,

Atelier de broyage des encres noires. Usine Lefranc

en gradations mathématiques et par grandes masses de matières, mais avec des précautions délicates ; car l'huile, si la cuisson est mal conduite, peut s'enflammer spontanément. Bien qu'on arrive à épaissir l'huile jusqu'à lui donner l'apparence du caoutchouc, il est parfois nécessaire de lui ajouter des résines pour lui donner du « tirant » et empêcher l'encre de traverser le papier à l'impression. On compose encore des vernis avec de l'huile de pétrole, de l'huile de schiste ou de l'huile de résine dans laquelle a été introduite de la colophane, cette huile ne s'épaississant pas par le chauffage et devant être épurée pour la neutralisation de l'odeur pénétrante qui la caractérise et dont les lecteurs de journaux se plaignaient fort il y a quelques années. La siccation de l'huile est

Atelier de broyage des couleurs. Usine Lefranc

réalisée par une double addition de plomb, sous forme de litharge, de sel de Saturne et de manganèse à l'état de terre d'ombre, d'oxyde de manganèse, etc. Parmi les résines employées le plus fréquemment, on compte la colophane, le galipot, la gomme

La fabrication du carmin. Usine Lefranc

Damas, la gomme laque, le baume du Canada, la térébenthine en pâte, la gomme arabique et la dextrine. L'incorporation du coloris dans le vernis se fait au moyen de malaxeurs; après quoi, le mélange subit l'importante opération du broyage. Sur ce point, l'industrie a fait de grands progrès d'outillage. L'ouvrier broyeur, avec sa table de granit et sa molette de marbre, a disparu depuis longtemps. Les broyeurs mécaniques actuels sont formés de cylindres de fonte pour les encres noires, de porphyre ou de granit pour les encres de couleur, entre lesquels le mélange passe et repasse jusqu'à ce que la finesse cherchée soit obtenue. L'encre imparfaitement broyée alourdit les impressions et détériore les caractères et les clichés.

La fabrication du jaune. Usine Lefranc

Il en est des encres d'imprimerie comme des couleurs des tissus. La mode y règne avec tous ses caprices et toutes ses fantaisies, dont la satisfaction combinée avec la solution des problèmes industriels et commerciaux ne laisse jamais en repos l'imagination du fabricant. Tantôt l'imprimeur aime les tirages en noir mat; tantôt il les veut

très brillants ; ou bien parfois préfère-t-il le noir avec des reflets violets, sinon des
tons roux. En polychromie, un jour, les reflets cuivrés dans les bleus seront très recher-
chés ; le lendemain, on les délaissera pour les reflets dorés dans les roses. Il y a là
aussi des « déjeuners de soleil ». Le papier d'affiche, il est vrai, ne les craint pas plus
que la percale de nos petites Parisiennes. Un bibliophile, pourtant, ne saurait avoir le
même joyeux stoïcisme à l'égard d'une édition fort coûteuse. On louera, sans doute,

La cuisson des vernis. Usine Lefranc

d'une attention fort délicate, l'éditeur qui a eu soin d'inscrire en tête d'un ouvrage la
recommandation de ne point le laisser ouvert pour en soustraire les planches à l'action
de la lumière ; mais la précaution inutile serait certainement plus goûtée. Dans une
notice en tête de l'ouvrage de Chevreul, *Du contraste simultané des couleurs*, l'Imprimerie nationale a cru utile à sa réputation et à l'honneur du fabricant de montrer
combien de recherches scientifiques et de soins professionnels ont été nécessaires
pour obtenir les superbes planches polychromes qui le composent et en font un chef-
d'œuvre d'impression. La température exerce sur l'encre d'imprimerie une grande
influence. En été, on ne peut employer des encres fabriquées comme celles dont on se

La mise en tubes des encres. Usine Lefranc

sert en hiver. Des ateliers froids, humides, chauds, peu, point ou beaucoup ventilés, réclament des encres différentes. Enfin, tout ce qui trouble l'atmosphère détermine de sensibles modifications d'état dans les matières premières en cours de fabrication et dans les produits au moment de leur emploi. On discute souvent l'hypothèse si les encres de nos livres et de nos estampes subiront, au bout d'un certain nombre d'années, les mêmes douloureuses épreuves, par lesquelles ont passé les couleurs de beaucoup de tableaux modernes, et dont témoignent les galeries des maîtres du siècle dans tous les musées, français et étrangers. L'industrie actuelle est en mesure de livrer des encres d'une fixité absolue. L'album du célèbre fondeur Derricy, imprimé en 1861, présente des planches en couleurs, dont les tons, souvent fort délicats, sont aussi frais et éclatants qu'ils l'étaient en sortant de la presse. Mais, en cela comme en tout, il faut mettre le prix pour obtenir des produits irréprochables, et s'adresser aux fabricants qui ont fait leurs preuves de science et de loyauté.

III

Les nouvelles Presses à imprimer

Que nous sommes loin aujourd'hui de la presse primitive de Gutenberg, cette rudimentaire machine de bois, inspirée ou plutôt copiée de l'appareil champêtre, dont les vignerons se servent de temps immémorial pour extraire le jus du raisin! Ne faut-il point voir, dans cette analogie, comme une sorte de symbole de l'imprimerie : la pensée humaine sortant de la presse, abondante, généreuse, pour infuser une vie nouvelle à l'humanité? Le polygraphe déjà cité, Thevet, va nous décrire, en son style d'une précision toute professionnelle, l'opération de l'imprimerie à la fin du seizième siècle : « Les compositeurs ayant eslevé devant eux en leur visorium la copie ou écriture à imprimer, les tirent (les lettres) une à une et disposent des pages et formes, lesquelles ils mettent dans un châssis de fer à une ou deux croisées, fermées avec garnitures de bois et autres petits bois carrés; donc le gouverneur de presse prend ce châssis et le met sur le marbre de sa presse, puis le touche avec balles de bois pleines de laine et couvertes de cuir blanc, frottées avec encres mixtionnées, colloquant la feuille à mouler sur le tympan et d'un blanchet qui garde la lettre d'être foulée par la platine de fer; et abattant la frisquette collée de parchemin qui couvre le blanc de la feuille, il fait rouler le train de la presse appuyée sur tanchons, jusques au-dessous de la vis, à laquelle est attachée la platine, et prenant le barreau tire tant qu'il peut, en sorte que la feuille s'imprime du côté qui est couché sur la lettre; même ordre faut-il tenir pour imprimer de l'autre côté. Deux compaignons sont nécessaires à la conduite de la presse, l'un qui tire, recueille et range les feuilles, l'autre qui batte sur la forme estant en la presse et broye l'ancre sur la pierre. Et parce que le labeur est si pénible qu'un homme n'y scauroyt fournir pour un jour entier, ils tirent la pressé l'un après l'autre et par tour. » Combien longtemps cette presse modeste, où deux ouvriers mettaient une journée de dix heures à imprimer, avec grande fatigue, à mille exemplaires, le recto d'une feuille, est restée en usage, dans sa forme originelle, avec l'adjonction de quelques perfectionnements, qui n'en modifiaient guère la physionomie! Il suffit de consulter les gravures de l'*Encyclopédie*. Avez-vous remarqué au passage la quantité de termes techniques du seizième siècle, qui nous ont été transmis, sans aucune altération : le blanchet, la frisquette, la platine, la copie, les formes, le marbre, etc.? Un Jean de Tournes, un Geoffroy Tory, revenant en ce bas monde, s'entretiendrait fort bien de son métier avec un « typo » de Motteroz ou de Dupont. Ce ne fut qu'en 1800 que lord Stanhope inventa la presse à bâtis, platine et marbre de fonte, simplifiant le travail et en augmentant la précision et la rapidité. Parurent ensuite les presses à cylindres, dues à Kœnig et Bauer, constructeurs saxons. Les tampons de cuir d'un maniement si pénible y sont remplacés par des rouleaux en gélatine; au lieu de la platine que les bras de l'ouvrier abaissaient lourdement sur les caractères, deux cylindres exercent la pression par rotation. Le 28 novembre 1814, le *Times* annonçait fièrement à ses lecteurs que le journal qu'ils ont sous les yeux a été imprimé par une machine à vapeur. Le succès de la nouvelle presse fut tel que le rapporteur de l'Exposition de 1834, Charles Dupin, constate le fonctionnement en France de cent soixante presses mécaniques. Mais ce n'était là qu'une étape indus-

Une travée du hall des presses à l'Imprimerie Chaix

trielle. Deux autres mécaniciens anglais, Applegath et Cowper, inventent bientôt, pour le même journal, une nouvelle presse plus puissante, que les journaux sur tous les points du globe s'empressèrent d'adopter. La France allait entrer en concurrence avec l'étranger pour la construction des presses à journaux et conquérir de haute lutte, par le génie de ses mécaniciens, la première place. En 1847, Marinoni, avec le concours de son maître, A. Gaveau, fournit à la *Presse* d'Émile de Girardin une machine à quatre cylindres, réalisant ce que Hoé et Applegath avaient tenté vainement : l'impression mécanique simultanée des deux côtés du papier. Déjà, plusieurs autres industriels français pouvaient montrer des créations nouvelles, moins importantes

Vue des Ateliers Marinoni

Construction de Machines à imprimer

comme principes généraux, mais qui n'en constituaient pas moins des progrès considérables : Rousselet, un type de machines plates à retiration pour labeurs ; Normand,
des perfectionnements ingénieux qui en assurèrent bien vite la popularité.

La presse rotative ne devait pas tarder à faire une nouvelle révolution. L'idée
première de son mécanisme est due à l'illustre Rowland Hill, le génial postmaster
anglais, créateur du timbre-poste. En 1835, il prenait un brevet ; mais, en raison des
difficultés de tous genres que son fonctionnement présentait, la machine fut abandonnée. L'ingénieur américain Hoé, quelques années plus tard, en reprit l'idée et l'appliqua. En 1849, le journal *la Patrie* inaugurait en France la première rotative ; mais
l'impression ne s'y faisait que sur un seul côté de la feuille. L'honneur de la solution
définitive du problème était réservé à notre pays. Plusieurs mécaniciens se mirent à
l'œuvre pour construire la rotative à retiration ; il fut pris par Derricy, Duméril,
Worms et Philippe, de nombreux brevets, qui témoignent d'une réelle ingéniosité,
mais n'aboutirent à aucune réalisation industrielle. En 1866, Marinoni, le premier, fit
fonctionner avec succès, dans l'imprimerie du *Petit Journal*, une presse rotative, à six
margeurs, imprimant sur les deux côtés à la fois, avec un tirage de quarante mille exemplaires à l'heure : l'aïeule des grandes machines à journaux. Depuis longtemps était
inventé le papier sans fin. Son application aux rotatives s'imposait, à la fois comme
moyen d'action rapide et élément d'économie par la suppression des margeurs qui
exigeaient une installation aussi coûteuse qu'encombrante. On l'entreprit. Un étrange
phénomène vint y mettre un nouvel obstacle imprévu, quand l'abolition du timbre eut
supprimé celui qui ne permettait même pas d'y songer sous l'Empire. Au passage
entre les cylindres, le papier, s'électrisant à dégager des étincelles, se brisait comme
du verre ou se grippait ; les fabricants durent en modifier la composition. Alors,
en 1871, Marinoni entreprenait la création de la presse rotative à grands tirages, fonctionnant à papier continu, par conséquent sans margeurs, et, le 3 juillet 1872, il
prenait un brevet pour le premier type, d'une puissance inconnue jusqu'à ce jour. A sa
suite, de nombreux constructeurs se lançaient résolument dans la même voie, et
l'Exposition de 1878 montrait plusieurs rotatives. Trois marinoni, sous les yeux du
public émerveillé, tiraient le *Petit Journal*, la *France* et un périodique anglais, à quarante mille exemplaires à l'heure, les presses faisant tout automatiquement : imprimant,
coupant, comptant, rangeant et pliant les journaux. En 1889, la Galerie des Machines
offrait aux visiteurs des machines plus perfectionnées encore. Il y avait là : une rotative,
système Alauzet et Tiquet, du format 54 sur 77, produisant de douze à quatorze mille
exemplaires à l'heure, avec cylindre d'impression et encrier permettant de tirer
simultanément les annonces en plusieurs couleurs ; une rotative pour journaux de
Derricy, au tirage nominal de trente-six mille exemplaires à l'heure ; et une machine
double pour journaux à grand format, de Marinoni, pliant les journaux de quatre
pages, encartant et pliant ceux de six et huit, avec une production de quarante-
quatre mille exemplaires pour les premiers et de vingt-deux mille pour les seconds.
Où sont les mastodontes de jadis, fouillis inextricable d'arbres de couche, de bielles,
de cylindres, de roues et de pignons, étayés de lourdes charpentes métalliques comme
une maison branlante, hissés sur des fosses profondes, aux approches périlleuses,
geignant, ahanant, avec un bruit sinistre de ferraille, et que devaient assister, dans leur

Vue des Ateliers Alauzet-Tiquet
Construction de Machines à imprimer

travail lent et pénible de nombreux ouvriers, toujours préoccupés, sinon anxieux? Ils ont rejoint les vieilles lunes et les anciennes Constitutions. Ces rotatives nouvelles qui, dans une journée de douze heures, vous abattent sur la table de recette un demi-million de journaux, ressemblent à des jouets. Leur organisme formidable, mais d'une simplicité décevante pour l'imagination, est contenu dans un châssis de fonte et d'acier, luisant comme un bijou, qui mesure moins de 4 mètres carrés. Il n'y a là que ce qui est absolument indispensable et correspond directement à une opération essentielle : les cylindres qui portent les clichés d'impression; les rouleaux qui distribuent l'encre sur la table à encrer; les toucheurs qui la transmettent aux clichés, et les cylindres qui coupent et plient la feuille imprimée. Des engrenages presque minuscules mettent sans bruit cet organisme en action. Et, le papier sans fin engagé dans les cylindres, la machine marche toute seule, sous le regard placide et confiant d'un unique ouvrier, avec tant de calme et d'aisance dans sa rapidité qu'il semble qu'un travail aussi facile puisse durer éternellement. Ces mécaniciens géniaux ne seraient-ils pas de plus profonds sociologues que les Montesquieu, les J.-J. Rousseau et les Proudhon? Dans son spirituel livre du *Progrès*, About déclare que l'omnibus est pour lui le type idéal du Char de l'État; je proposerais volontiers comme modèle de Constitution une rotative Marinoni.

En outre des rotatives, les presses typographiques françaises contemporaines peuvent se diviser en plusieurs familles : les machines en blanc n'imprimant que d'un côté; les machines à retiration imprimant recto et verso; les machines chromotypographiques et les presses à pédales. Viennent ensuite les presses lithographiques, les presses phototypiques et les presses à taille-douce. Dans la création de ce multiple outillage d'imprimerie, les constructeurs de notre pays ont accompli également des merveilles. Pour les premières, si le rapporteur de l'Exposition de 1878, Martinet, un maître imprimeur, déclarait n'avoir pas à signaler de ces innovations qui font époque, il n'hésitait pas à écrire le jugement suivant : « Nos machines à labeurs n'ont rien à envier aux machines anglaises et allemandes. De nombreux perfectionnements de détail sont introduits chaque jour dans les machines qui impriment les livres et les vignettes par nos habiles mécaniciens, les Marinoni, les Alauzet, les Derriey, les Dutartre, les Parrain, Gaigneur et Coillot, les Perreau et Brault, les Pierron et Dehaitre, et d'autres encore. » L'Exposition de 1889 mettra plus en relief encore les progrès incessants de l'industrie nationale. Vingt-trois modèles nouveaux y sont présentés, offrant chacun des dispositions originales, qui résolvent les problèmes les plus difficiles d'une production rapide et économique, autant qu'irréprochable au point de vue du goût : receveurs mécaniques pour feuilles imprimées et pour décharges, pinces noyées, substitution de fourchettes mobiles aux peignes, cylindres de sortie de feuilles, chargeurs mobiles, rouleaux toucheurs commandés, encrage cylindrique, pointures perfectionnées, touches circulaires, freins solidaires du débrayage, pompes à air remplaçant les ressorts destinés à amortir le choc du marbre, adjonction à chaque encrier de table cylindrique de distribution supplémentaire, etc.

Quant à la lithographie, depuis un quart de siècle, elle a pris un développement considérable par suite de son adaptation à l'impression en couleurs ; aussi les mécaniciens ont-ils apporté leurs soins à fabriquer un outillage supérieur à la vieille presse à bras, si longtemps en usage. En 1860, Voirin transformait en machine lithographique la machine typographique en blanc, par son appropriation habile aux exigences techniques de la nouvelle industrie. Marinoni, Barre, Wibart et Alauzet construisent des presses spéciales où le calage des pierres, la touche des rouleaux, l'encrage, le repérage, le mouillage et la pression sont amenés, par des organismes d'une ingéniosité

Dans l'atelier des presses à bras. Librairie-Imprimerie réunies

rare, à une telle perfection qu'on peut tirer avec facilité et rapidement les plus délicates chromolithographies. A chaque instant paraissent des innovations originales qui réalisent un progrès nouveau. Ici a été obtenu l'arrêt facultatif du cylindre ; une double table à encrer, l'une plate, l'autre cylindrique ; là on trouve des chargeurs mobiles, des rouleaux toucheurs commandés avec mouillage automatique ; ailleurs fonctionnent des margeurs automatiques et des receveurs mécaniques ; autre part, vous aurez eu à remarquer un système de double touche permettant de faire encrer deux fois la pierre par une seule révolution du cylindre. Aucune dimension n'arrête ; on construira avec aisance des presses à octuple raisin, pouvant imprimer des feuilles de 2^m,20 sur 1^m,35.

Atelier des presses typographiques. Imprimerie Berger-Levrault, à Nancy.

Atelier des presses en taille-douce. Imprimerie Ch. Wittmann

Enfin, les machines zincographiques se multiplient, depuis le prototype de Wibart, qui fit faire le premier pas à la découverte de la substitution du zinc à la pierre, aujourd'hui entrée complètement dans le domaine industriel.

Jusqu'en 1878, l'impression mécanique en taille-douce était restée fort stationnaire ; les presses créées pour elle ne présentaient aucune originalité et continuaient, avec des modifications insignifiantes, les modes de tirage anciens, aussi lents que pénibles, atteignant difficilement le chiffre de trois cents exemplaires par jour. Guy installa à l'Exposition universelle une machine produisant de six à neuf mille gravures pendant le même temps. Cette machine reçut des modifications qui la rendirent plus pratique. En 1889, on pouvait au Champ de Mars la voir fonctionner sous sa forme définitive, grâce à la collaboration de Marinoni, avec encrage et essuyage automatiques, dégagement complet de la planche, à chaque extrémité de la course, en vue d'une vérification facile de ces deux essentielles opérations. A cette même Exposition figurait une autre presse en taille-douce, du système Marcilly aîné, construite par veuve Alauzet et Tiquet, également pourvue d'un automatisme complet d'essui, de renouvellement et mouillage des chiffons, avec adjonction d'un système spécial de chauffage sous la planche. Depuis cette date, la plupart des constructeurs français ont exécuté des presses de ce genre, présentant, par des dispositions et avec des organes différents, les mêmes perfectionnements. S'inspirant du mode d'impression des tissus, Godchaux inventait, il y a plusieurs années, une machine en taille-douce d'un principe opposé à celui des presses ordinaires. Le papier en bobine est conduit sur un cylindre gravé en creux, s'encrant par immersion non plus aux encres grasses, mais aux encres à l'eau, et essuyé par une lame d'acier flexible. Sous la pression du cylindre et d'un rouleau feutré, il reçoit le dépôt d'encre des parties gravées ; après le passage au-dessus de becs de gaz dont la chaleur sèche instantanément l'impression, le papier gagne un second rouleau où il s'imprime de l'autre côté, de la même façon. Cette machine ingénieuse sert exclusivement à la confection des cahiers scolaires d'écriture, qu'elle peut imprimer mensuellement au nombre de deux millions. Les procédés d'héliotypie, phototypie, photocollographie, planotypie, etc., ont, après l'adaptation pure et simple des presses lithographiques, provoqué la construction de nouvelles machines spéciales, dont toutefois l'organisme n'est pas si différent de celui de ces presses qu'elles ne puissent, suivant les conseils de leurs auteurs, au moyen de quelques accessoires, remplir le même office et au besoin se transformer aisément en outillage pour la chromotypographie .

La chromotypographie est, à cette heure, l'objectif principal des études de nos mécaniciens, l'impression en couleurs ayant pris depuis quelques années un développement prodigieux, par suite du goût de plus en plus prononcé du public pour les livres, les estampes et les vignettes polychromes. Dès 1867, Dutartre exposait au Champ de Mars une machine en deux couleurs, en compétition avec les célèbres constructeurs bavarois Kœnig et Bauer. Dans cette machine, aussi simple que pratique, le marbre portait les deux compositions. Au-dessus du marbre roulait le cylindre avec la feuille à imprimer. La distance entre les deux compositions étant égale au périmètre développé du cylindre, au premier tour la feuille passait sur la première forme ; au second, sur la seconde, avec un repérage parfait. La plupart des machines chromotypographiques, même très récentes, sont basées sur ce prototype.

Après le succès si éclatant des presses rotatives pour journaux, on devait se préoccuper d'en appliquer le principe à l'impression des publications périodiques en couleurs, par suite de la manifestation des mêmes besoins : la rapidité et l'économie,

Machine Godchaux à imprimer en taille-douce les cahiers scolaires

provoqués par l'augmentation incessante de leurs tirages. L'Exposition universelle de 1889 montrait, sous la signature Marinoni, une rotative double pour format double jésus, faisant à volonté la retiration et une deuxième couleur d'un côté, soit trois couleurs du même côté, et pouvant, par la division des encriers avec ses trois cylindres, donner d'un seul coup six couleurs sur le recto. Le même constructeur a créé, pour le Supplément illustré en couleurs du *Petit Journal*, une rotative nouvelle, aussi puissante qu'originale. Cette machine doit faire, pour répondre à sa mission, sept impressions : une d'un côté et six de l'autre. Elle marche, à l'heure, à la vitesse de douze mille exemplaires, produisant ainsi quarante-deux impressions. En conséquence, la rotative possède sept encriers, sept appareils de distribution, sept cylindres portant les clichés ou galvanos. Chaque appareil d'encrage se compose de : un encrier, un rouleau preneur, trois tables à encrer pour la distribution de l'encre, deux rouleaux de matière pour transmettre l'encre à deux des tables à encrer, et de quatre rouleaux toucheurs pour chacun des cylindres de clichés. Après avoir enveloppé plusieurs rouleaux, le papier glacé passe entre deux cylindres placés dans la partie basse de la machine; l'un de ces cylindres porte le blanchet; l'autre, les clichés encrés par quatre rouleaux toucheurs; pendant ce passage, le papier, à son verso, est imprimé en noir; il continue son mouvement dans la machine, sans se retourner, et reçoit, des divers cylindres, en recto, l'impression de chacune des couleurs dont ils sont encrés;

Machine à imprimer les billets de banque
Ateliers Alauzet & Tiquet

et, aux derniers, l'impression en noir des titres et des légendes du même recto. Le tirage, qui a exigé à peine une demi-seconde, est terminé. Par un système ingénieux de scies, de pinces, de lames et gorges de cylindres, le papier est coupé; les exemplaires sont pliés et livrés prêts à passer entre les mains des distributeurs.

Depuis deux années fonctionne, dans quelques ateliers parisiens, une autre rotative en couleurs, de l'invention de Paul-Auguste Godchaux. Cette machine, ordinairement à cinq couleurs, mais qui peut être à plus, par des additions à son organisme, présente quelques particularités. Par suite de l'installation pour chaque couleur d'un cylindre et d'un preneur, et de la faculté de faire ainsi un repérage mécanique complet, en même temps qu'une mise en train spéciale, elle effectue toutes les opérations qui s'accomplissent sur une machine plate, et emploie tous les procédés de gravure typographique, s'adaptant à n'importe quel cliché, sans avoir à lui faire subir d'autre préparation ou transformation que celle du cintrage. Le tirage sur cette rotative atteint à l'heure une moyenne de cinq mille exemplaires.

La confection des billets de banque, qui exige une organisation technique si particulière pour empêcher toute contrefaçon, a provoqué la construction de machines nouvelles de la plus grande ingéniosité, machines à multiples impressions en couleurs, à impression simultanée recto et verso avec unique repérage, machines à numéroter, etc.

L'impression en couleurs se fait encore par d'autres procédés qui, pour être déjà vieux ou renouvelés de ceux des siècles passés, n'ont pas moins conservé une certaine faveur. C'est d'abord l'impression à la Congrève, inventée en 1820, qui consiste dans le

Un atelier de composition typographique
Imprimerie Berger-Levrault, à Nancy

transport simultané des couleurs sur le papier par l'impression d'une planche, encrée polychromement, suivant un modèle, au moyen de poupées portant chacune une couleur. Le procédé a été perfectionné et adapté à la typographie mécanique, donnant ainsi des résultats excellents, tant au point de vue de la rapidité du tirage que de l'intensité et de la fraîcheur du coloris. La sténochromie dérive d'un principe peu différent. La planche est formée d'une mosaïque de blocs de couleurs découpés et ajustés suivant les lignes du dessin, et qui se décalquent sur le papier à chaque coup de presse ou tour de cylindre. Vient ensuite la chromotypie sur planche unique. Le chromiste dépose sur la planche, gravée légèrement pour donner les seules lignes de la composition à reproduire, toutes les couleurs, avec les valeurs de tons, les délicatesses du pinceau, etc. La planche est mise, après cette préparation, sur une presse, et la pression exercée sur la feuille lui transmet une épreuve polychromique, dont quelques retouches feront une reproduction, parfois absolue, de l'original.

Enfin, il y a — ce qui ne constitue pas à proprement parler une impression — le coloriage au patron, très usité aujourd'hui, soit pour remplacer la chromotypographie, soit pour la compléter par des rehauts de couleur ou par des lavis.

L'impression de la musique a fait depuis bien longtemps l'objet des recherches patientes et obstinées d'inventeurs nombreux. Un psautier imprimé à Mayence, en 1490, contient un spécimen d'impression typographique de musique de plain-chant, les notes en noir et les portées en rouge. Pierre Hautin, graveur, fondeur et imprimeur, et, après lui, Attaignant, Leroy, musicien d'Henri II, Ballard, son beau-frère et Gardano employèrent le système de notes fondues avec le tronçon correspondant des cinq portées. Le Bé, le célèbre graveur, donna les matrices employées par Leroy et Ballard. Mais la typographie musicale avait trouvé une concurrence terrible dans la gravure en taille-douce. Sanlecque obtenait, en 1639, de Louis XIII, des lettres patentes pour imprimer seul, pendant dix ans, le plain-chant au moyen d'un mécanisme de son invention qui était la taille-douce. Plus d'un siècle auparavant, un Allemand, Erhard Oglin, imprimeur à Augsbourg, avait gravé aussi de la musique. En vain, Ballard, en possession d'un privilège d'imprimeur du roi pour la musique, tenta de s'opposer à l'application industrielle du nouveau procédé. La gravure en taille-douce entra dans le domaine public et a subsisté jusqu'à la venue de la lithographie. En dépit des travaux et des talents d'autres chercheurs plus modernes, Enschedé, Fleischmann, Rosart, Fournier jeune, Reinhard et Olivier, la typographie ne parvenait pas à la solution du difficile problème, lorsque, en 1822, Duverger inventa une méthode nouvelle, consistant à composer les pages sans portées, à les mouler en plâtre, à tracer mécaniquement les portées dans le moule au moyen d'un tire-ligne et à clicher. Ce système n'a pas donné ce qu'on en attendait, malgré les modifications de Tantenstein et Cordel, les élèves de Duverger. Derriey montrait à Londres, en 1851, de la musique imprimée par un procédé personnel, consistant dans la composition des notes de musique entre chaque portée, par des pièces détachées fondues sur cadratins, la portée formée par une lame de cuivre ayant la longueur de la ligne. L'idée de Duverger devait être reprise plus tard. La maison Berger-Levrault, depuis de nombreuses années, imprime la musique au moyen de types mobiles. Pendant assez longtemps, un imprimeur parisien a fait l'expérience, aujourd'hui abandonnée, d'un système d'impression au moyen de caractères et de parties de caractère, fondus systématiquement.

IV

L'Imprimerie nationale ✶ Les vieilles Familles d'Imprimeurs

Les Maîtres contemporains

A l'imprimerie, le nouveau régime politique de la France, la République, a apporté une liberté dont tous les gouvernements précédents, même les plus libéraux, n'avaient toléré que l'apparence, conservant, lorsqu'ils ne les aggravaient, les entraves administratives du premier Empire et de la Restauration. Un décret du gouvernement de la Défense nationale, en date des 10-12 septembre 1870, proclamait la liberté de la profession d'imprimeur, subordonnée à une simple déclaration préalable au ministère de l'Intérieur. Si la loi du 4 septembre 1871 institua un impôt sur le papier, ce n'était là qu'une mesure fiscale, imposée par l'impérieuse obligation de trouver des ressources financières pour payer la formidable rançon des cinq milliards. Le 1er décembre 1886, cet impôt fut aboli. La liberté et le développement de l'instruction pu-

Cour d'honneur de l'Imprimerie nationale

blique devaient donner à l'imprimerie une extension considérable : les dernières statistiques officielles constatent l'existence en France de plus de mille établissements de typographie, occupant près de quatorze mille ouvrières et ouvriers.

Cette grande industrie compte de séculaires maisons, de glorieuses et vieilles familles qui perpétuent, par leurs nombreuses générations, le goût artistique, la loyauté commerciale et la science technique, par lesquels elles ont conquis à notre pays une supériorité incontestable sur tous les autres, dans cette branche d'activité du génie humain. C'est d'abord, au premier rang, l'Imprimerie nationale. Quoi qu'on en ait écrit officiellement, en vue de la défense d'une théorie historique, émise par l'administration qui la régit, cette institution dérive directement de l'ancienne Imprimerie royale, fondée, en 1640, par Louis XIII. Ne possède-t-elle pas dans son matériel les célèbres types gravés par Garamond, sur l'ordre de François Ier, qui les confiait libéralement aux imprimeurs les plus habiles du royaume, pour les beaux livres qu'ils voulaient publier ?

Les Consuls décidèrent bien, par arrêté en date du 17 frimaire an X, que l'Imprimerie nationale était chargée d'exécuter « toutes les impressions du Gouvernement, des Ministères et des administrations qui en dépendaient » ; mais en l'installant rue de la Vrillière, la Convention avait simplement poursuivi sa grande œuvre sociale, déjà réalisée par tant de créations et de réorganisations géniales, dans les domaines des arts, des sciences et de l'industrie. Si, à la suite des victoires de Bonaparte, le Louvre s'enrichissait des

Atelier de composition typographique de l'Imprimerie nationale

trésors artistiques de l'Italie, l'hôtel de Toulouse, de son côté, recevait, comme dépouilles opimes, les caractères universels de la Propagande et du Vatican. Véritable conservatoire d'art et d'érudition typographiques, destiné à maintenir, par un personnel d'élite et un matériel incomparable, la gloire de l'imprimerie française, l'institution continue — impériale, royale ou républicaine — au dix-neuvième siècle, après son transfert par ordre de Napoléon, dans les vastes bâtiments et dépendances de l'hôtel de Rohan, rue Vieille-du-Temple, l'impression de grandes collections ou d'ouvrages exceptionnels, comme elle l'avait fait, au dix-septième et au dix-huitième, avec les *Ordonnances des rois de France*, les *Pères de l'Église*, les *Conciles*, les *Historiens byzan-*

tins, l'*Histoire naturelle de Buffon*, etc. A ses riches séries de types européens et classiques elle ajoute celle des types orientaux, au nombre de cent cinquante environ, formés avec la collaboration des plus illustres philologues modernes, et elle rend son atelier oriental célèbre dans le monde entier par son outillage, son fonds et ses publications. De ses presses, à l'occasion des grandes Expositions nationales et universelles, sortent des chefs-d'œuvre : en 1851, *le Livre des Rois*, l'*Histoire des Mongols*, le *Bhagavata Parana;* en 1855, l'*Imitation de Jésus-Christ;* en 1862, *les Saints Évangiles;* en 1878, les *Œuvres complètes de Molière;* en 1889, l'*Histoire de la participation de la France à l'établissement des États-Unis d'Amérique; l'Hôtel de Rohan ou de Strasbourg affecté à l'Imprimerie nationale;* l'*Histoire de la Révolution française* de Michelet et le *Mémorial des Saints*, reproduction du manuscrit Ouïgour de la Bibliothèque nationale. L'Imprimerie nationale est un fleuron de la couronne de la France, comme

Sèvres, les Gobelins et Beauvais. A ce titre et avec ce caractère, non seulement elle doit être conservée et entourée d'une sollicitude patriotique; mais il serait utile qu'elle reçût, dans son organisation et dans son budget, un développement nouveau, au point de vue de sa production supérieure, de façon à redevenir ce qu'elle était autrefois, au Louvre, un atelier d'art, une école de haut enseignement professionnel et un musée typographique français.

Entrée de l'Imprimerie Paul Dupont à Clichy

Le vieux palais des rois de France a contenu jadis une autre imprimerie célèbre, celle des Didot, consécration officielle d'une grande famille, dont le nom est inséparable de l'histoire de l'imprimerie, par les découvertes et les œuvres qui lui sont dues. Son fondateur est François Didot, né en 1689 et mort en 1793, qui fut syndic de la corporation des libraires parisiens, et chez qui travailla Cochin. L'aîné de ses deux fils, François Ambroise Ier, s'établit imprimeur tout jeune; il construit la première presse à un coup, régularise mathématiquement la force respective des caractères en inventant le système des points typographiques, et publie les grandes éditions dites *d'Artois, du Dauphin* et *de Monsieur*. Le cadet, Pierre-François, continue la librairie paternelle et exerce, en même temps, la profession d'imprimeur. De ses presses sortent le *Télémaque* et l'*Imitation de Jésus-Christ*, classés parmi les plus belles productions typographiques. François Ambroise Ier laisse deux fils, et Pierre-François, trois, dont les travaux honoreront l'industrie nationale et la feront brillamment progresser. L'aîné de tous, Pierre, né en 1761, sera tenu pour le premier imprimeur du monde, à la suite des éditions in-folio, dites *du Louvre*, qu'il imprime dans ce palais où le gouvernement avait ordonné de placer ses presses; le jury de l'Exposition de 1806 proclame le *Racine* la plus parfaite production typographique de tous les âges et de tous les pays.

Firmin Ier, son frère, imprimeur, graveur et fondeur de caractères, créc le célèbre type
didot, les premiers caractères d'écriture cursive et la stéréotypie. L'Institut impérial de
France, en 1811, le nomme son imprimeur officiel, et Louis XVIII, en 1814, imprimeur
du roi. Il forme une école de typographie, d'où sortiront de futurs maîtres de l'imprimerie : Renouard, Claye, Rignoux, Fournier, Lefèvre, Dupont et Plon. Le fils aîné de
Pierre-François Didot, Henri, se consacre plus particulièrement à la fonderie des
caractères ; il invente le moule polyamatype, les fontes microscopiques qui serviront à
l'édition de l'*Horace* et des *Maximes de La Rochefoucauld*. Le troisième, Didot jeune, se

Atelier de composition typographique, à l'Imprimerie Paul Dupont

distingue par la publication artistique des *Voyages du jeune Anacharsis*. La quatrième
génération comptera aussi des membres illustres : Jules, fils unique de Pierre,
graveur, fondeur de caractères, imprimeur, qui commença la collection des classiques ;
Ambroise Firmin II, l'aîné des enfants de Firmin Ier, imprimeur-éditeur du *Thesaurus
græcæ linguæ* d'Henri Estienne, de l'*Univers pittoresque*, de l'*Encyclopédie*, de la *Biogra-
phie générale*, savant helléniste, érudit, bibliophile et membre de l'Académie des Inscriptions et Belles-Lettres. Son frère cadet fonda l'imprimerie du Mesnil-sur-l'Estrée. Le
fils d'Ambroise Firmin II, Alfred Firmin III, de 1855 à 1892, a dirigé, en association,
jusqu'en 1875, avec son cousin Paul Firmin IV, fils d'Hyacinthe Firmin, la séculaire
typographie de la rue Jacob et a organisé les ateliers chromolithographiques où ont été
gravées et tirées les planches des grands ouvrages, *Paris à travers les âges*, *l'Ornement*

Atelier de composition typographique, aux Librairies-Imprimeries réunies
Ancienne Maison Quantin

polychrome, le Costume historique, etc. En 1889, le gouvernement le nommait président du jury de l'Imprimerie et de la Librairie à l'Exposition universelle. A sa retraite récente des affaires, lui a succédé, dans cette direction, son fils aîné, Maurice Firmin V, associé avec son cousin Lucien Hébert.

La province peut s'enorgueillir de familles d'imprimeurs non moins anciennes. A Lille, les Danel existent, sous la même dénomination, depuis la fin du dix-septième siècle. Par suite de son mariage, Danel Ier absorba dans son imprimerie celle de Rache, fondée, en la même ville, vers 1600. Le chef actuel de la maison, Léonard Danel,

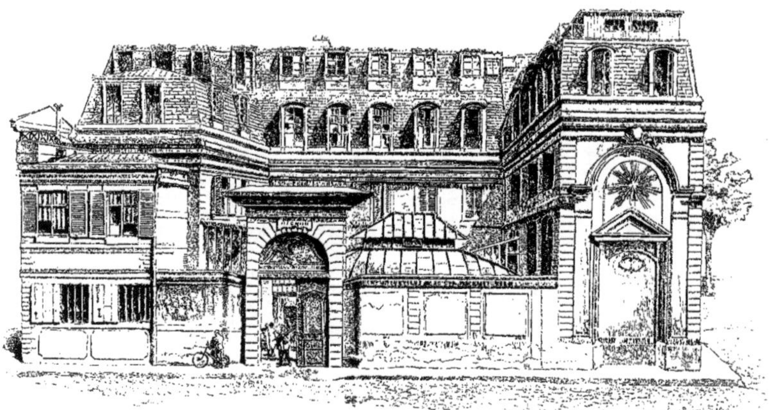

représente la cinquième génération. L'imprimerie Berger-Levrault, de Nancy, ne compte pas moins de deux siècles, sinon avec cette raison sociale, du moins dans la même famille. Son fondateur, Frédérick-Guillaume Schmuck, de Ribeauvillé, établit à Strasbourg, en 1676, une librairie; huit ans après, une typographie, et devint imprimeur de l'évêché. Son fils aîné, Frédérick, lui succéda. Celui-ci étant mort sans enfants, la direction de la maison incomba au fils cadet, Guillaume, nommé peu à près imprimeur du roi et de l'Université de Strasbourg. En 1751, le gendre de Guillaume, Jean-Robert Christmann, avocat et conseiller du sénat de la ville, prend la suite de l'établissement, qu'il cédait, dix ans plus tard, à son fils François-Robert et à son gendre François-Georges Levrault. A la mort de Christmann, en 1771, Levrault continue seul les affaires. Il meurt en 1798, et son fils aîné, François-Laurent, devient chef de la maison. De ses deux autres fils, l'un, Nicolas, est nommé, par Napoléon, directeur de l'Imprimerie de la Grande Armée ; l'autre, Xavier, imprimeur du roi de Westphalie à Dusseldorf. Quand

François-Laurent mourut, en 1821, ayant épuisé pour ainsi dire tous les honneurs de sa cité, successivement recteur de l'Académie, procureur général syndic, commissaire de préfecture, membre du Conseil général et de la Chambre de commerce, etc., sa veuve garda l'imprimerie et s'associa avec ses deux gendres, Frédéric Berger et Pitois. En 1850, la maison passe aux mains de la fille aînée, devenue veuve, qui prend comme associé son fils Oscar. Actuellement, elle fonctionne, dirigée par A. Norberg, sous la dénomination : Berger-Levrault et Cie. Après l'annexion de l'Alsace, la vieille imprimerie strasbourgeoise,

Les Librairies-Imprimeries réunies
Ateliers de la rue Saint-Benoît

voulant rester française, se transporta à Nancy. Le Mans possède une famille d'imprimeurs, les Monnoyer, fondée en 1751 ; Limoges, celle des Chapoulaud, qui remonte à l'année 1607. La Touraine est fière des Mame, dont la fameuse imprimerie a été créée, en 1796, par Armand, auquel succéda, en 1833, son fils unique, Alfred, associé avec son cousin et beau-frère Ernest, et qui est dirigée actuellement par les arrière-petits-fils du fondateur.

Et combien sont nombreuses encore les vieilles maisons parisiennes et provinciales, qui, sans être restées constamment dans la même famille, n'en continuent pas moins avec éclat les traditions léguées par les maîtres imprimeurs, souvent célèbres, auxquels elles ont successivement appartenu ! A Poitiers subsiste, toujours florissante, l'imprimerie qu'installèrent, en 1516, Jehan Ier et Enguilbert Ier de Marnef, avec la marque « au Pélican », et à laquelle fut réuni, en 1567, l'atelier de Bouchet, qui datait de 1522. L'imprimerie Makaire, d'Aix en Provence, remonte, sous des noms divers, à l'imprimerie Tholozan, fondée en 1597. Hérissey, d'Évreux, compte plus de cent ans. Le dix-huitième siècle a vu naître, à Toulouse, Privat, dont l'édition de l'*Histoire générale du Languedoc* a été l'héritage glorieux transmis religieusement à ses successeurs. La « Société des publications périodiques », que présida si longtemps Paul Dalloz, est la suite de la « Société du *Moniteur* et de l'*Encyclopédie* », organisée par Panckoucke. Les « Librairies-Imprimeries réunies » continuent la maison fondée, en 1827, par Henri Fournier, qui apprit son métier auprès de Firmin Ier Didot ; dirigée ensuite de 1846 à 1876 par Jules Claye, une illustration de la typographie parisienne ; de cette date à 1888, par A. Quantin, élève de son prédécesseur et d'Alfred Mame, auquel succède la Société dont les directeurs sont May et Motteroz. Et quelles nouvelles familles d'imprimeurs, qui comptent déjà deux et trois générations, fièrement fidèles à la profession : les Plon, les Lahure, les Chaix, les Dupont, les Crété, les Belin, les Gauthier-Villars, les Delalain, etc., sont venues, dans ce siècle, ajouter des pages superbes à la généalogie de l'Imprimerie française !

Entrée de l'Imprimerie Chaix

CHAPITRE III

Les Procédés de Gravure

Vue du Hall de l'Hôtel Braun & Clément

I

Le Burin, l'Eau-forte, le Bois et la Lithographie

Dès l'origine du livre, manuscrit ou imprimé, on trouve l'illustration à la main ou par la gravure ; et même, pour en écrire la genèse précise, faudrait-il remonter encore plus haut. Dans la plus lointaine antiquité, quand on inscrit sur les murs, sur les tables de marbre, de bronze, de pierre ou de terre cuite, sur les stèles et sur les tombeaux, des documents officiels, des récits de faits publics ou privés, des épitaphes ou des biographies, on accompagne presque toujours le texte de peintures, dessins ou bas-reliefs, qui commentent l'inscription ou simplement la décorent. N'était-ce point là une véritable illustration? Les érudits, s'appuyant sur certains passages de Cicéron, assurent que les Romains possédaient des livres illustrés. Plus tard, à peine y aura-t-il des calligraphes pour transcrire les manuscrits, que des enlumineurs se présenteront pour orner leurs écritures. Et la miniature, à l'étudier dans son ensemble, est un art si complet qu'elle présente les mêmes évolutions que la peinture et la sculpture, dans l'histoire générale des arts. Quand les premiers xylographes inventèrent la taille, sur planches de bois, de lettres et de dessins, et par l'impression réussirent à en tirer des épreuves successives, peintes ensuite à la main, ils ne poursuivaient qu'un but : donner l'illusion d'un manuscrit. Le *Saint Christophe* de 1423 en est la preuve. La gravure constitue donc essentiellement un mode d'illustration, par ses moyens divers, ayant pour but la reproduction la plus exacte d'une œuvre ou d'un objet, ou la représentation directe d'une idée plastique ; que cette illustration s'applique au livre, à l'estampe, à l'affiche, etc., enfin à toutes les formes et destinations dont est susceptible le papier. Les premiers éditeurs ayant utilisé l'invention de l'imprimerie en caractères mobiles, on ne tarda pas à décorer ces nouveaux livres d'ornements et de figures, comme en témoignent l'édition des Fables d'Ulrich Bohner, faite par Pfister, en 1461 ; les *Méditations* d'Ulrich Hahn, en 1467, et l'*Art militaire* de Valturius, de 1472. La gravure avoisine donc l'impression typographique, répondant ainsi à un besoin impérieux pour l'humanité, celui de l'image : une des plus expressives formes de l'Idée, par laquelle l'art résume dans une synthèse plastique son influence sur l'évolution de la nature, fin suprême de tout. Pendant quatre siècles, le génie humain accumulera des merveilles, réalisées par des procédés d'une variété moindre qu'on peut l'imaginer, en raison de la multitude d'artistes qui ont fait de la gravure, et de la quantité innombrable d'œuvres qu'ils ont produites.

Le Saint Christophe de 1423

L'historien le plus récent de la gravure, d'une impeccable érudition, Henri Delaborde, n'énumère jusqu'au dix-neuvième siècle que onze procédés généraux employés par les graveurs de toutes époques : la gravure en taille d'épargne, la gravure en camaïeu ou clair obscur, la gravure criblée ou en criblé, la gravure d'empreintes en pâte, la gravure en taille-douce, la gravure à l'eau-forte, la gravure au pointillé, la gravure en manière de crayon, la gravure en couleurs, la gravure à l'aquatinte et la gravure au lavis. De ces procédés divers, la plupart se pratiquent encore aujourd'hui, et un très petit nombre même s'est transformé d'outillage.

Au commencement de ce siècle, la gravure au burin est fort en honneur. Des artistes de valeur, Boucher-Desnoyers, Bervic, Tardieu, etc., la pratiquent avec succès. Le genre exclusivement en usage est la taille académique, qui creuse le cuivre avec

une méthodique précision, entre-croisant en losanges ou
contournant parallèlement des
lignes rigides et monotones,
sans recherche d'effets lumineux ou de coloris vibrant.
Les maîtres l'enseignent en une
formule étroite et immuable,
dont il est interdit de sortir,
sous peine de monstrueuse hérésie. Henriquel-Dupont s'in-
surgea pourtant un jour contre
ce « caporalisme » artistique,
et, brisant le vieux moule de la
gravure, adopta un système
nouveau, qui lui permit de produire des œuvres plus vivantes.
Son atelier groupe des graveurs de mérite : Aristide Louis,
Jules François, Rousseau, Martinet, etc. Mais, bientôt, de
jeunes artistes, plus audacieux,
rompront résolument avec une
école qui est impuissante, à la
fois, à ressusciter le passé — la
vieille taille académique étant
définitivement perdue — et à
conquérir l'avenir, par l'incertitude et la timidité de ses

Reproduction typographique d'une gravure au burin
L'Éducation d'Achille, par Bervic, d'après Regnault

aspirations. Ils se lancent hardiment dans la voie de la liberté, chacun suivant son tempérament, avec un idéal supérieur : non plus faire du métier pour du métier; mais, au
moyen d'un outil, transformable suivant les besoins, donner une forme plastique spéciale
à la pensée personnelle ou d'autrui, pour la rendre plus puissante par sa diffusion.
Gaillard crée pour ainsi dire un art nouveau, déclarant vouloir « dessiner avec des tailles »,
c'est-à-dire user de la gravure comme d'un mode d'expression directe, au lieu de s'en
servir comme d'un simple procédé de reproduction, et il produit les merveilles qui
assurent à son nom et à son œuvre l'immortalité. A cet exemple, un jeune maître,
Waltner, élève de l'École de Rome, entreprend une révolution analogue, en s'inspirant
du même principe d'esthétique. Il s'initie à tous les systèmes anciens, en invente de
nouveaux, les mélange, les transforme et de tout cela se fait une manière intime, originale et variée, par laquelle il interprète les maîtres anciens et modernes, avec une
hardiesse et une verve telles que, sans en trahir aucun, sa personnalité s'affirme partout
hautement. Et, à la suite de l'un et de l'autre, une génération nouvelle, ardente, labo-
rieuse, donnera définitivement, pendant ce dernier quart de siècle, à la gravure, la plus

11

fière des physionomies. Mais, aux points de vue industriel et commercial, le burin a subi une crise profonde, du fait des progrès considérables et incessants de la photogravure, et par l'opinion qui s'est répandue dans le public qu'il devait renoncer désormais à affronter sa concurrence dans la reproduction des œuvres d'art. Le succès de la Société française de Gravure, le maintien de la Chalcographie du Louvre, les expositions des Sociétés corporatives et la collaboration réclamée par les éditeurs pour les grandes publications artistiques de ce temps sont, sans aucun doute, des témoignages d'une vitalité encore très énergique; il n'est pas contestable, cependant, que l'invention des procédés mécaniques de reproduction a fortement atteint, dans sa prospérité et sa réputation, cette branche de la gravure artistique, qui, autrefois, tenait une place considérable dans l'estampe et dans l'illustration. Deux objectifs sont à analyser pour l'appréciation d'une gravure : l'exactitude de la reproduction et le talent personnel du graveur. Si l'on ne se préoccupe que du premier, la supériorité des procédés mécaniques sur les procédés manuels est évidente; une belle photogravure donnera de l'œuvre originale une image plus fidèle; parfois, elle en sera vraiment le reflet. Veut-on ajouter à cette sensation unique — qui n'est pas sans un certain charme particulier, dont se contentent beaucoup d'esprits timides, — celle — plus raffinée peut-être dans sa dualité — du spectacle d'une âme d'artiste traduisant la pensée d'une autre âme et s'efforçant, avec la sincérité de la foi et de la passion artistique, d'en exprimer l'émotion, aussi intense, aussi vibrante, avec des moyens différents et plus restreints : l'œuvre du graveur est incomparable. A quelque perfection que puisse atteindre la photogravure, jamais elle ne surpassera cette forme d'art, qui est elle-même une création.

Reproduction typographique d'une gravure
au burin d'Henriquel-Dupont
Alexandre Tardieu, d'après un dessin d'Ingres

Comment, par une apparente contradiction, qui n'étonnera, il est vrai, que les ignorants et les superficiels, à l'heure où la séduction des procédés mécaniques de gravure est par leur nouveauté dans toute sa puissance, où se multiplient les merveilles qu'ils sont en mesure de réaliser, assistons-nous à une renaissance éclatante de l'eauforte? Comment le bois prend-il, de jour en jour, un plus grand développement et se transforme énergiquement de caractère et d'ambition? C'est que l'un et l'autre ne sont point restés de simples métiers de reproduction. Ils ont conquis par l'originalité une autonomie. Et, ainsi, une évolution qui, au début, paraissait devoir se résumer pour eux en une rapide décadence et en une définitive absorption, est devenue une période de l'histoire de l'art, qui ne sera ni la moins brillante, ni la moins féconde. Quelle superbe renaissance de l'eau-forte! Combien sont nombreux les artistes qui, dans l'estampe et dans le livre, en ont fait non seulement le plus merveilleux instrument

Une presse en taille-douce
Imprimerie Wittmann

de reproduction, avec tout le charme pittoresque de l'œuvre personnelle, originale, primesautière, et le mérite d'une fidélité spirituelle et délicate; mais un moyen superbe d'expression directe de la pensée, dans toute la fleur de son inspiration immédiate : Jacques, Daubigny, Gaillard, Jacquemart, Rajon, Tissot, Legros, Chauvel, Waltner, Flameng, Bracquemond, Rops, Laguillermie, Desboutin, Kœpping, Gaucherel, Mouilleron, Maxime Lalanne, J. Adeline, de Rochebrune, Buhot, Graux, Boilvin, Le Rat, Lalauze, Courtry, Monziès, Toussaint, Guérard, Lefort, Burney, Milius, Mathey, Lecouteux, etc., etc. La plupart des grands peintres la cultivent passionnément, comme une distraction de haut goût et comme un moyen précieux de notation intime et rapide de sensations. Les éditeurs l'emploient pour les livres de luxe, quand ils veulent leur donner une forme artistique ou une fantaisie séduisante. Depuis l'*Histoire anecdotique des Cafés* d'Alfred Delvau, de Dentu, à laquelle collaborent Courbet, Flameng et Rops, à la fin de l'Empire, une innovation sans lendemain immédiat, et surtout à partir de la *Madame Bovary* de Lemerre, par Boilvin, l'eau-forte règne en maître dans l'illustration, à la fois par la vignette dix-huitième siècle, fort à la mode, et par le hors texte monumental des grandes éditions, telles que *les Saints Évangiles* d'Hachette, où seize aquafortistes de grand talent, sous la direction d'Hédouin, gravent les cent vingt-huit compositions magistrales de Bida; dans le *Polyeucte* et les *Chefs-d'œuvre de la langue française* de Mame, *la Renaissance en France*, *les Grands Maîtres de l'art* de Quantin, etc., etc. Les artistes s'éditent eux-mêmes corporativement dans des publications périodiques et organisent, comme démonstrations publiques de leur activité, des expositions collectives qui obtiennent un vif succès. Comment expliquer cette renaissance rapide et éclatante? La science contemporaine aurait-elle apporté à cet art quelques nouveaux et merveilleux moyens de production? Nullement. L'honneur exclusif doit en revenir au talent et à l'originalité des graveurs. Les procédés actuels sont ceux des vieux maîtres. Aujourd'hui, on vernit les planches de cuivre comme autrefois, au tampon, au vernis liquide et au rouleau; l'enfumage se fait par les mêmes trucs rudimentaires, et la morsure, à plat ou par couverture — les deux systèmes classiques et séculaires, — ne diffère parfois de celle du passé que par la substitution à l'acide nitrique de produits chimiques récents : l'acide chlorhydrique et le chlorate de potasse. Et, en dépit des mécaniciens et de leurs inventions nouvelles, pour l'aquafortiste convaincu et pour l'amateur passionné, suivant la profession de foi énergique qui se lit en une page des *Graveurs du dix-neuvième siècle*, l'imprimerie en taille-douce est « un lieu tranquille, où dans le recueillement un artiste habile tire, dans sa journée, dix ou douze épreuves, pas plus, d'une planche de format grand in-folio. »

Gravure sur bois de Méaulle, d'après Mouchot

Tirée du « Roman d'un jeune homme pauvre »

Depuis 1830, la gravure sur bois continue une floraison printanière, sans connaître d'hivers. A l'Exposition nationale de 1834, elle brillait déjà d'un éclat assez vif pour que le rapporteur général, Charles Dupin, écrivît avec fierté : « La gravure sur bois destinée aux publications de luxe, venue d'Angleterre il y a quinze ans, s'est promptement naturalisée en France; nous sommes maintenant en état de pré-

Gravure sur bois de Florian, d'après Forain
La Sortie des Artistes. Extrait de « l'Art du Rire et de la Caricature ».

senter à nos prédécesseurs en cet art des produits qui sont, pour la souplesse et la pureté, comparables avec ce qu'ils ont fait de mieux en ce genre. Cet art deviendra populaire chez nous, comme il le fut en Allemagne, au temps de la Bible des Pauvres. » Firmin Ier Didot avait fait venir à Paris le graveur anglais Thomson, élève de Bewick, qui substitua la taille du bois debout à la taille dans le sens du fil, dont un Français, Brévière, avait déjà, en 1815, tenté avec un certain succès l'expérience, simple résurrection des méthodes du seizième siècle. De cette date jusqu'en 1865, on ne pratique guère qu'une seule formule, celle dont Porret a été le plus illustre représentant : la formule de la copie en fac-similé de l'œuvre du dessinateur. Quelques graveurs y mettent parfois un certain esprit, une légère pointe d'originalité personnelle ; mais ils n'en étaient pas mieux considérés ni plus en faveur. Le procédé Gillot vient d'offrir aux éditeurs des reproductions d'une exactitude à laquelle le xylographe le plus habile atteindrait difficilement ; le métier est perdu s'il ne peut reconquérir une autre supériorité. A la formule du fac-similé se substitue celle de l'interprétation, où le graveur affirme une personnalité et, dans une certaine mesure, s'associe par son initiative, par ses recherches, par son travail, par une étroite et constante collaboration, à

Héliogravure réduite d'une lithographie à la plume
Le Marché aux bœufs, par Géricault.

l'œuvre du dessinateur. Doré, dans ses illustrations de la Bible, de Cervantès, de l'Arioste, de Dante et de Rabelais, accentue, précipite l'évolution nouvelle de la gravure et lui donne ce caractère de haute fantaisie, de liberté et de hardiesse, qui devrait la faire qualifier de romantique si la chronologie ne s'y opposait. On a paru reprocher aux graveurs de ce temps d'avoir abandonné la facture des maîtres de la Renaissance, aux grandes et larges lignes, accusées, vigoureuses, pour rechercher les effets d'ombre, les teintes continues et viser ainsi à la taille-douce, à l'eau-forte et à la lithographie. C'était là une conséquence de l'évolution. D'une part, les graveurs veulent démontrer qu'ils sont en mesure de faire autre chose que de la reproduction pure et simple ; que le bois, par des combinaisons de taille, par des tours de main spéciaux, peut offrir tout ce qui constitue la spécialité des autres procédés ; quelques-uns même n'ont pas hésité, en confirmation éclatante de la valeur de leurs théories nouvelles, à s'en servir résolument pour « dessiner », et non plus « graver » à la gouge, leurs inspirations personnelles, avec toute la liberté et tout le brio que permettent la pointe et le crayon de lithographie. D'une autre, les dessinateurs, en présence des résultats superbes obtenus de cette interprétation, s'enhardissaient à des compositions d'un caractère inédit, sans se préoccuper des difficultés techniques, hier insurmontables, aujourd'hui devenues un jeu pour de tels praticiens. Que reçoivent de Doré les Pisan et les Pannemaker? Des dessins au lavis, aux effets intenses de lumière, aux contrastes violents de clarté et d'ombre, aux silhouettes étranges, écrits avec la fougue et l'exubérance d'un tempérament de visionnaire, impatient de fixer ses rêves en de gigantesques compositions.

Atelier de presses lithographiques. Imprimerie Berger-Levrault, à Nancy

Jamais un graveur de l'ancienne école n'aurait osé entreprendre leur interprétation. Qui aurait pu traduire un Daniel Vierge en ses truculences castillanes et ses sublunaires fantasmagories? Aujourd'hui, la France possède la plus belle école de xylographie avec Robert, Lepère, Méaulle, Rousseau, Baude, Chapon, Leveillé, Huyot, Gusman, Pannemaker, Florian, Prunaire, Bellanger, Thomas, Hamel, Froment, Ruffe, etc., etc.

La lithographie, depuis son invention en 1801, a subi dans sa technique des transformations radicales et a passé par des alternatives capricieuses de mode et d'indifférence, de succès et d'abandon. Le rapporteur de la section de la Gravure, à l'Exposition universelle des Beaux-Arts de 1878, Henri Delaborde, en signalait avec tristesse la décadence profonde; peut-être un pessimisme, provoqué par les regrets d'un brillant passé, avait-il fait mettre des couleurs trop noires au tableau. Le présent infirme un jugement aussi cruel. Une Exposition, récemment organisée à l'École des Beaux-Arts, n'a-t-elle pas montré une série considérable de très belles pièces contemporaines, signées : Sirouy, Soulange, Teissier, Achille Gilbert, Jacott, Chauvet, Corpet, Bénard, Cilas, Fraipont, Richard, Millot, Lunois, etc.? Les Salons annuels contiennent de nombreuses lithographies d'un grand mérite artistique. En 1885, il s'est constitué une « Société des Artistes lithographes français », qui a entrepris la publication annuelle de séries de planches, œuvres originales ou reproductions de tableaux. Combien de peintres de haute valeur ont eu la curiosité du crayon lithographique et l'emploient comme un instrument précieux d'expression : Fantin-Latour, Robida, Chéret, Degas, Raffaelli, Odilon Redon, Grenier, Forain, Willette, etc. Aujourd'hui, la lithographie est devenue une branche importante de l'imprimerie, par la participation de plus en plus étroite de l'art à ses travaux et par le perfectionnement de ses procédés techniques et de son outillage : la création de la presse mécanique, la substitution des plaques de zinc aux pierres, obtenue, vers 1870, par Monrocq, après de nombreuses et longues expériences renouvelées de celles que tentait Bréguet, en 1834. La polychromie a ouvert à son activité un champ immense, nouveau. Ses applications sont innombrables et d'une prodigieuse diversité. On en trouvera plus loin les témoignages; et, ainsi, en dépit de la concurrence de la chromotypographie, elle prospère et grandit. Il n'y a pas moins en France de deux mille imprimeries lithographiques, occupant environ douze mille ouvriers.

IMPRESSIONS PHOTOTYPIQUES BERTHAUD FRÈRES

9, Rue Cadet. — PARIS.

II

La Photogravure

A la fin du dernier siècle et au commencement de celui-ci, des artistes ingénieux et des novateurs hardis apportèrent à la gravure des procédés de reproduction, scientifiques, rapides et économiques, dont un certain nombre ont été conservés ou ont servi de points de départ à des inventions précieuses. Vers 1830, Perkins trouve la contre-épreuve, obtenue sur une molette en acier d'abord non trempée, d'une gravure en taille-douce sur plaque d'acier. Cette molette, ensuite durcie par la trempe, imprimait sur une autre plaque malléable cette contre-épreuve, à l'aide d'une forte pression mécanique, et il pouvait ainsi être établi autant de planches d'impression qu'on le désirait. Ce procédé reçut une application pratique dans la fabrication des banknotes d'Angleterre. Vient ensuite la galvanoplastie, reproduction directe, au moyen de moules en gutta-percha, de peintures et de dessins, tracés avec un oxyde de fer ou même simplement de la terre de Sienne brûlée, broyée avec de l'huile de lin ; on en obtient une gravure en taille-douce imitant à la perfection l'aquatinte. Palmer invente la galvanoglyptie. Sur une plaque de zinc enduite de vernis est gravée à l'eau-forte la composition à reproduire ; on verse dessus une nouvelle couche de vernis ou d'encre siccative, qui ne se dépose que sur la première couche réservée, laissant vides tous les creux de la pointe. Ainsi préparée, la plaque est placée dans la pile galvanique, et les creux sont reportés en relief sur le cuivre produit par la galvanisation. La chimitypie procède d'un autre principe. Du métal, fusible à faible température, recouvre une planche de zinc, traitée comme une eau-forte ordinaire. Après refroidissement, la planche est rabotée jusqu'à ce qu'il ne reste du métal fusible que ce qui a pénétré dans les creux de la gravure. Un bain général d'acide muriatique ronge la première couche de zinc, et le métal fusible s'enlève en un relief vigoureux. La planche peut servir à la typographie. En 1854, les Didot prennent un

Vue extérieure des ateliers Gillot

brevet pour la chrysoglyphie. Après la morsure ordinaire à l'eau-forte, la planche de cuivre est dorée, par la galvanoplastie ou par la dorure au feu, mais assez légèrement pour que le dessin reste creusé ; on revêt ensuite toute la planche d'un

Reproduction en relief d'un dessin au crayon
Gravure extraite de « l'Œuvre de Millet »

vernis ; au grattoir et à la pierre ponce ou au charbon, le vernis et l'or sont enlevés, jusqu'à ce que le cuivre apparaisse partout, à l'exception des parties gravées, et la planche est soumise au traitement de l'acide sulfurique, qui attaque le cuivre, sauf où il est recouvert. Le dessin apparaît alors en relief typographique. Un procédé peu différent a été appliqué vers 1867. L'artiste dessine sur une plaque de zinc vernissée, avec une encre spéciale sur laquelle la pile galvanique dépose du cuivre; une seconde action galvanique ronge le zinc, et le cuivre intact forme un relief. Il y a encore le procédé Erhard, d'une grande analogie de principes avec tous ceux-là.

L'épreuve lithographique du dessin est reportée sur le cuivre, qu'on argente ensuite galvaniquement. L'argenture n'épargne que les parties encrées. Un lavage enlève cette encre, et le cuivre est soumis à la morsure comme pour l'eau-forte. Duflos obtint des gravures en typographie par trois procédés qui firent sensation à leur apparition : des amalgames de cuivre, de fer et d'argent et des traitements au sel de mercure. L'Imprimerie impériale de Vienne met en vogue, vers 1852, le procédé d'impression naturelle, qui consiste à placer entre une plaque de cuivre et une plaque de plomb l'objet en saillie à reproduire, étoffe, plante, etc. Sous une pression puissante, l'objet se grave en creux dans le plomb; cette matrice est galvanisée de cuivre et sert ainsi de planche en taille-douce. Et, enfin, pendant cette première période du siècle, Gillot, perfectionnant la tissierographie, qui elle-même avait été inspirée par

Reproduction en relief d'un lavis
Un des frontispices du « Miroir du Monde »

une invention de Girardet, trouvait la paniconographie, dénommée plus tard le gillotage. Ce procédé, montré publiquement pour la première fois à l'Exposition de 1851, à Londres, était ainsi décrit par Ambroise Firmin-Didot : « Le procédé consiste à reproduire au moyen de la presse typographique toute épreuve lithographique, autographique, typographique, tout dessin au crayon ou à l'estompe, toute gravure sur bois ou sur cuivre, exécutée soit à l'eau-forte, soit au burin. Sur une plaque de zinc

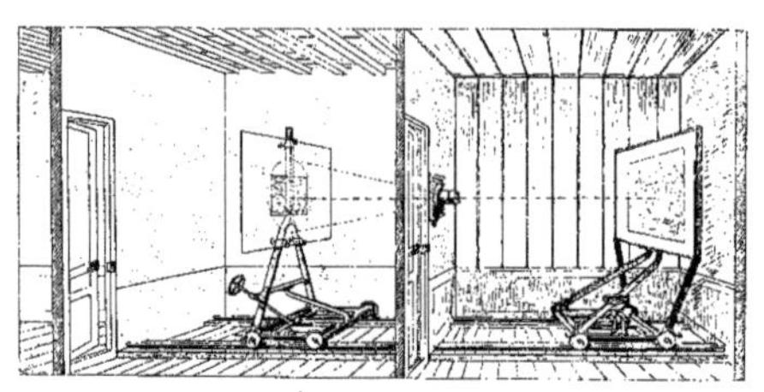

Chambre noire de l'héliographie Motteroz

polie avec de la pierre ponce, M. Gillot exécute le report de l'épreuve lithographique. Lorsque ce report a été encré, on le saupoudre, au moyen d'un tampon en ouate, de colophane réduite en poudre impalpable, qui adhère aux parties grasses de l'encre et les solidifie. Lorsque, après quelques minutes, on veut procéder au relief, on pose la plaque au fond d'une caisse remplie d'eau acidulée de 5 à 12 degrés. Par un mouvement de bascule donné à la caisse posée à cet effet sur un axe, on fait passer l'eau acidulée sur la surface de la plaque, lentement et incessamment. Une demi-heure après, le relief est obtenu, si c'est un dessin au crayon. Quant aux grands blancs que l'acide ne saurait creuser assez profondément, ils sont creusés au moyen de la scie à repercer. S'il s'agit d'un texte ou d'un dessin à la plume ou au pinceau, dont les tailles ou le pointillé offrent de faibles espaces, on retire la plaque de temps en temps pour l'encrer légèrement à l'encre lithographique, et, après avoir de nouveau enduit de colophane cet encrage, on réitère l'opération dans la boîte, jusqu'à ce qu'on ait obtenu le creux nécessaire. »

A tous ces procédés de reproduction et d'impression de l'image, manuels, mécaniques et chimiques, la photographie va bientôt apporter sa collaboration puissante, et elle en modifie si profondément les conditions techniques que sa venue constituera une véritable révolution de la gravure, révolution aussi radicale que féconde par son influence sur le développement de l'art et de l'industrie. La découverte de Senefelder avait fait bruyamment son entrée dans le monde; elle préoccupait fort un modeste bourgeois de Chalon-sur-Saône, Nicéphore Niepce. L'idée étrange lui vint un jour de tenter de substituer, pour obtenir la reproduction de l'image sur la pierre, l'action de la lumière à celle du crayon de lithographie. Au cours de ses essais par la chambre noire, avec toutes sortes de produits chimiques, Niepce avait observé que le bitume de Judée — une substance qu'on trouve sur les bords de la mer Morte et de la mer Caspienne — possède une double propriété : la sensibilité à la lumière et l'insolubilité dans les huiles essentielles après cette sensibilisation. Il songe à utiliser cette propriété pour la reproduction lumineuse des images sur des plaques de cuivre, qu'il fera ensuite mordre à l'eau-forte. Une plaque couverte d'une couche de bitume fut placée par lui dans une chambre noire rudimentaire, et, au-devant, une feuille de papier transparent, qui portait un dessin. Le rayon de lumière solaire, passant à travers les parties blanches de la feuille, frappait le bitume et le rendait insoluble aux points correspondants. Il lava ensuite cette plaque dans un bain d'huile de lavande dissolvant du bitume de Judée. Suivant ses prévisions, toutes les parties impressionnées restèrent intactes, faisant sur le cuivre l'office du vernis. Il n'y avait plus qu'à faire mordre par des acides. Daguerre s'associa avec Niepce pour poursuivre cette invention et la perfectionner, de façon qu'elle pût devenir industrielle; après la mort de son ami, survenue en 1833, il continua seul les recherches, qui devaient le conduire, par des découvertes imprévues, loin de son premier point de départ, au daguerréotype, la photographie sur verre. Le savant anglais Fox Talbot et l'ingénieur Poitevin complétaient bientôt l'invention de Niepce et de Daguerre et la popularisaient par la fixation de l'image sur le papier et par la conversion de la gélatine chromatée en planche d'impression. La photogravure était née; née du génie français, qui, en moins d'un demi-siècle, en fera une des plus belles découvertes de l'humanité.

En photogravure, il ne faut pas confondre, comme on le fait souvent, les impres-

Dentelle héliogravée directement

sions photomécaniques avec les impressions photochimiques. Les premières diffèrent radicalement des secondes, par cette particularité que le prototype, positif ou négatif, y sert exclusivement à la production d'une planche d'impression, dont les copies ou épreuves ne réclament plus aucune intervention de la lumière. Ces impressions photomécaniques peuvent se diviser en quatre grandes familles : 1° la photolithographie ou photozincographie et la photocollographie, dont les procédés sont basés sur des affinités chimiques ; 2° la phototypogravure ou gravure en relief; 3° la photogravure en creux ou taille-douce, et 4° la photoglyptie ou glyptographie, aux procédés purement physiques.

Le terme générique de photolithographie résume tout procédé permettant soit de créer sur la pierre lithographique, ou sur son succédané le zinc, une réserve à l'aide de la lumière, soit de faire la même opération sur un support transitoire, papier ou pellicule, et de transférer ensuite ou décalquer, sur la pierre ou le zinc, l'image obtenue par la photographie. Les procédés en usage dans la photolithographie, tous dérivés des travaux de Niepce et de Poitevin, sont fort nombreux. Les plus importants ont été trouvés par Geymet, Rodrigue, Motteroz, Gobert, Cutting-Bradford, James, Laffolye, Fortier, Abney, Moock-Geymet, Asser et Waterhouse. Les cinq premiers procédés se rattachent à l'obtention directe de la réserve à l'aide de la lumière et ne varient entre eux que par la composition chimique de la couche sensible qui doit être insolée. En étudiant les diverses combinaisons du chrome qu'il avait découvert en 1797, Vauquelin reconnut que certains de ses composés oxygénés, en présence de matières organiques — la gélatine, les gommes et l'albumine, — leur cédaient promptement, sous l'influence de la lumière, une partie de l'oxygène et se comportaient à leur égard en agents de combustion. Ainsi, une de ces matières, dissoute dans l'eau qu'on a additionnée d'une solution de bichromate, puis couchée sur un corps exposé à la lumière, subit immédiatement des modifications moléculaires, qui se traduisent par une insolubilité plus ou moins complète. Ce phénomène forme la base scientifique des procédés Poitevin, Geymet, Rodrigue, Cutting, Bradford et Gobert. Enduite d'une mixture dans laquelle le bichromate de potasse ou d'ammoniaque est joint, dans de l'eau, à de l'albumine, à de la gélatine ou à de la gomme arabique, en proportions variables, la pierre est exposée à la lumière sous le cliché du photographe, négatif ou positif, et l'image déposée se traite ensuite comme une pure lithographie. Le procédé Motteroz substitue à ces mixtures un mélange de bitume de Judée et de résine, dissous dans la benzine anhydre. Le principe du procédé de report en photolithographie était trouvé, dès 1855, par Poitevin, qui le formulait ainsi : aux supports rigides des couches chimiques sensibles substituer des subjectiles assez souples pour supporter les manipulations de l'encrage aux encres de report. Les différences des procédés James, Laffolye, Fortier, Abney, Moock-Geymet, Rodrigue, Asser et Waterhouse consistent dans les préparations chimiques des couches ou bains du papier, bichromate de potasse, gomme arabique, arrow-root, gélatine, glycérine, chlorure de sodium, ferrycianure de potassium, et dans la composition des encres de report. Cependant le procédé Rodrigue présente une certaine originalité par la substitution d'une feuille de métal mince au papier. Récemment, la photolithographie a reçu un perfectionnement important par l'emploi de procédés nouveaux, qui permettent les demi-teintes si précieuses dans la reproduction d'une œuvre d'art pour en rendre tout le charme du modelé et de la couleur : réseaux de lignes microscopiques obtenus sur la pierre ou le zinc par une gravure préventive au perchlorure de fer ; grainage de la pierre par semis de poudre de bitume ou de bronze.

La photocollographie — dont le terme scientifique et industriel, depuis le Congrès international de photographie en 1889, a remplacé celui très impropre de phototypie — désigne le procédé d'impression à l'encre grasse sur gélatine. Comme on vient de le voir, la gélatine bichromatée est insoluble à l'eau chaude dans ses parties insolées, qui se coagulent et cessent d'absorber l'eau, alors que les parties non insolées conservent cette faculté d'absorption. Elle est donc une véritable pierre lithographique artificielle, avec toute la propriété hygroscopique de la pierre naturelle et du zinc. Les procédés divers de photocollographie Albert, Monckhoven, Moock, Berlinetto, Husnick, Waterhouse, Despaquis, Roux, Quinsac, Geymet, Berthaud, etc., ne diffèrent du procédé prototype inventé par Poitevin que par la variété des mixtures chimiques entrant dans la composition de la gélatine et par les tours de main professionnels. A la plaque de verre, le plus généralement employée comme support de la gélatine, quelques industriels ont substitué des plaques de métal, plomb ou zinc. L'opération générale de photocollographie

Reproduction en relief d'un dessin au trait.
Gravure extraite de « l'Œuvre de Millet ».

peut ainsi se résumer. Une glace épaisse, bien dépolie, est placée de niveau, dans le laboratoire de photographie, sur un cadre à vis calantes ; on la recouvre, en couches plus ou moins épaisses, d'une solution de gélatine et de bichromate d'ammoniaque et d'eau, dite le « grappin » ; d'autres mettent du silicate de potasse et de la bière, ou bien du silicate de soude et de l'albumine. La gélatine séchée, on pose la glace à plat sur une planchette garnie de drap noir et l'on en expose l'autre côté à la lumière, pour insolubiliser la gélatine. Au-dessus de cette première couche, on coule la gélatine, qui doit être le subjectile direct de l'image et servir ensuite de planche d'impression. Un procédé pour la constitution de cette gélatine mélange de la gélatine blanche, de la colle de poisson, de l'albumine, du bichromate de potasse, de la lupuline, du benjoin, du baume de Tolu, du nitrate d'argent, du bromure et de l'iodure de cadmium...; toutes les herbes de la Saint-Jean; un autre fait une mixture de gélatine, de sucre candi et de chromate neutre de potasse. Ailleurs, on recommande comme essentiels : le chlorure de calcium, le bichromate d'ammoniaque et l'alcool; ou bien encore plus simplement : le savon au miel, le tanin et la gélatine combinés. La gélatine, bien séchée à l'étuve, est insolée sous le négatif, ensuite rincée à l'eau tiède et abandonnée à une complète dessiccation. La planche d'impression est faite. La photocollographie, un moment délaissée, a pris, depuis quelques années, un développement considérable; elle constitue aujourd'hui une branche florissante de la photogravure.

Dans la phototypogravure — ou gravure photographique en relief pour l'impression sur presses typographiques — on procède, comme dans la photocollographie, directement ou par report, pour la déposition, à la surface de la planche de métal à graver, de la réserve créée par l'action de la lumière contre la corrodation par les acides; et, pour la gravure, est employée la technique qui constitue la base du gillotage, décrit plus haut. Les différences des systèmes, inventés depuis et presque innombrables, consistent dans les moyens de transformation en clichés typographiques des subjectiles d'images fixées par la photographie. Tout d'abord, il ne pouvait être question que de compositions au trait. Les résultats immédiats furent excellents à tous les points de vue. L'Exposition universelle de 1878 montrait exclusivement des travaux de ce genre, très remarquables. On a ensuite cherché à reproduire les compositions à demi-teintes ou à modelés continus : problème très difficile; l'impression typographique ne pouvant être formée que de points ou de lignes. C'est à cette solution que tendent surtout, à cette heure, les recherches et les travaux des photograveurs. Les uns — et ce sont les plus nombreux — emploient un procédé qui consiste à tirer par contact un diapositif d'un procédé négatif, puis à placer ce diapositif en arrière, mais en contact intime, soit d'un réseau simple transparent de lignes parallèles très serrées, soit d'un réseau double de lignes se coupant en croix ou diagonalement. Cet ensemble est disposé de façon à être bien éclairé, en avant de l'objectif d'une chambre noire dans laquelle s'effectue la reproduction du diapositif vu à travers le grillage ou le réseau. Alors, l'image négative imprimée dans la chambre noire ne présente plus aucune demi-teinte continue; mais elle est formée d'une succession de lignes ou de points, comme l'est une gravure à la main. D'autres appliquent le réseau sur le négatif; il en est qui recommandent aux artistes des papiers spéciaux, striés ou grainés. Enfin, un dernier procédé assez original est basé sur la compression d'un relief en gélatine contre une surface grainée, dont les grains sont plus ou moins enfoncés suivant les dépressions à obtenir sur le relief. La surface de la gélatine ayant été préalablement noircie, le noir se trouve déposé dans les conditions voulues pour que l'image qui en résulte présente le caractère typographique. Un cliché négatif sur collodion est tiré d'après cette image, et ce cliché sert à insoler la couche de bitume déposée sur le métal à graver définitivement d'après la photographie de l'original. Un photograveur très habile a même réussi, par un procédé personnel, resté secret, à donner l'illusion parfaite de la suppression de tout lignage ou pointillage, et en obtient des effets superbes de délicatesse, de modelé et de couleur. Quelques systèmes originaux sont à signaler en phototypogravure. Un héliograveur russe, Scamoni, ayant observé que l'image photographique dans le négatif se traduit en reliefs et que le métal est exclusivement adhésif aux surfaces impressionnées, imagina de renforcer au moyen de dépôts successifs d'argent ces reliefs, de manière

Reproduction en relief d'un dessin exécuté sur papier-procédé
« Du haut d'un pont japonais » Gravure extraite de « l'Extrême-Orient »

à en tirer un cliché typographique ordinaire par la galvanoplastie. Par le procédé Sutton, on obtient également, grâce à l'intervention de la galvanoplastie, d'excellentes planches d'impression. Le négatif ligné se fixe dans un bain d'hyposulfite concentré. La plaque sèche est couverte de plombagine ou de graphite, pour donner à la gélatine une surface conductrice d'électricité, puis plongée dans un bain de sulfate de cuivre, où elle reçoit une mince coquille de métal, qu'il suffit de renforcer avec de la matière à cliché pour en faire une planche d'impression

13

Atelier des presses lithographiques
Imprimerie Camis

Atelier des presses typographiques
Imprimerie Paul Dupont

L'inverse de la photogravure en relief constitue la photogravure en creux, qui tient à la fois de la taille-douce, de l'eau-forte et de l'aquatinte, et présente sur le genre précédent, au tirage des épreuves, une supériorité de qualités de finesse, de précision et de moelleux, en permettant l'emploi, beaucoup plus sûr, des demi-teintes continues, où la granulation et le treillage disparaissent presque à l'œil nu, en raison de leur ténuité. Les procédés de gravure en creux sont de deux catégories très distinctes : la gravure chimique et la gravure par moulage galvanoplastique. La première a pour base la morsure au perchlorure de fer opérant à travers la gélatine bichromatée comme dans la lithographie, avec l'interposition d'un grain obtenue généralement par un saupoudrage de résine copal, dont le but est d'arrêter l'action corrodante de l'acide et de produire des demi-teintes légères, donnant l'illusion de teintes continues. Dans la seconde, la galvanoplastie joue le rôle prépondérant, soit par l'obtention d'un moule en contre-épreuve du relief de gélatine sensibilisée, avec production de grains ou de réticules, soit par le coulage du plâtre, ou d'un métal d'alliage fusible à basse température, que renforcera le dépôt galvanique. La planche d'impression mécanique achevée, d'habiles retoucheurs lui donnent à la pointe sèche, à la roulette ou au grattoir, le fini qui lui permettra de reproduire exactement l'original.

La photoglyptie, comme le terme l'indique, est une gravure en creux obtenue par la pression en usage dans la frappe des médailles. La matrice de cette nouvelle glyptique consiste en une plaque de gélatine chromatée, dépouillée, après sensibilisation, des parties non atteintes par l'image photographique, et devenue, à la siccité, d'une résistance telle qu'elle s'incruste dans une planche de métal sous la pression la plus énergique, sans subir la moindre déformation. La planche ainsi gravée peut servir à l'impression par l'emploi exclusif à chaud d'encres spéciales, formées d'un mélange d'eau, de gélatine et de matières colorantes. Sous la presse, l'encre en excès s'écoule par les bords ; celle qui reste dans les creux de la planche se fige et adhère au papier, donnant, après cinq minutes de contact environ, une épreuve d'une très belle venue. Quelques procédés spéciaux suppriment les inconvénients graves de la maculature des marges par excès d'encrage, qui obligent, dans les procédés ordinaires, à les couper et à réemmarger l'épreuve, opération toujours délicate et coûteuse.

III

La Photographie

La gravure photo-chimique s'obtient par l'action de la lumière au moyen du cliché négatif servant d'écran translucide. C'est la photographie, qui, à cette heure, dans la vie sociale, dans la science, dans l'industrie et dans l'art, tient une place si considérable que sa disparition subite — imaginaire — paraîtrait un retour immédiat à la barbarie. Par le portrait intime et familial, elle évoque les joies, les tendresses et les espérances du passé; elle réunit ceux qui sont épars; elle fait revivre ceux qui sont morts et, par une découverte récente, elle leur donne l'illusion complète de la vie, le mouvement et le geste, en un microcosme saisissant de vérité. Appliquée aux investigations scientifiques, elle ausculte les malades et dénonce les phénomènes morbides qui les menacent; elle dévoile et fixe les invisibles de la terre et du ciel; elle compte les myriades d'étoiles du firmament que l'œil ne peut atteindre; elle inscrit les taches, les protubérances et les gouffres des mondes sidéraux, qui sont des mers et des continents inconnus. La multiplicité des applications de cet art merveilleux devait provoquer la recherche de procédés nombreux, pour les rendre

Diana Duhamel

(Photographie Boyer)

économiques, rapides, en même temps qu'utiles et séduisantes. Les procédés actuellement en usage sont de quatre catégories : procédés à base d'or et d'argent; procédés à base de fer ; procédés à base de platine ; procédés à base de charbon ou autres matières colorantes. Leur analyse générale entre dans le cadre de cette publication, puisque tous ont pour matière d'épreuves positives le papier chimiquement préparé.

Dans la première catégorie, les négatifs basés sur la sensibilité à la lumière des sels haloïdes d'argent ou d'or exigera l'emploi de papiers albuminés, gélatinés ou collodionnés. Les impressions qu'ils produisent ont beaucoup de charme en même temps qu'une grande vigueur. Pour les épreuves sur papier albuminé, qui constituent l'immense majorité des portraits livrés par les photographes — en dépit d'une instabilité que compense, il est vrai, la séduction immédiate d'un aspect plein d'éclat et de fraîcheur, — le papier au collodion et à la gélatine, dénommé « aristotype », fait, depuis quelques années, au papier albuminé une concurrence sérieuse par ses qualités de fixité et de coloris. Les impressions au gélatino-bromure d'argent produisent des images qui, avec des rehauts et des retouches habiles, deviennent d'un grand caractère décoratif.

Les procédés à base de fer, formant la deuxième catégorie, trouvent dans les papiers au ferro-prussiate, au cyanofer, au gallate de fer, des agents d'impression excellents, utilisés pour la photographie des dessins industriels, et spécialement pour les applications de la théorie de Poitevin sur la solubilité procurée par la lumière à la gélatine rendue d'abord insoluble par un mélange de perchlorure de fer et d'acide tartrique ; où l'on obtient directement d'un positif après insolation une image imprimée sur l'épreuve en indélébiles traits noirs.

Biana Duhamel
dans « Miss Helyett »
(Photographie Boyer)

Dans les procédés à base de platine qui donnent des reproductions se rapprochant sensiblement de celles réalisées par les procédés de la première catégorie, les papiers doivent être couchés d'une mixture d'oxalate de fer et de chlorure de platine. Sous l'action de la lumière, le sel de fer passe à l'état ferreux, et l'immersion dans un bain révélateur d'oxalate de potasse amène la formation d'une image entièrement formée par du platine métallique à l'état pulvérulent. Ces photographies présentent une grande analogie d'aspect avec celles au bromure d'argent.

Les impressions par les procédés de la quatrième catégorie réclament des papiers aux mucilages formés, par saturation, de gélatine, d'albumine, de gomme, de miel et autres matières analogues, où le bichromate de potasse, le bichromate d'ammoniaque et autres sels de chrome, mélangés à la poussière de charbon et à des matières colorantes, s'insolubilisent ou se dissolvent, sous l'action de la lumière, laissant une image solidement fixée et colorée chimiquement. Ces impressions, aujourd'hui très répandues, donnent de merveilleuses épreuves d'une stabilité parfaite et d'une exactitude absolue dans la délicatesse des nuances et la valeur des tons. Grâce à des recherches scientifiques profondes et par l'emploi de certaines substances chimiques, on est parvenu, en effet, à assurer aux plaques photographiques ordinaires la propriété d'être impressionnées très sensiblement par les diverses tonalités polychromes de la

Similigravure directe d'une photographie
Scène de l'opéra « Gwendoline ». Extraite de la « Grande Dame »

nature ou de l'œuvre d'art ; c'est là ce qu'on appelle professionnellement « l'orthochromisme ». Avec les anciennes plaques, les rayons chromiques exerçaient une influence sur la gélatine ou le collodion, par leur rapidité et leur intensité propres, déformant, souvent à les rendre méconnaissables, les valeurs relatives de l'original. Un procédé nouveau permet d'obtenir la reproduction de l'image modelée dans son vrai sens, sans nécessiter une opération de transfert comme dans les procédés précédents. Un enduit pulvérulent à base de charbon est couché sur du papier gélatiné, sensibilisé avec une solution de sel de chrome. Cet enduit a pour but de jouer le rôle de la résine dans la photogravure, de produire sur le papier un grenage, la poudre interceptant, mais avec filtrage par ses interstices, la lumière dans les parties correspondantes aux noirs du négatif. Après une exposition sous un négatif à demi-teintes, le positif est développé à l'eau chaude, additionnée de sciure de bois. Les parties de la gélatine non insensibilisées se dissolvent, emportant avec elles, sous l'action de cette sciure, les grains de charbon qui y étaient adhérents, et le papier ne conserve que ceux fixés dans la gélatine rendue insoluble par l'insolation et qui forment l'image.

Un autre procédé, basé sur les mêmes principes, mais fort simplifié, s'applique à des reproductions au trait. On recouvre le papier d'un mélange d'encre de Chine et d'albumine ou gomme, sensibilisée au moyen d'une dissolution concentrée d'un sel de chrome. Après insolation, ce papier, au simple développement à l'eau qui dissout toute la matière organique non impressionnée, donne une épreuve d'une très grande netteté. Dans ces divers procédés, quelques praticiens varient les formes d'intervention de la matière colorante. Ils ne l'introduisent pas tout d'abord dans la couche sensible; ils la font simplement adhérer, après l'action de la lumière à travers un positif, sur le mucilage où les parties non sensibilisées restent hygroscopiques et deviennent poisseuses. La plaque de gélatine ou d'albumine fait l'office d'une planche d'impression, comme dans la photocollographie, et l'image, encrée avec les matières colorantes et développée vigoureusement, se transporte sur le papier.

Bourotte del.

INTÉRIEUR DE CUISINE

D'APRÈS LE « MIRACLE DU TAMIS », PAR J. MOSTAERT

(Musée de Bruxelles)

État définitif d'une planche imprimée en neuf tons.
Suivent les état successifs de tirage dans leur ordre d'impressions.

Spécimen des chromotypographies exécutées par les Librairies-Imprimeries réunies

Paris, 7, rue Saint-Benoît

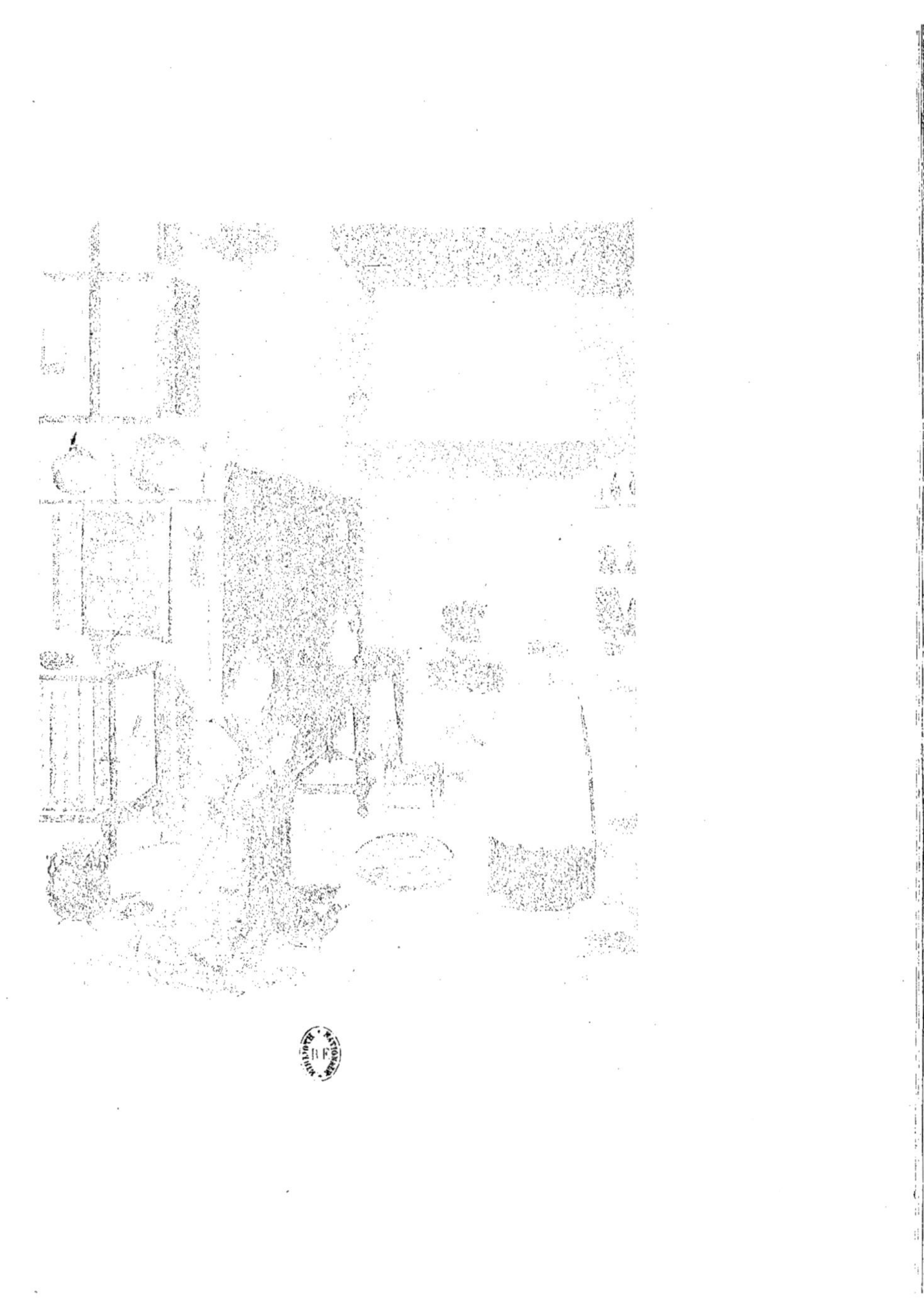

IV

La Gravure en couleurs

L'instinct de la couleur est une manifestation du développement intellectuel et social, dans la race comme dans l'individu. La civilisation l'affine progressivement et lui donne cette sensibilité active, qui constitue une des plus délicates jouissances de l'esprit, en même temps qu'un de ses besoins les plus impérieux. Les savants ne nous prouvent-ils pas qu'aux temps homériques, d'après l'*Iliade* et l'*Odyssée*, le nombre des couleurs perçues était limité à un très petit nombre, quatre ou cinq, qui s'accroît peu à peu dans les poèmes postérieurs, pour aboutir à la polychromie superbe de la peinture, de la statuaire et de l'architecture, aux grands siècles de l'art antique? Notre race a toujours eu cet instinct très vif. Les œuvres artistiques du moyen âge, les descriptions des romans et des chansons de geste en sont les témoignages éclatants. Dans le

Machine à imprimer le Supplément illustré en couleurs du « Petit Journal »

livre, il se traduit magnifiquement par la miniature, qui a créé des merveilles. L'imprimerie ne tuera point cet art exquis. Dans l'impuissance de l'industrie à faire de la polychromie mécanique, on continue à colorier à la main des estampes et des vignettes pour des ouvrages précieux, et même exécute-t-on encore très fréquemment des manuscrits, auxquels les meilleurs artistes du temps mettent des ornements et des compositions, d'une originalité et d'une grâce à rappeler parfois les productions des Godefroy, des Beauneveu, des Poyet, des Bourdichon et des Fouquet. La célèbre *Guirlande de Julie* en est, entre cent autres, une preuve indiscutable. Mais ce n'est guère qu'au dix-huitième siècle que des essais d'impression polychrome sont faits avec quelque succès. Leblond, puis Gautier d'Agoty tentent d'appliquer à l'imprimerie la théorie de Newton sur les couleurs; de reproduire tous les tons de la peinture, au moyen de la superposition de planches aux trois couleurs primaires, le jaune, le bleu et

Spécimen d'une gravure typographique en quatre couleurs :

Premier cliché pour l'impression en noir du trait.

Deuxième cliché pour l'impression du jaune.

Troisième cliché pour l'impreſsion du rouge

Quatrième cliché pour l'impreſsion du bleu

le rouge, en y ajoutant comme fond de dessin une planche en noir. Janinet et Debucourt tirent de fort belles estampes en couleurs, par l'impression polychromique au moyen d'une série de planches gravées en creux. En 1817, le graveur sur bois Bréviaire tentait l'impression xylographique en plusieurs couleurs. Senefelder eut la préoccupation d'appliquer sa nouvelle découverte à la polychromie ; mais ce ne fut guère qu'en 1837 que Godefroy Engelmann réussit à surmonter les difficultés qui avaient arrêté l'illustre inventeur : l'impression par juxtaposition. Actuellement, de nombreux artistes, aquafortistes, lithographes, xylographes et burinistes, restaurent avec succès les procédés des maîtres du dix-huitième siècle, importent ceux des Japonais et même en inventent de nouveaux. Qu'il s'agisse de chromogravure manuelle ou mécanique, à l'exception des systèmes à la Congrève, à la poupée et au pinceau, la polychromie s'obtient toujours par juxtaposition ou superposition de planches, donnant les diverses couleurs nécessaires à la reproduction de l'original. L'artiste décompose lui-même, suivant ses goûts et sa science de coloriste, l'œuvre à traduire en polychromie, s'il crée un prototype, ou grave directement la planche dans les mêmes conditions. Pour cette raison, il y a presque autant de procédés que de graveurs ; tous les genres, burin, eau-forte, pointe sèche, roulette, aquatinte, lithographie, etc., étant souvent employés simultanément pour obtenir les effets désirés. En photogravure, les procédés, moins nombreux, se rapportent à deux catégories très distinctes : 1° la reproduction directe de peintures à l'huile, aquarelles, pastels, etc. ; et 2° l'exécution d'une gravure, d'après une composition faite dans ce but, avec la gamme seule des couleurs à reproduire. Dans la première catégorie, il est exécuté une photogravure, qui sert de planche mère, ne devant, en vue de cet office, donner qu'une image légère, tirée généralement en gris ou en noir très peu profond. Des chromistes décomposent le coloris pour le restituer, au moyen d'autant de planches qu'il est nécessaire à une copie fidèle ou approximative, suivant l'idéal poursuivi. Toutes les parties de la composition se rapportant à une couleur sont reportées au moyen de décalques sur une planche et gravées. On comprendra aisément que, pour arriver à donner l'illusion relativement parfaite d'une œuvre d'art polychrome, d'une peinture par exemple, on soit obligé de graver un très grand nombre de planches, et que leur repérage, leur mise en train et leur impression constituent des tours de force extraordinaires et exigent des travaux d'une rare difficulté. A l'Exposition universelle de 1889, l'Imprimerie nationale montrait fièrement des planches de la *Description de l'hôtel de Rohan* exécutées au moyen de vingt-cinq clichés, des gravures de l'*Imitation de Jésus-Christ* qui avaient exigé cent dix-sept tirages en couleurs. Mais s'agit-il d'une gravure de la seconde catégorie, d'une polychromie par à-plats et non par superposition, on procède d'une manière plus simple, qui amène des résultats plus économiques et généralement fort satisfaisants, si l'artiste en a acquis une certaine pratique. Le dessin général de la composition est tracé sur du papier ou sur de la toile, en lignes sommaires, au trait ou bien à grands partis pris d'effets de fonds, destinés à former le cloisonnage et l'assiette de la couleur. La photographie réduit le dessin, pour lui donner plus de finesse, et le fixe sur la planche de métal. De cette première planche, on tire une épreuve que l'artiste met en couleur, suivant le nombre de tons qui lui a été fixé ; ou parfois même, s'abandonnant à sa libre inspiration, peint-il le dessin, sans préoccupation de la chromogravure. Le chro-

Spécimen d'impression lithographique
exécuté par l'IMPRIMERIE CAMIS

IMP. CAMIS. 172. Quai de Jemmapes. Paris.

miste, dans le premier cas, n'aura qu'à reporter sur chaque planche la couleur cor-
respondante, et, dans le second, il procédera à une décomposition rendue relativement
aisée par un emploi déterminé de tons; et il arrivera à rendre, avec la certitude
presque absolue d'une imitation parfaite, par de fins grenés, par des superpositions
ingénieuses et par des tours de main spéciaux, toutes les délicatesses de nuances,
toutes les harmonies de tons de l'œuvre originale.

Atelier des presses lithographiques
Imprimerie Henri Charles-Lavauzelle, à Limoges

Par l'orthochromisme, la photographie a doté la photogravure mécanique ou
chimique du moyen d'obtenir la traduction exacte des valeurs du coloris, de faire ainsi
automatiquement le travail intellectuel du graveur, dans la mesure de l'analogie. La
polychromie en tire de grands avantages pour la régénération sur clichés des tons
décomposés. Aujourd'hui, la photographie manifeste, en la justifiant, par des expériences très sérieuses et déjà couronnées de succès, l'ambition de faire de la reproduction
en couleurs directe. Depuis longtemps, de nombreux savants poursuivent, avec ténacité,
et non sans des résultats réels, mais intermittents, la solution de ce problème, qui paraît
à la veille de se transformer en la réalité magnifique d'une grande découverte, faisant son

entrée dans le monde industriel. On a cherché d'abord à obtenir des épreuves poly-chromes directes par la superposition de négatifs spéciaux; ensuite par l'emploi de couches de gélatine colorées, également superposées. Ducos du Hauron expérimentait utilement un procédé, se résumant dans la décomposition des couleurs par le négatif et leur reconstitution sur le positif ou l'épreuve par des moyens artificiels. Appliquant ce procédé perfectionné, Vidal a pu tirer des épreuves positives formées de pellicules fines et transparentes, teintées, dont l'ensemble produit assez exactement l'effet de la polychromie du modèle. S'inspirant de la théorie de Brewster sur la constitution du spectre solaire par la superposition de trois couleurs, le rouge, le jaune et le bleu, Ch. Cros imaginait de photographier en noir successivement chacune de ces couleurs et d'imprimer les clichés ainsi obtenus avec des encres rouges, jaunes et bleues, sur une même feuille de papier. La pratique ne réalisa pas la théorie, si ingénieuse qu'elle fût. Le stéréochromoscope de Vidal, construit tout récemment, permet de voir les objets photographiés avec leur relief et leur couleur par un dispositif fusionnant en une seule image trois positifs sur verre. Enfin, Lippmann vient de créer, avec un grand retentissement, la théorie de la méthode interférentielle des couleurs. Frappé des phé-nomènes d'interférence — modification de lumière ou de sonorité produite par les croisements des rayons ou des vibrations — observés dans les tuyaux sonores, ce savant pensa pouvoir les reproduire dans les milieux transparents, par la réflexion régulière de la lumière sur un miroir; il fut conduit ainsi à la conception, pour les couleurs, de cette méthode nouvelle, d'une si grande ingéniosité, par laquelle il a pu faire des clichés photographiques, représentant des paysages et des portraits avec leurs tons naturels, les plus vifs et les plus délicats, en un temps de pose de quelques minutes. L'héliochromie ou photochromie directe par impression sur papier sera-t-elle un jour prochain la conclusion de cette découverte scientifique? Ce siècle qui a vu naître tant d'inventions invraisemblables nous réserve peut-être cette surprise, avant qu'il dispa-raisse définitivement dans l'éternité.

Atelier des graveurs sur bois, au « Petit Journal »

CHAPITRE IV

*

Le Livre

Dessin à la plume de Gustave Fraipont. Extrait de « Autour de Paris »

I

Les Évolutions économiques et techniques du Livre
Elzevier contre Didot

En tête de son rapport sur l'Imprimerie et la Librairie à l'Exposition universelle de 1851, Ambroise Firmin-Didot a écrit : « Dans chaque pays, l'Imprimerie constate l'état de la civilisation, dont les livres sont le miroir ; et l'histoire de l'esprit humain est inscrite dans la Bibliographie. » Quelle industrie pourrait prétendre servir mieux l'humanité que celle qui donne à l'Idée la forme matérielle, par laquelle elle se multiplie à l'infini, immortelle et féconde, à travers l'espace et le temps, semant partout, à toute volée, la semence du progrès et de la liberté? Ses évolutions correspondent aux évolutions de la vie intellectuelle et sociale du monde. Le dix-neuvième siècle tout entier, dans notre pays, n'en est-il pas la démonstration lumineuse? La Révolution affranchit le Livre; l'Empire le remet en tutelle. Le décret du 5 février 1810 veut que les libraires soient assermentés; la publication, la vente, le colportage sont soumis aux règlements les plus draconiens. Napoléon n'aimait pas les idéologues!

Sous la Restauration et pendant le Gouvernement de Juillet, la situation n'est point différente. Le Livre doit soutenir contre l'arbitraire une lutte continuelle, dans laquelle il est toujours vaincu. Mais la liberté de penser est une fonction humaine si naturelle et si nécessaire qu'elle survit à toutes les persécutions; lorsque ses ennemis la croient étouffée définitivement, elle se manifeste tout à coup, plus vivante que jamais, affirmant hautement ses droits imprescriptibles. A l'heure où le second Empire est dans l'apothéose de l'Exposition universelle de 1867, quand tous les souverains de l'Europe viennent saluer à Paris la personnification la plus expressive de l'autorité, Michel Chevalier n'hésite pas, dans la préface même de la publication officielle sur l'Exposition, à faire cette déclaration, imprévue et éloquente : « Tant que le commerce des livres ne sera pas une industrie libre, la France sera un pays où la grande majorité de la population lira très peu. La liberté de la librairie est une des mesures par lesquelles un gouvernement peut le mieux manifester sa volonté de répandre la lumière. » La troisième République a de nouveau affranchi le Livre. Le 10 septembre 1870, six jours après la proclamation de la déchéance de l'Empire, un décret accordait la liberté à la librairie.

Depuis le commencement du dix-neuvième siècle, la librairie a passé par des évolutions industrielles, nombreuses et parfois très violentes, dont l'analyse, en dépit de la rétrospectivité, présente de l'intérêt aujourd'hui, parce qu'elle expliquera des mouvements actuels, qui ne sont pas avec ces évolutions sans analogie de causes et d'effets. De 1820 à 1826, on édite beaucoup de livres et à bon marché, et une crise profonde suit cette production intensive, qu'Ambroise Firmin-Didot, dans un Mémoire adressé à la Chambre de Commerce de Paris, attribue à deux circonstances principales : « 1° la privation où s'était trouvé le monde entier, presque sans exception, pendant les guerres de la Révolution et de l'Empire, de livres français qui ne pouvaient guère parvenir que sur quelques points isolés et avec de grandes difficultés; 2° le mouvement général des esprits, en France, qui faisait sentir à tous le besoin d'instruction, et peut-être aussi une disposition hostile contre la direction du gouvernement d'alors, soit par système d'opposition, soit par la crainte de voir un jour prohiber la publication de certains ouvrages philosophiques, tels que ceux de Voltaire, » etc. La guerre de 1870-1871 et la Commune ne renouvelleront-elles pas, dans la dernière période du siècle, cette situation économique et sociale? Malgré son esprit largement ouvert d'habitude aux idées de progrès et de liberté, Didot ne pouvait s'empêcher de qualifier ce mouvement industriel de « démence »; et, passant à l'étude des causes de la crise et des remèdes à y apporter, il signalait avec amertume, parmi les premières, le bas prix des livres, sur lequel le Mémoire contient des renseignements fort curieux : « La funeste innovation d'avoir établi le prix de quelques ouvrages à 2 fr. 25 le volume in-8°, dit-il, a porté un coup fatal à la librairie. De tout temps, on avait calculé qu'il fallait, terme moyen, dix années pour écouler une édition (cinq cents exemplaires), et qu'en raison des intérêts d'argent, des pertes si fréquentes par les faillites, des frais de loyer et de commis, on ne pouvait vendre un volume in-8° au-dessous du prix de 6 francs. » Les doléances publiques et privées ne pouvaient rien contre un fait industriel, inévitable, et qui ne devait pas tarder à devenir une loi générale, et même à provoquer, par ses résultats, d'autres innovations non moins audacieuses et troublantes

pour les partisans des vieilles coutumes commerciales. En effet, les œuvres des auteurs contemporains étaient publiées en plusieurs volumes in-8°, imprimés en gros caractères, avec d'immenses marges, tirés à très petit nombre, et vendus de 8 à 10 francs, principalement aux cabinets de lecture, où s'alimentaient, par les prêts et par la communication sur place, les amateurs de nouveautés, indifférents à les acquérir pour leurs bibliothèques réservées aux livres classiques. Les frais d'impression et de papier, les droits d'auteur, les remises aux cabinets de lecture, répartis sur un petit nombre d'exemplaires, en élevaient considérablement le prix de revient, et, pour comble d'infortune, la contrefaçon faisait aux éditeurs une écrasante concurrence. Charpentier, frappé de cette situation désastreuse, conçut l'idée de la faire

cesser par une réforme aussi hardie qu'ingénieuse dans la fabrication même du Livre. Au lieu d'imprimer seize pages d'un coup de presse, il en imprima trente-six en format jésus ; les gros caractères et les marges furent supprimés, de façon à obtenir dans un seul volume de trois cent cinquante à quatre cents pages la matière de quatre et cinq tomes de l'ancien type. Le succès fut immense et immédiat ; tous les éditeurs s'empressèrent d'appliquer la réforme aux livres classiques, qui constituaient la base du commerce de la librairie.

D'une audace plus active qu'Ambroise Firmin-Didot, Charles Dupin, dans son rapport de l'Exposition nationale de 1836, constatait avec une vive satisfaction les heureuses conséquences de cette transformation de la librairie : « On a plus que jamais recherché le bas prix des ouvrages dans les productions tirées à grand nombre, et l'instruction générale des citoyens a profité des souffrances heureusement passagères de toutes les professions relatives à la typographie ainsi qu'à la librairie. » L'écrivain était de l'école sociale d'un des fondateurs de la librairie moderne, Louis Hachette, esprit éminent, autant qu'industriel habile, qui avait coutume de répondre avec humour aux plaintes de ses collègues sur le développement de la concurrence : « Il viendrait un moment où les boulangers ne pourraient pas accroître leur production ; c'est quand

Petites vignettes extraites
du « Nouveau Livre
de Lecture courante »
Par Du Costa & Jeannin

tout le monde aurait autant de pain qu'on en peut manger. Mais un pareil moment ne viendra jamais pour le livre. Plus on en fera, plus on en lira ; et plus on lira ceux qui sont faits, plus on demandera qu'il s'en fasse d'autres. » Les progrès techniques et commerciaux dans la librairie allaient être incessants. Alfred Mame obtient à Londres, en 1851, une médaille pour le bon marché de ses livres, parmi lesquels on citait, comme curiosité, un Paroissien romain, in-18, de 636 pages, en latin et français, bien imprimé, avec un entourage à chaque page, tout cartonné et ne coûtant que vingt-cinq sous. En 1867, la même maison montre des volumes in-32, en reliure anglaise, basane et tranche marbrée, du prix inouï de 50 centimes, et quelques autres, également fort bien fabriqués, affichés à quatre sous. Cette diminution du prix des ouvrages modernes, par suite de leur impression immédiate à un très grand nombre d'exemplaires, devait avoir une conséquence importante pour la prospérité de l'industrie française. Dans son rapport précité, Ambroise Firmin-Didot avait signalé vigoureusement la contrefaçon étrangère comme une des plaies de la librairie. « En Belgique, il s'est établi un grand nombre de librairies et d'imprimeries considérables, qui ne sont occupées qu'à contrefaire tous nos meilleurs ouvrages, dont elles trouvent l'écoulement dans les seuls pays où les gouvernements nous en permettraient l'introduction. » Cette contrefaçon fut combattue et peu à peu détruite, plus par cette évolution économique que par les lois de protection littéraire. En fondant sa Bibliothèque du roman moderne à un franc, Michel Lévy porta un nouveau coup à l'industrie honteuse de la Belgique, et, en adoptant la même forme de publication, les autres grandes maisons parisiennes arrivèrent à former une coalition corporative, qui l'a vaincue définitivement. Pendant ce dernier quart de siècle, la généralisation du système de la mise en vente par livraisons, réservé d'abord aux romans-feuilletons, puis tenté pour les ouvrages sérieux et même pour les éditions de luxe, donnera une vive impulsion à ce mouvement de démocratisation du Livre.

Dans la production à bon marché, la librairie contemporaine a réalisé des prodiges d'intelligence et d'activité, qui ont merveilleusement favorisé la propagation de l'instruction publique. Innombrables sont les collections populaires d'histoire, de littérature et de morale, à 25, 50 centimes et 1 franc, vendues à des millions d'exemplaires et par lesquelles pénètrent partout aujourd'hui les idées nouvelles. Masson, Doin, Rueff, Alcan, etc., donnent à la science contemporaine dans toutes ses branches, mais particulièrement en médecine, en chirurgie et en histoire naturelle, un concours puissant, par la création de leur multiples Bibliothèques, qui mettent à la portée des bourses les plus modestes d'étudiants et de savants, l'enseignement des maîtres de toutes les écoles et les documents d'études les plus variés et les plus précieux. L'industrie ne se contente pas de publier à très bon marché et à grand nombre. La préoccupation est générale du livre d'une réelle valeur intrinsèque, imprimé dans des conditions qui en rendent la physionomie suggestive et la lecture agréable, et, même, on l'illustre, mettant la joie de l'image à côté du plaisir des beaux caractères et des papiers excellents. Vers 1850, paraissent chez Hachette les premiers livres d'enseignement avec gravures. La tentative ne rencontre tout d'abord qu'ironie ; elle est même qualifiée de profanation de la littérature classique et de la science universitaire, d'atteinte à la gravité de l'enseignement, et il s'organise une coalition de la routine pour la discréditer et en enrayer la popularité. Après 1871, sous l'influence des réformes républicaines dans l'instruction publique, ce système fécond reçoit une nouvelle extension. Armand Colin lance des séries d'éditions classiques primaires, qui obtiennent, par leur illustration originale, par des dispositions typographiques ingénieuses, un tel succès que cette librairie pouvait fièrement déclarer au jury de l'Exposition universelle de 1889 qu'en dix-sept années il était sorti de ses magasins plus de cinquante millions de volumes de ces séries. La maison Belin et d'autres encore suivent cet exemple, et, à l'heure présente, il n'est pas de livre d'école, à tous les degrés, où le texte ne soit complété par des dessins souvent très artistiques, composés au moyen de documents d'une sévère authenticité.

Des ouvrages classiques, le progrès a pénétré rapidement dans toutes les autres branches de la librairie, littérature, beaux-arts, science, industrie, etc.; partout enfin où d'originales innovations peuvent fournir des éléments d'attraction et de succès. Ainsi, cette fin du dix-neuvième siècle a vu éclore une multiplicité de

Dessin de Boudier, sur papier-procédé
« Art gothique »

grandes publications, littéraires, artistiques et scientifiques, de dictionnaires et d'encyclopédies, qui honorent la librairie française, non seulement par la hauteur et la hardiesse d'idées, dont témoigne leur entreprise coûteuse et aléatoire, mais par la contribution considérable qu'ils ont apportée au développement social de notre pays. De véritables monuments ont été élevés à la gloire des grands écrivains, des savants de génie et des artistes célèbres, dans les éditions de leurs œuvres, qui sont, elles-mêmes, des créations d'art, par leur exécution typographique et par leur décoration. L'énumération seule en exigerait de longues et nombreuses pages; il suffira de citer, comme types, quelques ouvrages choisis dans les diverses branches de l'activité intellectuelle. En science, Gauthier-Villars publie, sous la direction officielle de l'Institut et sous les auspices du ministère de l'Instruction publique, les œuvres complètes d'Augustin Cauchy, en vingt-sept volumes in-4°; celles de Lagrange, en quatorze, et de Laplace, en treize. Buffon, Lacépède et Cuvier ont leurs histoires naturelles illustrées de nouveau avec autant de luxe que de goût. La science géographique s'enrichit de la *Géographie universelle* d'Élisée Reclus, en dix-neuf volumes, travail colossal dont aucun pays, en aucun temps, ne peut offrir la comparaison.

En 1860, Hetzel crée la littérature enfantine, avec des gravures pittoresques, dont les dessins sont demandés à des artistes de valeur; et, en peu de temps, la collection qu'inaugurait hardiment l'éditeur lui-même sous son pseudonyme d'écrivain, J.-P. Stahl, compte plus de trois cents volumes, dont le succès inspire de nombreuses imitations. Hachette édite la *Collection des grands écrivains de la France*, qui compte à cette heure plus de cent volumes; Mame, les *Chefs-d'œuvre de la langue française*. Une société se fonde, pour l'*Édition nationale des œuvres de Victor Hugo*, en quarante-trois volumes in-4°, à laquelle sont appelés à collaborer, au nombre de cent trente-cinq, les premiers artistes de ce temps, représentant toutes les écoles de peinture et de gravure; édition qui, à son achèvement, aura coûté plus de 2 millions de francs.

Le culte de l'art et la propagation de son enseignement inspirent des ouvrages considérables et des collections d'un exceptionnel intérêt : l'*Art arabe*, de Prisse d'Avennes, en trois volumes in-folio, dont chaque exemplaire atteint le prix de 700 francs; les *Arts arabes*, de Bourgoin; l'*Histoire de l'ornement russe du dixième au seizième siècle*, de Boutowski (Morel), avec cent planches en chromolithographie et cent planches à deux teintes; l'*Art byzantin*, de Revoil et Didron, en cinquante livraisons à 10 francs; l'*Œuvre complet de Rembrandt*, éditions Charles Blanc et Dutuit; l'*Histoire générale de la tapisserie* (Société des publications périodiques, Dalloz); l'*Histoire de l'art pendant l'antiquité*, de Perrot et Chipiez, en neuf volumes, contenant plus de six mille gravures de monuments de tous genres; l'*Histoire de l'Art pendant la Renaissance*, de Muntz (Hachette), qui, terminée en six volumes, constituera, par la réunion des documents, le plus vaste musée graphique de cette grande période de la floraison complète du génie humain; les *Costumes historiques du douzième au dix-huitième siècle*, de Mercuri et Lechevallier-Chevignard; les *Manuscrits de Léonard de Vinci*, par Charles Ravaisson; les *Monuments de l'art antique;* les *Grands Maîtres de l'art* et l'*Art du dix-huitième siècle*, des de Goncourt; la *Peinture décorative*, de Gelis-Didot et Laffillée; la *Porcelaine tendre de Sèvres*, par Édouard Garnier; l'*Art gothique*, de Gonse (Librairies-Imprimeries réunies), etc. Quantin fonde la *Bibliothèque de l'Enseignement des beaux-arts*, entreprise aussi originale qu'audacieuse dans sa conception industrielle, dotée actuellement de quarante-cinq volumes, à la fois techniques et historiques, qui servent de base puissante d'instruction générale aux grandes monographies spéciales de l'art, de la curiosité et de l'érudition.

Les dictionnaires et les encyclopédies, ces ingénieuses et pratiques synthèses

LE DÉPIT AMOUREUX

des progrès de l'esprit humain, se multiplient, de tous genres, de toutes formes, de toutes proportions ; présentant, dans les domaines de la science, de l'industrie et de l'art, une physionomie nouvelle : celle d'une illustration documentaire aussi abondante que suggestive, dans des conditions économiques de production, qui en font les plus merveilleux instruments de vulgarisation des connaissances nécessaires à la civilisation. Ce sont, entre autres, à ce point de vue spécial, entreprises d'une valeur et d'une importance exceptionnelles : le *Dictionnaire de botanique*, de Baillon, comprenant neuf mille figures; le *Dictionnaire de médecine et de chirurgie pratiques*, de Jaccoud, en quarante volumes avec cent illustrations chacun; le *Dictionnaire de l'ameublement et de la décoration*, d'Henry Havard, en quatre volumes, qui ne compte pas moins de deux mille cinq cents vignettes dans le texte et deux cent cinquante-six planches polychromes, reproductions impeccables de pièces décoratives du treizième siècle jusqu'à nos jours; le *Dictionnaire encyclopédique des sciences médicales*, auquel, pendant vingt-cinq ans, ont collaboré trois cent cinquante savants, et dont l'entreprise a fait dépenser plus de 3 millions de francs; le *Dictionnaire de la langue française*, de Littré; le *Grand Dictionnaire universel*, de Larousse; l'*Encyclopédie chimique*, de Fremy, en soixante-dix volumes; la *Grande Encyclopédie* en vingt-cinq volumes, qui renouvelle en ce siècle l'œuvre de Diderot et d'Alembert; le *Dictionnaire des dictionnaires*, de Guérin; le *Dictionnaire encyclopédique et biographique de l'industrie et des arts industriels*, de O. Lami; le *Dictionnaire des antiquités*, de Daremberg et Saglio; le *Dictionnaire de géographie*, de Vivien Saint-Martin, etc.

Quels progrès à constater dans la forme la plus expressive du Livre : celle où, par les caractères, le papier, l'impression et l'illustration, il devient l'œuvre d'art, dont l'exécution parfaite a été l'exclusif souci de l'éditeur, le texte ne servant plus que de thème, plus ou moins fécond, de soins, de recherches et d'innovations. Dans cette catégorie de créations, la librairie contemporaine a réalisé des merveilles. En faisant abstraction des ressources nouvelles que la science met aujourd'hui à sa disposition et qui donnent à sa production artistique une grande originalité, un parallèle rapide entre le présent et le passé, au point de vue de la typographie pure, ne réserverait aucune humiliation à cette fin du dix-neuvième siècle. Chez les elzevier, on admire sans réserve la correction, la vigueur et la netteté du tirage; dans les éditions plantiniennes, la robuste et fière allure du texte et de l'illustration; au dix-huitième siècle français, la grâce, l'élégance et l'esprit séduisent dans les livres comme dans les tableaux et dans la statuaire; et le premier Empire s'enorgueillit fort justement des éditions du Louvre aux majestueux in-folio, d'une harmonie si grandiose de lignes et de couleur. Ne suffirait-il pas, en notre temps, de puiser dans les riches collections de l'Imprimerie nationale, dans les travaux faits à l'occasion des récentes Expositions universelles, pour trouver des éléments de comparaison aussi variés que superbes : l'*Imitation de Jésus-Christ*, en 1855; *les Saints Évangiles*, en 1862; les *Œuvres de Molière*, en 1878; l'*Histoire de la participation de la France à l'établissement des Etats-Unis d'Amérique*, l'*Hôtel de Rohan*, l'*Histoire de la Révolution française* de Michelet, en 1889, qui maintiennent haut la gloire de la grande institution? Est-il nécessaire, après cette énumération, de tenter un choix, fort difficile, entre les pièces de maîtrise, si nombreuses, de nos éditeurs contemporains? Ne peut-on déclarer nettement, sans craindre un démenti de la part de la critique future, qu'à aucune époque la typographie française n'a fait preuve de plus de science, de goût et d'imagination? Et, même, parmi ces milliers d'ouvrages de tous genres que fabriquent annuellement Paris et les départements, combien il y en a, souvent aux prix les plus modestes, qui sont des chefs-d'œuvre! Quelle variété dans les caractères et dans la décoration! Quel éclectisme de procédés de gravure! Quelles ambitions des belles impressions! Quand, après s'être débarrassé de l'encombrement des volumes mort-nés ou n'ayant eu qu'une heure de curiosité et de succès, on peut étudier, dans leur ensemble, les créations vraiment caractéristiques de ce dernier quart de siècle, la conclusion est qu'il léguera à la postérité un riche héritage d'œuvres représentant magnifiquement toutes les formes d'expression de l'art dans le Livre, et de nature à défier l'indifférence et l'oubli.

Pour ceux qui font la guerre, les champs de bataille les plus vastes se réduisent presque toujours, au revers d'une colline, à un monticule, à un village, à un coin de vallée; le fait, souvent obscur ou ignoré, de l'héroïsme de quelques compagnies résume pour eux toute la physionomie épique d'une mêlée où tombent cinquante mille hommes; l'historien seul, plus tard, saura avoir une vision générale de l'événement et pourra en écrire une description éloquente, qui, par le groupement de tous les épisodes, en unifiera l'émotion et la grandeur. D'une folie de rétrospectivité, longue il est vrai, n'a-t-on pas voulu faire une révolution, définitivement victorieuse de tous nos progrès? Pendant près d'un demi-siècle, l'elzevier aurait régné tyranniquement sur la librairie. Janet, Claye, Lemerre et Jouaust du dieu nouveau étaient les prophètes convaincus. Certainement, ces premières éditions de vieux auteurs, aux types gravés d'après ceux du dix-septième siècle, avec lettres, vignettes, culs-de-lampe et fleurons du même temps, que d'habiles ouvriers imprimaient avec élégance sur un papier vergé à la main, ont constitué une pittoresque fantaisie de bibliophile; on pourrait aussi qualifier galamment de curiosités piquantes les reproductions en fac-similé de livres anciens, célèbres, auxquelles les amateurs faisaient fête. Mais, Dieu merci, les éditeurs n' « elzevierisaient » pas tous, et les adversaires, fort résolus, de cette évocation du passé, ne se contentaient point de platoniques protestations : il paraissait encore de beaux et bons livres aux types français. D'ailleurs, cette restauration allait périr par ses excès mêmes, comme toutes les restaurations politiques ou autres, qui sont condamnées à donner, par l'excentricité et l'outrance, l'illusion de la force et de la fécondité. Bientôt, on emploie les caractères anciens, à tout, indifféremment, sans le moindre souci de la chronologie, de la logique et du goût. En 1878, la Société des Amis des livres publie les *Scènes de la Vie de Bohême* de Murger, en elzevier, avec des fleurons antiques! Il apparaît tant de monstruosités, tant d'inventions de nature à compromettre le bon renom de l'école française, qu'une réaction énergique éclate de toutes parts, qui réussit à enrayer la pire des décadences, celle que ne dissimule même plus une illusion de grâce et d'esprit. Avec beaucoup d'habileté, des éditeurs provoquent un retour aux caractères français, en les adaptant tout d'abord ingénieusement, par d'heureuses modifications, au tempérament moderne porté aux formes moins sévères que celles dont une longue pratique avait rendu antérieurement l'usage familier. Quand la maison Hachette exécute son grandiose projet de l'édition des *Saints Évangiles*,

Un Atelier de composition typographique. Imprimerie Chaix

elle entend faire de sa typographie une œuvre bien nationale, synthétisant, pour ainsi dire, dans un type nouveau, tout ce que nos fondeurs, depuis Garamond, ont produit de plus parfait à tous les points de vue. Après une longue étude de tous les caractères employés par les imprimeurs de France, Rossigneux dessinait un alphabet, qui fut gravé par Viel-Cazal. Motteroz, dans *l'Oncle Benjamin*, innove un type éclectique, donnant le maximum de « lisibilité » par la réunion de la vigueur des courbes fortement accusées de l'elzevier, d'une netteté et d'une symétrie comparables à celles du didot; et, peu après, Mame demande à Turlot, pour son *Polyeucte*, de lui en graver un nouveau; progression très décisive vers une réforme radicale, à laquelle ne tardera point à se rallier l'imprimerie tout entière. « Il y a longtemps, dit l'éditeur, dans la préface de cette belle œuvre dont il a l'ambition patriotique de faire une manifestation à la gloire de l'art français, que nous nous proposions de remettre en honneur ces nobles caractères, ces types si profondément français auxquels est resté attaché le nom de Didot, mais à la condition toutefois de leur faire subir certaines modifications, qui, sans rien leur ôter de leur physionomie essentielle, leur donnassent plus de solidité et de grâce. Nous pouvons offrir ici au public la primeur de ces caractères, dont la netteté et l'ampleur sont faites pour rappeler les éditions du Louvre et réjouir les yeux de tous les vrais typographes. » Pour le *Boileau* d'Hachette, qui figurera à l'Exposition universelle de 1889, à côté du *Polyeucte*, Viel-Cazal grave également un nouveau caractère français, d'une rare beauté.

Aujourd'hui, sous l'influence de cette puissante réaction, la typographie est entrée dans la voie large d'un éclectisme libéral et d'une indépendance absolue de tout préjugé et de tout engouement. Il n'y a plus guère de mode, éphémère et capricieuse, que dans la production secondaire, pour ce qui est caprice et futilité d'une part, agitation et inquiétude de l'autre, avec l'exclusif souci de satisfaire sans travail et sans luttes des ambitions médiocres et d'atteindre fructueusement des buts inférieurs. Un certain idéal élevé domine si bien un peu partout, que la majorité des éditeurs, insensibles aux suggestions malsaines ambiantes, s'efforcent de créer des œuvres nouvelles, dont l'ensemble présente une grande variété de physionomies, et choisissent, sans prévention, parmi tous les procédés actuels de gravure et dans tous les types d'impression, ceux qui leur paraissent devoir les conduire le plus sûrement à la réalisation de leurs rêves d'art.

II

L'Illustration dans le Livre ✣ Le Livre en couleurs

Combien souvent les rapports et les discours officiels sur les beaux-arts ont répété cette funèbre exclamation : « Le burin se meurt, le burin est mort. » Il ne serait pas difficile cependant de trouver encore des ouvrages publiés récemment avec des planches au burin. Sans aucun doute, depuis quelques années, les éditeurs usent moins qu'autrefois de ce genre de gravure. Doit-on en attribuer la cause à sa décadence ou à un changement du goût du public? Le burin a eu toujours pour mission de reproduire des œuvres d'art; l'estampe de maître elle-même n'est presque jamais originale. Tant qu'il n'existait pas d'autres procédés de reproduction que les procédés manuels, le burin a été, de tous, celui qui précisément, en raison de cette particularité, présentait le plus de garanties de fidélité. Alors, il a eu une certaine vogue. Mais, quand la photogravure est venue, son rôle a été à peu près fini; il ne pouvait lutter contre un procédé nouveau, à la fois économique, rapide et exact.

extraite des « Fables » de La Fontaine Édition de
l'Ancienne Maison Quantin

Si l'eau-forte, comme traduction, a conservé encore une certaine place dans l'illustration du Livre, c'est que l'aquafortiste, par le caractère spécial de son travail, fait presque toujours de cette traduction une œuvre personnelle, à laquelle, pour cela, on attache un certain prix. L'artiste exprime-t-il lui-même sa pensée, ayant choisi cette forme d'expression, parce qu'elle lui a permis d'en rendre les qualités de spontanéité, de fraîcheur, l'eau-forte est considérée comme supérieure à tous les autres modes de reproduction, manuels ou mécaniques. Depuis vingt-cinq ans, nous assistons à une véritable renaissance de cet art, sous toutes ses formes : création originale, interprétation ou fac-similé d'œuvre d'art, document hors page, dans le texte, ou simples motifs d'ornementation. Aux peintres les plus en renom les éditeurs demandent des compositions, qu'ils font graver par les aquafortistes les plus habiles. Cette collaboration a produit des ouvrages de très grande valeur artistique, que le siècle présent peut opposer à ceux des siècles passés. Le prototype de ce genre d'illustration est *les Saints Évangiles* d'Hachette, contenant cent vingt-huit dessins de Bida, gravés, sous la direction d'Hédouin, par Henriette Brown, Léopold Flameng, Veyrassat, Bracquemond, Célestin Nanteuil, Haussoulier, Mouilleron, Massard, Bodmer, Gaucherel, de Blois, Chaplin, Girardin, E. Gilbert et Bida, édition magistrale qui a exigé treize années de préparation et de travail. *Le Livre de Ruth*, l'*Histoire de Joseph* et *Esther* ont été conçus et exécutés avec le même idéal, pour lui servir de compléments. Vers le même temps, Jouaust réalisera une œuvre moins triomphale sans doute, mais d'une haute ambition d'art également : l'*Imitation de Jésus-Christ*, avec des dessins d'Henry Lévy, que gravera Waltner, et des ornements de Giacomelli. Viendront ensuite à la même librairie, manifestations diverses du même principe d'illustration : l'édition des *Fables de La Fontaine*, dite « des artistes »; le *Théâtre de Molière*, dessins de Louis Leloir, gravés par Flameng ; le *Faust* de Jean-Paul Laurens et Champollion ; les *Lettres persanes* et le *Brantôme* d'Édouard de Beaumont et Boilvin ; chez Quantin, la série des *Chefs-d'œuvre du roman contemporain*, à laquelle coopèrent pour les dessins Albert Fourié, Rejchan, Lynch, Le Blant, Jeanniot, Adrien Marie, Poirson, etc., et pour les eaux-fortes Abot, Mordant, Duvivier, H. Toussaint, Muller, Vallet, etc. En 1889, Mame édite *Polyeucte* avec des compositions d'Albert Maignan, gravées par Boilvin, Bracquemond, Lecouteux et Waltner. Conquet et Ferroud publient de nombreux volumes illustrés ainsi, avec goût.

L'*Édition nationale des œuvres de Victor Hugo*, entreprise par Testard, va donner à cette forme de coopération de peintres, de dessinateurs et d'aquafortistes un développement jusqu'ici inconnu; à son achèvement, l'œuvre colossale ne comptera pas moins de deux cent vingt-cinq eaux-fortes hors texte et plus de mille dans le texte, dues à cinquante-six artistes de talent. Fort nombreux sont les aquafortistes qui exécutent des pièces originales et personnelles; continuant fièrement les belles traditions de fécondité, d'élégance et d'esprit des maîtres du dix-huitième siècle, des Gillot, des Cochin, des Saint-Aubin, des Eisen, des Choffard et des Moreau. Boilvin illustre *Madame Bovary;* Bracquemond, *Rabelais ;* Hédouin, les *Confessions* de J.-J. Rousseau, le *Voyage sentimental*, *Manon Lescaut*, Xavier de Maistre; Lalauze, *le Diable boiteux*, *les Mille et une Nuits*, *le Diable amoureux*, les *Contes d'Hoffmann*, la *Physiologie du goût*, les *Contes* de Perrault, les *Voyages de Gulliver*, etc.; Laguillermie, les *Romans de Voltaire*, *Paul et Virginie ;* Edmond Morin, les *Chansons* de Nadaud; Chiffart et Foulquier, la *Chanson de Roland*, etc. La reproduction d'œuvres d'art, dans les ouvrages d'histoire et de critique, dans les catalogues de ventes, dans les albums de collections publiques et privées, constituera une branche nouvelle d'illustration, qui devient rapidement très brillante et produit des gravures de grand mérite, où les qualités essentielles d'exactitude et de précision s'allient à celles du charme et de la grâce dans le sentiment le plus vif de la forme et de la couleur. Les plus célèbres pages d'Holbein, de Boucher, du Titien, etc., traduites de cette façon, ornent la collection des *Grands Maîtres de l'art*, de Quantin. Dans *la Renaissance française*, E. Sadoux, de sa pointe acérée et vigoureuse, donne une vie nouvelle aux merveilles dont l'art a fleuri le sol français. Des *Gemmes et Joyaux de la Couronne*, Jules Jacquemart fera un monument par ses quarante eaux-fortes, qui sont toutes autant de chefs-d'œuvre, d'une incomparable originalité. Hélas, la rétrospectivité va exercer là aussi ses ravages; on réclamera bientôt de l'eau-forte si primesautière, si indépendante, de faire bas métier de copie, de réduction et de transposition de procédés anciens. Qui veut assaisonner aux méthodes nouvelles de vieux burins avachis de Surugue, de Benoît Audran, de Jeaniot et de Lepicié, des

pointes lourdes et blafardes d'Aveline, de Duflos et de Dupuis, d'après Pater, Lancret et Boucher?

La lithographie en noir, qui jadis contribuait si largement à l'illustration des livres, a subi, comme le burin, du discrédit, depuis l'invention des procédés mécaniques de reproduction. Fort rares sont les dessinateurs qui la cultivent encore. Un seul peut-être est à citer pour une œuvre de quelque importance: Robida, qui dans *la Vieille*

Reproduction typographique d'une eau-forte extraite de « la Renaissance en France »

France a renouvelé, avec succès, le dessin d'architecture pittoresque et truculent de la période romantique, par réaction d'artiste contre la figuration géométrale des publications industrielles de notre temps. Par contre, la chromolithographie s'est développée prodigieusement; on en trouvera plus loin la démonstration.

Le bois a résisté victorieusement à la photogravure, et tient à cette heure, en édition, une place prépondérante. Non seulement il est employé, plus fréquemment que jamais, dans le texte, où il se marie d'une manière très harmonieuse aux caractères, par des dispositions nouvelles, ingénieuses et pittoresques; mais il forme des hors texte d'une très belle allure décorative. La raison de cette situation privilégiée est dans la transformation radicale, analysée plus haut, que les graveurs sur bois ont apportée à leurs procédés de travail et à la conception esthétique de leur art; transformation à laquelle les éditeurs se sont associés résolument avec un esprit libéral, ouvert aux idées nouvelles et aux initiatives hardies.

La photogravure, sous toutes ses formes variées, fournit au livre des éléments nouveaux d'illustration, économiques et rapides; elle a provoqué le mouvement actuel de production intensive, auquel on doit la vulgarisation d'œuvres qui, antérieurement, étaient réservées à un public restreint de privilégiés. Par elle, les bibliothèques et les musées ont livré aux érudits, aux amateurs, aux artistes et aux ouvriers, leurs trésors; les merveilles de l'art et de la nature, perdues dans les solitudes lointaines, oubliées ou inconnues, ont été révélées à l'admiration universelle; les peintres et les sculpteurs sont assurés d'une traduction fidèle, patiente et respectueuse, de leurs inspirations. Jusqu'en 1878, la photographie ne pouvait guère offrir que le bénéfice de la reproduction à bon marché d'une première interprétation d'œuvres originales, laissant encore, par l'intervention d'une seconde main et par l'emploi d'un outillage relativement imparfait, les regrets de l'indécision et parfois de l'infidélité. Mais, à partir de cette date, les progrès de la science ont armé l'industrie de procédés qui lui permettent d'entreprendre, dans des conditions de succès certain, de reproduire tout ce qui peut être photographié; et, non point seulement sous des aspects de physionomie générale, mais avec la sensation très nette des lignes et de la couleur. Et qui peut prévoir ce que demain nous réserve en perfectionnements et en inventions; hypothèses et rêves basés sur l'ensemble merveilleux des conquêtes scientifiques d'un siècle qui n'est pas encore achevé? Dans les publications les plus luxueuses et les plus monumentales de la librairie contemporaine, la photogravure est intervenue, pour résoudre rapidement des problèmes techniques et commerciaux, que laissait insolubles l'outillage ancien. Ne l'avons-nous pas vue hier entrer triomphalement dans une institution consacrée par sa mission officielle au culte sévère des grandes traditions de la typographie, et contribuer à l'exécution du chef-d'œuvre de maîtrise décennale qu'elle montrait à l'Exposition universelle de 1889: *l'Hôtel de Rohan?* Hachette n'employait-il pas récemment, sans hésitation, avec la confiance la plus absolue, ces procédés scientifiques pour enrichir de nouveau la librairie française d'un de ces livres de haute conception artistique, qui marquent une date mémorable dans l'histoire de cette maison? Les magistrales compositions de Jean-Paul Laurens, pour les *Récits mérovingiens* d'Augustin Thierry, ont été reproduites, non plus par le burin, ni par l'eau-forte, mais par l'héliogravure. Plus hardis encore, les éditeurs de *l'Armée française*, de Detaille, feront de ce livre, par l'emploi exclusif de planches phototypiques en couleurs, dans et hors le texte, un ouvrage d'une incomparable originalité. Avec les perfectionnements, qui garantissent aujourd'hui l'exécution de dessins à teintes modelées et continues, donnant ainsi l'illusion de l'original, le livre contemporain a revêtu une forme d'une rare beauté. Ouvrez un de ces magnifiques in-folio ou in-quarto, à photogravures en taille-douce et même à photocollographies « habillées » ou formant en-têtes de page, bandeaux, lettrines ou culs-de-lampe, *les Aquarellistes* de Launette, *l'Abbé Constantin*, les *Contes de Perrault, Flirt, Pierre et Jean, Marie-Antoinette* de Boussod et Valadon, *le Caire* et *l'Algérie* de Courtellemont, etc.; après les avoir feuilletés avec soin, en embrassant du regard l'ensemble de la page, texte et illustrations, vous avouerez, par comparai-

Saxoléine
PÉTROLE DE SÛRETÉ
EXTRA·BLANC·DÉODORISÉ·ININFLAMMABLE
en Bidons plombés de 5 litres
SPÉCIMEN D'AFFICHE DE L'IMPRIMERIE CHAIX

son avec les éditions les plus célèbres, que les maîtres d'autrefois, ayant à marier les fines gravures aux beaux types, dans de nobles formats, ne montrèrent ni plus de goût, ni plus d'habileté. Dans les séries moins luxueuses, presque populaires par leur bas prix, on constatera la même préoccupation de l'harmonie de l'image et du caractère, avec les oppositions délicates des blancs immaculés, dans le texte et les marges, sur un papier de choix, à l'épiderme de Paros ou de satin.

Le livre en couleurs sera la conquête superbe de cette fin de siècle ; la photogravure a réservé aux éditeurs contemporains les éléments industriels et artistiques d'une polychromie à la fois assez économique et assez parfaite pour produire des livres techniquement irréprochables et relativement à bon marché. Engelmann, Silbermann et Curmer avaient déjà abordé ce hardi problème, dans leurs reproductions lithographiques des *Vitraux de la cathédrale de Strasbourg*, des *Heures* d'Anne de Bretagne et de l'œuvre de Jehan Fouquet. La chromotypographie constituera un progrès considérable, en offrant de le résoudre d'une façon aussi complète que brillante. Vers 1850, Henri Plon entreprenait d'appliquer aux livres l'illustration en couleurs, par des tirages typographiques, et par un mélange d'impression et de coloriage au lavis, avec des rehauts d'or et des teintes spéciales mises au pinceau sur des planches au burin. Les essais durèrent dix ans et furent abandonnés. En 1880, les héritiers du fondateur de l'Imprimerie Générale, les frères Lahure, se lancèrent résolument dans des expériences d'impression en couleurs par la presse typographique. La première production, d'une réelle valeur artistique, fut *le Traîneau* de Kam-

merer ; mais ce n'était là qu'une estampe, encartée dans une revue. Deux ans après, paraissait le *Conte de l'Archer*, le prototype du livre en couleurs, un volume in-8° de deux cents pages, contenant quarante-cinq compositions de Poirson, en vignettes, têtes de page, culs-de-lampe, fleurons et couverture polychrome d'une délicieuse fantaisie. Vinrent ensuite, dans le même format, constituant une précieuse collection, le *Voyage à Saint-Cloud* et *la Matrone du pays de Soung*. La même année où le *Conte de l'Archer* faisait ainsi son entrée triomphale dans la librairie contemporaine, Gillot publiait *les Quatre Fils Aymon* de Grasset, une fière œuvre d'art, dont les deux cent trente pages in-4° sont ornées de compositions et encadrements tirés en plusieurs couleurs, hors, dans et sur le texte. En présence de ces résultats, les éditeurs parisiens adoptèrent immédiatement la chromotypographie pour l'illustration des livres d'étrennes. 1884 voit éclore le *Gulliver* de Quantin, *Monsieur le Hulan* de Lahure et les *Chansons enfantines* de Plon, où s'allient, il est vrai, par tradition familiale et en souvenir des essais de 1850, la typographie et le coloriage au patron. L'année suivante, le premier de ces novateurs fait paraître sa belle série des Albums, illustrés par des artistes en renom et tirés sur des machines nouvelles avec des encres spéciales, et Hachette édite l'exquis Almanach de Kate-Greenaway. Depuis cette date, la simple énumération des livres en couleurs nécessiterait de trop longues écritures pour l'entreprendre ici.

Pendant ce temps, sous l'impétuosité du mouvement chromotypographique, la lithographie en couleurs dérivait vers l'estampe, l'affiche et les travaux pour le commerce et l'industrie, et bien peu nombreux restaient les éditeurs fidèles à ce procédé. Mais, avant cette évolution, quelles magnifiques œuvres d'illustration artistique elle a données au Livre! Les Didot créent un atelier spécial où Kellerhoven, Praslon, Régamey, etc., sous la direction de Racinet, gravent avec talent les planches de *l'Ornement polychrome*, du *Costume historique*, de *la Céramique japonaise* et de *Paris à travers les âges*. Mame illustre de lithographies d'une qualité supérieure *la Verrerie et l'Émaillerie* de Garnier, *la Tapisserie* de Guiffrey, le *Saint Martin* de Lecoy de la Marche, la *Sainte Élisabeth* de Montalembert et le *Saint Louis* de Wallon. Morel, en 1857, fonde la Librairie centrale d'architecture, qui ne devait pas tarder à placer la France au-dessus de tous les autres pays, dans cette branche désormais fort importante de l'édition contemporaine. Il faisait appel au concours des maîtres de la lithographie, en noir et en couleurs, en même temps qu'à d'habiles graveurs au burin, et, au bout de peu d'années, il avait créé, par son intelligence, son goût et son activité, une collection d'environ trois cents ouvrages, du plus haut mérite, sur l'art monumental et décoratif, de tous les temps et de tous les pays, que complétaient des publications périodiques, inspirées des mêmes idées et organisées avec les mêmes éléments industriels. En 1872, une seconde librairie spéciale, celle de Ducher, vient donner une nouvelle extension à la lithographie d'architecture. Engelmann poursuit, avec un succès constant, la série de ses *Heures* polychromes. Les copies des manuscrits à miniatures du Moyen Age et de la Renaissance trouvent encore, grâce au talent des chromistes de ce genre de gravure, de nombreux amateurs, que n'arrête point, dans leur passion de rétrospectivité, le prix élevé d'un travail difficile, où les artistes capables de l'exécuter deviennent de plus en plus rares par suite de l'évolution de l'industrie. A ce moment la chromolithographie justifiait la préférence des éditeurs pour la reproduction des œuvres d'art par des qualités spéciales : la vigueur et l'éclat du coloris, la fraîcheur dans les nuances, le charme de velouté du grenage de la pierre, la souplesse et l'énergie dans les traits du dessin d'ornement; mais, aujourd'hui, la chromotypographie offre tout cela et, même, à ces qualités devenues communes en peut ajouter d'autres, qui lui sont exclusives et qui les complètent commercialement : la rapidité et l'économie.

Le goût inné de notre race pour la couleur ne se manifeste point seulement dans l'illustration du livre; la typographie polychrome en est un témoignage fréquent. L'Imprimerie nationale, par ses ouvrages orientaux, a consacré officiellement cette fantaisie, pittoresque et délicate, dont l'exécution exige le goût le plus sûr et une exceptionnelle habileté technique. La petite collection des *Chefs-d'œuvre antiques* de Quantin présente un exemple parfait de la réunion de ces qualités, dans sa physionomie

La Galerie des Machines à imprimer en couleurs. Ancienne Maison Quantin
(Librairie-Imprimerie réunies)

archaïque, toute de grâce et d'élégance, avec ses encadrements à filets polychromes, ses en-têtes de chapitre et ses vignettes dans le texte, imprimés tantôt en camaïeu ou en grisaille, tantôt sur fond or, fond argent, ou bien encore dans le sentiment de l'art pompéien. A l'Exposition universelle de 1889, un éditeur provincial, Ducloz, de Moutiers, montrait un intéressant spécimen de cette polychromie typographique, dans l'*Histoire de la comtesse de Savoie*, par le comte de Fontaines, un roman du dix-septième siècle. Chaque partie de l'ouvrage offre un tirage particulier en couleurs, avec ornementation spéciale et des lettrines à combinaisons variées de tons. La dédicace à la reine Marguerite d'Italie est en lettres d'or, serties dans un cadre bleu ; l'introduction, en bistre avec filets de rose de Chine ; le texte du roman, en violet dans un entourage vert pré. L'impression des quinze feuilles du livre a exigé cent passages en machine. A la même Exposition, Barbou, de Limoges, avait présenté un type fort curieux de livre en typographie de couleurs : un paroissien en caractères gothiques, avec lettrines et ornements. C'est, d'ailleurs, dans les livres religieux de luxe, missels, Heures et bréviaires, que l'emploi de ce mode de décoration s'est le plus généralisé. De nombreuses maisons en ont fait leur spécialité industrielle, et ce qu'elles créent sert presque exclusivement de modèles à la production similaire de l'étranger.

Si, de cette multiplicité de procédés mécaniques et manuels, l'illustration du Livre devait, au point de vue de la technicité, recevoir une diversité de physionomies qu'elle n'a jamais présentée à d'autres époques ; au point de vue de l'art, ses progrès ont été assez importants pour qu'elle n'ait pas à craindre de comparaison fâcheuse avec le passé. De tout temps, l'œuvre littéraire ancienne a été choisie pour servir de sujet aux grandes publications artistiques, sans que l'œuvre moderne en ait été, pour cela, le moins du monde dédaignée. Quand Treschel, en 1493, édite son *Térence* avec des bois fort pittoresques, Guillaume Leroy donne le *Roman de la Rose*, et Antoine Vérard, le *Vergier d'honneur*. Au dix-huitième siècle, Moreau illustrera à la fois *Ovide* et *Molière*. Et le *Paul et Virginie* de Didot, avec les compositions de Prud'hon, suivra de près le *Racine* du Louvre, auquel ont collaboré tous les grands artistes de l'école de David. Le goût de cet éclectisme a été conservé. Dans les éditions classiques de notre époque, l'esthétique de l'illustration est aussi libérale qu'audacieuse ; il semble que les éditeurs aient pris pour règle de conduite l'aphorisme spirituel : tous les genres sont bons hors le genre ennuyeux. Les uns — et ce n'est pas le moins grand nombre — cultivent la planche hors texte, pure et simple ; généralement, une composition demandée à un peintre renommé ; parfois, reproduction de gravure du temps par les procédés mécaniques actuels, par l'eau-forte, par le bois ; ou bien encore, traduction de dessins, de tableaux de maîtres contemporains. C'est là, à exactement le classer, le livre à estampes. Il en a été fait de très luxueux ; mais on ne doit pas y chercher le criterium absolu de l'originalité de la librairie actuelle. Les autres, qui ont eu la préoccupation de joindre à l'estampe détachée l'ornementation du texte, seuls la représentent vraiment ; et, par les œuvres personnelles qu'ils ont créées, ils lui donneront la physionomie caractéristique, avec laquelle elle se présentera devant la postérité.

Dans son édition du *Polyeucte*, exécutée à l'occasion de l'Exposition universelle de 1889, Mame a résumé nettement une des formes les plus expressives de cette

illustration moderne, qu'il définit ainsi au cours de la déclaration dont la tragédie est pré-
cédée : « L'archaïsme est à la mode et nous aurions pu, sans faire montre d'érudition,

donner à notre livre l'apparence d'un *Polyeucte* publié au temps de Corneille. Ce système a ses apologistes; mais il ne faudrait pas en abuser et nous l'avons seulement appliqué à cette partie de l'illustration qu'on peut appeler typographique, aux lettres ornées, aux culs-de-lampe, aux frises. Et encore, n'est-ce pas une plate copie, mais, comme on le verra, une imitation intelligente de la décoration du dix-septième siècle. » Le nouveau *Boileau* d'Hachette, qui figurait aussi à cette Exposition, a été conçu dans le même esprit, toutefois avec une variante. Renouvelant, avec plus de succès, la tentative de l'édition des *Fables de La Fontaine* de Jouaust, dite l'« édition des artistes », la vieille maison parisienne a demandé non plus à un seul, mais à plusieurs peintres célèbres, Bida, Bonnat, Boulanger, Cabanel, Chevignard, Delort, Flameng, Français, Galland, Gérôme, Hédouin, Heilbuth, J.-P. Laurens, Madeleine Lemaire, Le Blant, Lhermitte, Maignan, Merson et Vibert, des compositions, où chacun affirmait résolument son individualité, sans grand souci d'une restitution historique impeccable, et que de nombreux graveurs ont reproduites, également suivant leur tempérament particulier, avec de frappants

Dessin de Viollet-le-Duc
extrait du « Dictionnaire raisonné d'Architecture »
Le château de Pierrefonds
Vue à vol d'oiseau après la restauration

contrastes de styles, de manières et de procédés. Mais, à côté de cette illustration un
peu disparate, un décorateur fort ingénieux a mis une ornementation dans le goût le
plus pur du règne de Louis XIV. Et le *Boileau*, aussi bien que le *Polyeucte*, est

devenu une belle édition, typique, spéciale, qui, en dépit, sinon à cause, de ses défauts d'unité et d'érudition, marquera, dans l'histoire de la librairie contemporaine, une date, précise et inoubliable, comme le *Racine* de Didot, dont l'un et l'autre d'ailleurs procèdent indiscutablement; on pouvait choisir plus mauvais modèle, et avoir à l'égaler moins haute ambition. En entreprenant son *Molière*, cette œuvre superbe, qu'il a eu la douleur de ne pouvoir achever avant de mourir, Jacques Leman poursuivait un idéal particulier : celui d'une illustration complète, personnelle, exclusive à la fois de toute imitation de types antérieurs et de toute fantaisie étrangère à l'art des Le Brun, des Marot, des Lepautre et des Berain, dont il s'inspirait, sans s'y asservir, avec toute l'indépendance, respectueuse mais énergique, d'un tempérament original et vigoureux. Quel travail gigantesque, à lui seul, honneur d'une vie! « Outre la grande composition consacrée à chaque pièce, écrivait l'éditeur sur cette illustration, toutes auront un fleuron de faux titres, un cadre de titre, un autre cadre pour la liste des personnages. Dans chaque pièce, chaque acte aura en tête un sujet qui en sera tiré, une grande lettre avec personnages, et un fleuron final, se rapportant uniquement à l'acte sans pouvoir convenir à une autre place, et, dans les pièces où se trouvent des intermèdes, les lettres ornées et les petits sujets qu'ils comportent viendront en surcroît. Les préfaces de Molière, les dédicaces, les privilèges, les notices même auront également un en-tête ornemental, une lettre ornée, un fleuron, qui seront toujours nouveaux et ne se répéteront jamais. » Ce vaste programme a été exécuté de point en point, sans défaillances ni erreurs. La moindre partie d'ornementation, le plus petit document graphique présente la recherche d'un motif spécial, de la plus scrupuleuse exactitude historique et d'une relation étroite avec le sujet. Sans vouloir ici soulever une question d'esthétique, il ne saurait être omis, dans cette esquisse de son œuvre, comme témoignage d'une conscience irréductible, que Jacques Leman n'hésita point, avec une hardiesse qui a troublé plus d'un critique, à donner aux pièces à l'antique, *Psyché* et *Amphitryon*, par exemple, une illustration nullement néo-grecque ni néo-romaine, mais « moliéresque », dans le sentiment profond des costumes du théâtre, des ballets et des carrousels du temps. Maurice Leloir a terminé, en lui conservant son caractère, ce *Molière* original. De la *Manon Lescaut* de Launette, le même artiste a fait également une création d'illustrateur, en adaptant à la grâce du roman de l'abbé Prévost une érudition aimable et légère, habile à se faire pardonner, sinon à faire applaudir, par l'esprit, toutes ses fantaisies.

La science archéologique elle-même réalisera des merveilles, dont aucune école antérieure ne pourra offrir d'exemples aussi intéressants. Dans les *Récits mérovingiens*, J.-P. Laurens fait revivre tout un monde lointain, d'une troublante intensité d'aspects et de physionomies; Luc-Olivier Merson évoque en une vision superbe le moyen âge de *Notre-Dame de Paris*, avec toute son exubérante truculence, son allure picaresque et sa robuste et fière naïveté, en soixante-douze eaux-fortes, qui ne sont point indignes de figurer à côté des grandioses peintures de Victor Hugo.

L'illustration revêt des formes nouvelles, spirituelles, gracieuses et élégantes, jusque dans les ouvrages d'histoire et d'enseignement artistique. Pour les têtes de chapitre, on ne se contente plus de simples motifs, symboliques ou allégoriques, d'un intérêt collectif, ce qui était déjà un progrès sur le classique passe-partout, servant indifféremment aux livres de toutes catégories ou de tous formats; on recherche, dans les documents graphiques se rapportant directement au texte, des éléments variés, qu'un dessinateur réduit en compositions spéciales ou qui même servent tels quels, habilement distribués en têtes de page, titres, lettrines, culs-de-lampe et fleurons. C'est là, en édition, l'application intelligente de l'« utile dulci ». Les types les plus caractéristiques des livres ainsi illustrés sont : *la Faïence de Delft* et *l'Art dans la maison*, d'Henry Havard, *l'Histoire de l'art pendant la Renaissance*, de Muntz, *Venise* et *Florence*, de Ch. Yriarte, *l'Art japonais*, de Gonse, etc. Dans ce dernier ouvrage, le second système a été appliqué avec un parti pris absolu. Tout en se préoccupant particulièrement de publier des documents artistiques d'une authenticité absolue et pour la plupart reproduits directement en photogravure, l'auteur a eu l'ingéniosité de les disposer dans et hors le texte, de manière à leur faire remplir l'office d'une véritable ornementation, dans l'esprit même de l'art délicat, fantaisiste et subtil du Japon.

Le livre pittoresque, qui, à la science géographique et à la littérature brillante, ajoute l'attraction de dessins reproduisant, à la fois dans un but de richesse de renseignements et comme éléments d'illustration, les paysages, les monuments, les types et les costumes, s'il n'est pas la création de ce dernier quart de siècle — car les *Voyages romantiques en France* du baron Taylor, *la Normandie* et *la Bretagne* de Jules Janin, *l'Espagne* de Doré, etc., ne sauraient être oubliés — a reçu, pendant cette période, un tel développement et une forme artistique si supérieure, qu'on doit, en toute justice, en faire honneur aux éditeurs contemporains. Fort nombreux sont les ouvrages de ce type nouveau; il n'est pas de librairie qui n'en ait publié; mais quelques-uns ont été mis, dès leur apparition, hors de pair par les artistes et les bibliophiles, en raison de leur grande valeur d'art : le *Paris* de Vitu, puis *Autour de Paris* et *Paris ignoré*, où May et Motteroz innovaient en édition avec une belle audace le luxe et le bon marché; *la Tunisie* de Lallemant, illustrée par l'écrivain de croquis et d'aquarelles en couleurs, et dont ces mêmes éditeurs ont fait un chef-d'œuvre d'impression; *les Grandes Capitales* d'Hachette, avec planches, en-têtes, vignettes et culs-de-lampe, conçus et exécutés dans un sentiment très vif d'une ornementation nouvelle de l'édition moderne. La photographie, reproduite par les procédés les plus perfectionnés, sera elle-même parfois utilisée très pratiquement, et, insérée dans le texte, avec des dispositions originales de mise en pages et des tirages soignés en couleurs délicates, décorera agréablement des volumes d'ethnographie, sans autres prétentions évidentes que celles de plaire par la grâce pittoresque et par le bon goût.

Une illustration l'emportera encore sur les types divers qui viennent d'être analysés : celle de la vie contemporaine. S'il a passé beaucoup d'oubli sur un grand nombre de peintres du dix-huitième siècle qui furent célèbres, Théaulon, Taillasson, Ménageot, Bruandet, Saintours, etc., alors que certains de leurs contemporains, tenus par eux pour de simples petits-maîtres, Eisen, Moreau, Cochin, etc., sont aujourd'hui en possession d'une gloire incontestée; le même fait, de haute moralité sociale, se renouvellera, peut-être, pour la plupart des artistes de notre temps. Les dessins qu'ils ont jetés avec insouciance dans les livres garderont seuls leurs noms contre l'indifférence de la postérité. A aucune époque, l'illustration de ce genre n'a accumulé plus de compositions originales, d'indiscutable valeur d'art, où le sentiment de la réalité soit aussi intense, et qui constitueront une source abondante de documents précieux pour la psychologie et la physiologie de l'histoire du dix-neuvième siècle. Il n'est pas d'ouvrage ayant prouvé un tempérament d'écrivain, historien, chroniqueur, romancier, nouvelliste, poète et même philosophe, dans l'étude de la société moderne, sous ses aspects si divers et dans toutes les manifestations multiples de la vie politique, sociale, militaire, rustique, mondaine et intime, auquel l'éditeur n'ait immédiatement songé à donner le complément d'un commentaire artistique par un peintre ou un dessinateur, habile, amoureux de modernité et souvent très profond observateur. Et le peintre, à côté de l'écrivain, a fait une belle œuvre, populaire et féconde, parce qu'il a su, comme lui, en demander les éléments à ce qui vit de notre vie, à ce qui nous passionne et nous émeut, à ce qui — hommes ou choses, mœurs ou coutumes — dans son évolution naturelle, reçoit les influences qui donnent la physionomie caractéristique et la vraie personnalité.

Ce n'est point tout en cette matière du Livre illustré contemporain. Des artistes et des bibliophiles estiment que l'illustration ne saurait se borner à servir simplement de commentaire au texte et d'encadrement aux caractères; mais qu'elle doit être elle-même une œuvre d'art, dont l'inspiration émanera des idées de l'écrivain, ou, s'il plaît au décorateur, n'aura d'autres sources que celles de sa propre fantaisie. La justification de cette théorie est aisée. Les enlumineurs du Moyen Age et de la Renaissance n'ont-ils point multiplié les exemples de son application? Quand Jean Poyet et Bourdichon eurent à peindre le *Livre d'Heures* d'Anne de Bretagne, ils trouvèrent dans l'Ancien et le Nouveau Testament, la *Légende dorée des Saints*, le calendrier, la faune et la flore de France, l'ethnographie, l'art héraldique, etc., les éléments variés et divers d'une illustration pittoresque, à la fois naturaliste, allégorique, historique et idéale. On pourrait aussi, avec beaucoup d'exactitude, assimiler cet art à celui du musicien, qui, sur un thème littéraire d'autrui, crée une œuvre personnelle, d'une intensité de sensations par laquelle l'auditoire souvent est emporté au delà du rêve du poète. Le texte encore n'aura plus pour ces illustrateurs que la valeur de la chaîne d'une étoffe luxueuse, sur laquelle ils trameront les plus riches inventions, avec l'exclusif souci de « ce qui fait bien », suivant le principe d'esthétique du divin Véronèse. L'*Histoire des quatre fils Aymon*, de Grasset, l'*Éventail*, l'*Ombrelle* et le *Miroir du monde*, d'Octave Uzanne, sont les prototypes fameux de ces livres de haute originalité, dont l'apparition, subite, a soulevé autant de critiques violentes que d'enthousiastes approbations, et qui resteront comme des créations précieuses d'un art nouveau, indépendant et moderne. Interprétant, plutôt qu'il ne traduit, le célèbre roman épique du cycle carolingien, Grasset restitue, avec une merveilleuse intuition, les costumes, l'architecture, la physionomie truculente des hommes et des choses de ce temps lointain, et décore, sans doute, beaucoup mieux que n'aurait pu le faire un miniaturiste contemporain, chacune de ses pages de compositions, d'ornements, aussi précis que délicats, faisant avec habileté plier la typographie aux arabesques gracieuses des lignes et aux pétillements féeriques de la couleur. Par *l'Éventail*, pour la première fois, Octave Uzanne aborde l'enluminure du livre, dans la superbe audace d'un tempérament de bibliophile passionnément amoureux de modernisme et d'inédit, pour avoir étudié, avec une profonde conscience et une malicieuse érudition, le passé en ses manifestations les plus diverses et les plus

Reproduction typographique, en noir, de la Couverture polychrome de « Nos Contemporaines », par Octave Uzanne

expressives. Suivant, dans ses grandes divisions, le texte qu'il a écrit gaiement sans prétentions, il illustre chaque scène principale par un dessin, en camaïeu, qui est à la fois, dans son caractère et ses dispositions, un commentaire et un décor, variant de formes, de styles et de procédés pour correspondre aux conditions de la chronologie : successivement grec, pompéien, égyptien, moyenageux, Renaissance, dix-huitième siècle, impérial et républicain. En dehors de ces pages, il insère le texte dans un cadre typographique discret, tiré simplement en noir. *L'Ombrelle* fait suite à ce premier ouvrage, sans modification d'esthétique. Mais *le Miroir du monde* est une nouvelle création, qui témoigne d'un progrès sensible sur la précédente. Non seulement sa fantaisie s'affirme là plus fraîche et plus légère d'inspiration, plus ingénieuse et plus spirituelle dans ses caprices décoratifs; mais la polychromie y apparaît, du premier coup, décisive et énergique dans la revendication impérieuse de tous ses privilèges et de toutes ses habitudes du passé : l'emploi des tons d'or, d'argent, de vermeil et de bronze, des reflets et des irisations métalliques ; l'ostracisme des teintes sombres et du noir ; la main mise sur les encadrements, les bordures, les en-têtes de page, lettrines, culs-de-lampe et fleurons ; et le droit d'user à son gré de la justification, des marges, des frontispices, des faux titres, de tout en un mot, sans gêne et sans restrictions. Alors, on voit apparaître les innovations les plus inattendues, les plus hardies, dont aucun livre moderne ne contient l'idée ou l'exemple. Et, puisque la génération spontanée est une hérésie scientifique et sociale, on songera, peut-être, à remonter aux enlumineurs d'autrefois pour établir une filiation quelconque, ou à aller jusqu'en Chine et au Japon. Mais l'auteur est trop pur Bourguignon pour qu'il ne soit pas plus sûr de le rattacher à ses aïeux directs, qui furent comme décorateurs de rudes compagnons, dont les œuvres d'une originalité superbe, sentant le fin terroir de la Côte-d'Or, où mûrit le plus fier vin de France, nous sont encore aujourd'hui une joie des yeux et de l'esprit.

Dans cet ouvrage, l'incomparable virtuosité du novateur s'est, avec un rare succès, exercée exclusivement sur les motifs d'une ornementation, aussi variée qu'inédite, obtenue par l'usage d'un unique procédé technique, la gravure polychrome en taille-douce, d'après les dessins d'un seul artiste, Paul Avril. Aussitôt après, il entreprendra, par la série des publications de la Société des Bibliophiles contemporains, la démonstration fort piquante, et d'un haut intérêt au double point de vue artistique et industriel, de l'emploi simultané de diverses typographies et de tous les procédés actuels de reproduction appliqués à des compositions de plusieurs dessinateurs de talents très divers, pour illustrer un livre et créer une œuvre d'art. Des *Dix Contes choisis*, de Guy de Maupassant, chacun a sa physionomie spéciale. Celui-ci est illustré d'eaux-fortes relevées d'aquatinte, avec caractères d'anglaise gravés au burin ; celui-là ne contient que des dessins au trait aquarellés, mariés à de l'italique ; un autre, des héliogravures en creux, retouchées à la pointe ; un quatrième est tout entier tiré à la presse en taille-douce, des burinistes étant seuls intervenus pour traduire les dessins. Il y en a qui n'ont que des lithographies, tirées en couleurs de peintres, des bois coloriés au patron, des phototypies en camaïeu, etc. Enfin, deux ont été laissés blancs de marges, d'en-têtes et de culs-de-lampe, pour donner aux sociétaires le plaisir exquis de commander à des artistes de leur choix une décoration personnelle. Une seule unité matérielle relie tous ces fascicules : celle du format d'un papier spécial, filigrané d'une bordure et du nom de l'écrivain. Et cependant, en dépit de la multiplicité des caractères et des procédés de reproduction, de la diversité des dessins, dans cette œuvre d'apparence disparate, on ne pourrait, sans une prévention absolue, contester qu'il existe une parfaite harmonie. Dans la dernière publication de la Société, l'*Effort*, d'Haraucourt, en trois parties, le même système d'illustration a été appliqué, complété par le développement de son principe de contrastes à l'ornementation collective de plusieurs artistes de genres et de tempéraments très différents, sous une forme unique de typographie, mais avec l'opposition résolue des procédés de traduction graphique.

Tout cela constitue dans la production générale de la librairie contemporaine un ensemble de créations exceptionnelles, où l'on trouve une source abondante de sensations nouvelles, et qui portent, certainement, dans leurs feuilles un germe fécond de révolution.

UNE LARME POUR UNE GOUTTE D'EAU

Imprimé par Ch. Wittmann, 10, rue de l'Abbaye, Paris

Un profond regret même ne peut que venir à tous ceux qui se sont affranchis de l'esprit de routine, de ne point rencontrer encore, dans cette revue, un plus grand nombre de ces tentatives, aussi audacieuses qu'imprévues, dont s'effarent à l'envi les partisans des traditions immuables et les sages réformateurs ; qu'ils répudient avec une unanime énergie, ceux-ci comme des exagérations compromettantes, ceux-là comme des manifestations séditieuses. En y voyant un symptôme fâcheux de future dégénérescence, sinon de

La grande Salle du Cercle de la Librairie

présente débilité, ne sont-ils pas tout au plus des pessimistes, aux inquiétudes trop justi-fiées par l'étude de l'histoire de l'humanité? A chacune de ses grandes périodes, en effet, ne signale-t-on pas toujours, hors rangs des traditionnels et des modérés, quelques individualités, réfractaires, poursuivant avec une obstination irréductible et une foi iné-branlable, toutes les deux violentes et impétueuses, un idéal nouveau, en contradiction apparemment brutale avec les doctrines et les habitudes consacrées par le succès et par les Académies? Ces évolutionnistes — bien plutôt que révolutionnaires — sont inévitablement conspués, bafoués, attaqués dans leurs convictions et dans leurs œuvres, doivent lutter sans trève ni merci. Leur indépendance apparaît une révolte; leur originalité est de la folie. Mais peu à peu, devant la constatation de plus en plus éclatante de la sincérité de ces convictions et de l'unité de ces œuvres, les sentiments qu'ils inspiraient se modifient. Bientôt l'estime et le respect ont remplacé le dédain et le mépris. Et, un jour, les réfractaires sont devenus les chefs d'école dans l'art, la science ou l'industrie, transformés pour ainsi dire inconsciemment sous l'influence des idées nouvelles, qui ont fait d'une façon latente, mais énergique et continue, leur travail d'infiltration et de métamorphose. Les innovations actuelles en librairie ne sont ni assez nombreuses, ni assez diverses, ni assez excessives de tendances et d'objectifs. Quand Louis Morin, pour *Vieille Idylle*, éditée par Conquet, imaginera de composer lui-même ses ornements typographiques en couleurs, lettrines, culs-de-lampe et fleurons, avec un mélange ingénieux de réminiscences de rococo, de délicat naturalisme et de stylisation moderne fleurie; que Somm, dans la *Mariette*, de Ludovic Halévy, de la même maison, inventera « les encadrements symphoniques », fantaisies spirituelles de composition et de polychromie, souvent d'une grâce exquise, mais jamais troublantes; l'esprit nouveau de réforme, suscité par les exemples d'initiative et d'audace qu'on vient de lire, aura soufflé ses tempêtes les plus violentes. Ce ne sont point cependant les zéphyrs élyséens qui assainissent les plaines. Il ne m'aurait point déplu, pour toutes ces excellentes raisons, d'avoir eu à écrire, dans ce chapitre, plusieurs pages résumant une période d'ardente, passionnée et tumultueuse combativité. Cela manque vraiment trop de romantiques, d'impressionnistes, de naturalistes, de symbolistes et même de décadents. C'est de toutes ces audaces, de toutes ces excentricités, de toutes ces folies et de toutes ces révoltes que vit, prospère, grandit et atteint aux plus hauts sommets une science, une littérature, un art et une industrie; c'est par là que notre pays, plus que tout autre, exerce sur les intelligences une séduction irrésistible, et reste encore le point unique au monde d'où l'on s'attend toujours, sous toutes les latitudes, à voir s'élever les idées nouvelles qui éclairent et fécondent l'humanité.

Voilà ce qu'est, m'a-t-il semblé, autant que l'analyse peut en être faite avec précision et d'une façon complète, en quelques pages, le Livre français contemporain, sous ses formes multiples et variées. Ne serait-il pas intéressant, après cela, de montrer, pendant la même période, l'organisme et le fonctionnement d'une grande librairie à la fin du dix-neuvième siècle?

III

Une Librairie à la fin du dix-neuvième siècle

Quand on visite, à Anvers, le Musée Plantin-Moretus, la vue de la vieille « archity-
pographie », avec ses ateliers de composition, ses presses, la collection des estampes et
des livres qui en sont sortis, et les appartements qu'habitèrent le Maître et ses succes-

Le Hall de la Librairie Hachette

seurs, fait éprouver une profonde sensation. Tout le passé de travail, d'honneur et de
gloire de cette famille de grands artistes revit sous les yeux émerveillés. Il semble, —
tant l'illusion est complète, par la conservation religieuse de l'immeuble, du matériel et
de l'outillage d'autrefois, par le soin ingénieux avec lequel on a restitué l'instantanéité du

labeur quotidien, — qu'on doive voir apparaître tout à coup la figure finement rabe-laisienne du vieux Tourangeau, telle que nous l'a léguée la *Chronologie Collée*. Dans la galerie, les portraits des illustres collaborateurs et amis, Rubens, Van Dyck, Cornelis de Vos, Jordaens, Gevaerts, Wierix, Van Roosbroeck, de Passe, Van Sichem, etc., s'animent, et la maison hospitalière du Marché du Vendredi redevient bruyante et joyeuse. Que ne donnerait-on pas, à défaut d'une merveille aussi rare que celle possédée par les Anversois, pour retrouver une peinture, un dessin, une estampe même médiocre, qui nous montrerait l'intérieur d'un Alde Manuce, d'un Estienne, d'un Elzevier? Avec quelle émotion d'attendrissement les amis du Livre apprennent la découverte, dans des archives inexplorées, de quelques pièces inconnues, lettres de savants, d'artistes, d'hu-manistes, de princes, etc., comptes, inventaires, dont un point obscur de leur vie pro-fessionnelle est subitement éclairé; qui contiennent des informations inédites sur leurs travaux! Ne prend-on pas un vif intérêt à ces modestes gravures de Josse Bade, de Jost Amman, d'Abraham Bosse, de Gravelot, etc., représentant des ateliers d'imprimeurs et de relieurs, des boutiques de libraires, depuis le seizième siècle jusqu'au dix-huitième? Il me semble que nous devons avoir le souci d'épargner à nos petit-fils et neveux les regrets d'une indifférence qui les priverait de sources d'études intéressantes et de joies délicates. Les maîtres modernes ne leur seront-ils pas bientôt, comme le sont aujourd'hui pour nous les anciens, des aïeux dont ils rechercheront les leçons d'existences tout entières consacrées à une activité incessante, à la poursuite acharnée du progrès et à l'ambition généreuse de l'amélioration intellectuelle et sociale de l'humanité?

La fabrication contemporaine du Livre revêt industriellement des formes variées. Tantôt l'éditeur est imprimeur et libraire à la fois, concevant, imprimant à grands frais et vendant l'ouvrage qui porte la marque de sa maison; parfois, possède-t-il, le papier excepté, tous les éléments d'une fabrication complète, par l'organisation d'ate-liers de graveurs et de relieurs. Les Librairies-Imprimeries réunies, Plon, Mame, Chaix, Danel, Berger-Levrault et Belin constituent les principaux types de cette catégorie; il en est même, les Didot, par exemple, qui adjoignent à tout cela la fabrication du papier. Tantôt l'éditeur — et c'est le plus grand nombre — se contente d'utiliser tem-porairement à forfait, pour la réalisation de son projet, les maisons spéciales de pape-terie, imprimerie, gravure et reliure. Hachette, Calmann-Lévy, Colin, Masson, Dela-grave, Dentu, Charpentier, Flammarion, Ollendorff, etc., sont les représentants les plus en vue de ce genre de production. Enfin, il y a le libraire qui se consacre à la vente générale des ouvrages des éditeurs et n'entreprend qu'exceptionnellement une publication personnelle ou sert par occasion nominalement d'intermédiaire entre l'acheteur et l'écrivain éditant à ses frais. Pendant de longues années, une démarca-tion assez nette avait paru s'établir professionnellement entre ces diverses branches industrielles du Livre, et, dans les Expositions universelles, on n'admettait officiellement à concourir que les imprimeurs qui aux yeux de l'Administration pouvaient seuls revendiquer le titre de producteurs. La démarcation aujourd'hui a disparu; les imprimeurs et les éditeurs sont confondus génériquement, la part dans la création de l'œuvre étant reconnue désormais commune, au point de vue technique, et même supé-rieure chez ces derniers, en considération de l'initiative et de la responsabilité. Le livre, en effet, naît dans la librairie, que son idée première soit de la conception de l'éditeur

Le Hall de la Librairie Hachette à l'heure des expéditions

ou de celle de l'écrivain; c'est là qu'il prend imaginativement une forme industrielle. Sa publication arrêtée, l'éditeur décide le type et le caractère, choisit le papier, fait appel aux artistes pour l'illustrer, surveille la composition depuis le titre jusqu'à la table, contrôle l'impression et dirige la reliure, corrigeant, modifiant, jusqu'à ce que l'ouvrage ait reçu sa physionomie spéciale définitive.

Les éditeurs forment une corporation puissante qui continue fièrement la gloire de la librairie française; au cours de ce chapitre, on en a lu les noms illustres et populaires. A Paris, sur la rive gauche de la Seine, dans ce vieux quartier des Écoles, ils sont l'aristocratie industrielle et commerciale, qui fait vivre des milliers d'ouvriers, qui donne la fortune, sinon la réputation, aux savants et aux écrivains; et un grand nombre déjà peuvent s'enorgueillir de plusieurs générations fidèles au métier qu'elles ont honoré par de longues vies de travail, d'intelligence et de probité.

Le 6 septembre 1822, une ordonnance royale, contresignée par de Corbières, supprimait l'École normale supérieure; cette École, par son libéralisme, portait ombrage au gouvernement de la Restauration. Parmi les jeunes gens licenciés, s'en trouvait un, Louis Hachette, qui résolut de poursuivre dans une autre voie la mission d'enseignement public, vers laquelle l'entraînait une impérieuse vocation. Il fonda une librairie classique et prit pour devise : « Sic quoque docebo » (Ainsi j'enseignerai quand même). La modeste boutique installée, il y a soixante-douze ans, rue Pierre-Sarrazin, a progressé et grandi; sous la direction de son illustre fondateur et des hommes de haut mérite qui lui ont succédé, elle est devenue une de ces grandes institutions d'enseignement public par le Livre, dont se glorifie notre pays. La librairie d'aujourd'hui a gagné le boulevard Saint-Germain, à l'angle du boulevard Saint-Michel, la Voie Sacrée des étudiants. Façade sévère, mais point morose, d'hôtel commercial. De larges baies, aux quatre étages, ouvrent partout passage à la lumière. Aucune décoration fastueuse. Sur un simple linteau de pierre, encadrée de palmes classiques, s'inscrit la vieille raison sociale. Dès l'entrée, derrière la porte massive de chêne et de fonte ajourée, une décoration murale, pittoresque, donne au visiteur la joie d'un accueil gracieux, en même temps qu'elle le renseigne sur la diversité des produits de la maison : affiches éclatantes de Grasset, d'un archaïsme préraphaélique, pour l'*Histoire de France* et *les Grandes Capitales du monde;* aquarelles enfantines, au joyeux coloriage, de *Mon Journal;* suggestives héliochromies des spécimens de l'élégance féminine dans *la Mode pratique;* photographies des machines qui ont tiré vertigineusement les deux cent mille exemplaires de l'*Almanach* de l'hiver dernier; dessins d'illustration d'éditions célèbres par Doré, Bida, etc. L'escalier est une exposition de cartologie qui retient au passage la curiosité. Nous voici dans le hall. Il est long de 60 mètres et mesure 8 mètres de hauteur. Du plancher au plafond, les murs sont tapissés de livres, dont les couvertures sonnent une éclatante fanfare de couleurs, sous la lumière intense de son toit vitré. Il n'y a pas là moins de cent mille volumes, classés et préparés pour la vente au public. A huit bureaux disposés en carré, des employés reçoivent les demandes des acheteurs et les commissions des libraires, transmises instantanément à une équipe d'auxiliaires qui vont et viennent, grimpent aux échelles roulantes, courent les galeries superposées, fouillent les rayons et déposent les ouvrages entre les mains des clients. La vente directe dans le hall représente annuellement en moyenne la manipulation d'un million de volumes de tous formats. Cette vente ne constitue pourtant qu'une partie relativement restreinte des opérations d'une grande librairie d'édition. Les plus nombreuses et les plus importantes se traitent par les libraires de Paris, des départements et de l'étranger. En France et dans l'Europe centrale, les libraires sont visités périodiquement par des commis voyageurs; mais cette institution tend à disparaître en raison du développement de la correspondance directe et quotidienne par la poste, le télégraphe et le téléphone. Bientôt le type original du Gaudissart littéraire, à l'érudition pittoresque, familier des auteurs célèbres, tendre aux sourires des Bas-bleus de province et des petites papetières sentimentales, aura vécu. Le nombre de lettres reçues ici atteint annuellement le chiffre de cinq cent mille, soit en moyenne quinze cents par jour. Aussi, ce nouveau mode de relations a-t-il nécessité la création d'un service de bureaux d'expédition, comprenant chacun une dizaine d'employés et entre lesquels sont répartis, en bloc, l'étranger et la France, par régions. Ces bureaux expédient annuellement plus de 2 millions de kilogrammes de volumes; la majeure partie par colis postaux, un système qui a pris en librairie une extraordinaire extension, par suite de son économie pour les villes éloignées de Paris; il est des libraires qui parfois ne se font pas adresser moins de trente colis postaux en un seul jour. Les nouveautés sont envoyées d'office, afin que la vente puisse en être faite partout, en province, en même temps qu'à Paris; les envois variant de périodes, suivant les catégories d'ouvrages : en septembre, octobre et novembre, pour les publications classiques; à partir du 15 novembre, pour les livres d'étrennes, et de mai à juillet, pour les volumes de distribution de prix. Le catalogue illustré périodique a porté également un coup mortel à l'institution du commis voyageur. Annuellement, il en est imprimé et distribué gratuitement cinq cent mille exemplaires; et, à cette publicité colossale, il convient d'ajouter celle du catalogue général du Cercle de la Librairie, des journaux et publications de tous genres.

L'analyse de ce catalogue montrera l'importance d'une grande librairie et la variété prodigieuse de sa production. Le fonds général comprend à l'heure présente six mille ouvrages qui se divisent ainsi : enseignement classique, deux mille trois cent cinquante, et littérature générale, trois mille six cent cinquante. Ce fonds se renouvelle annuellement par l'impression d'environ deux cents ouvrages nouveaux de toutes catégories. Se figure-t-on ce que peut représenter, comme masse générale de volumes, une telle quantité d'ouvrages, dont la plupart, pour alimenter la clientèle, doivent présenter toujours un millier d'exemplaires en disponibilité? Aussi, les sous-sols du quadrilatère de constructions, qui, de la rue Pierre-Sarrazin au boulevard Saint-Germain, occupe 600 mètres de superficie, ont-ils été transformés en magasins. Dans d'immenses casiers, dont les légères charpentes de 8 mètres de haut sur 1 de largeur divisent en une multitude de ruelles, parallèles et transversales, cet immense emplacement, reposent, sous une lumière crépusculaire, en attendant de voir le grand jour du hall de vente, cent mille volumes, brochés ou reliés. Ce sont les celliers de l'esprit humain, où, à l'inverse de ceux du vin, les propriétaires n'aiment guère à voir trop longtemps séjourner les produits, qui ne gagnent point à vieillir.

Comment arrive-t-on à fabriquer une telle quantité d'ouvrages? Un puissant organisme administratif, sous la haute direction des chefs de la maison, comprenant des services spéciaux, qui correspondent à chaque partie technique du livre, impression, illustration et reliure, assure la régularité d'une production incessante, alimentée par l'initiative des écrivains et par l'activité des éditeurs, constamment, les uns et les autres, en gestation féconde d'idées et de projets répondant aux besoins de l'enseignement et à la curiosité intellectuelle du public. Pour l'exécution des grandes publications, à cet organisme en est adjoint un exceptionnel et temporaire, qui fonctionne en toute auto-nomie, poursuivant, sous son entière responsabilité, la préparation et la réalisation complète de l'œuvre décidée par le Conseil d'administration. Une édition célèbre fournira la démonstration de ce fonctionnement; en même temps qu'on y verra la genèse industrielle et artistique d'un de ces livres, superbes et originaux, entrepris par une maison, dans un sentiment patriotique et par haute ambition professionnelle, pour honorer son nom et apporter une contribution personnelle à la gloire du pays. En 1860, les Hachette décident de publier *les Saints Évangiles*. Le choix du dessi-nateur chargé de l'illustration hors texte est la décision la plus grave et la plus urgente. Il se porte sur Bida, que ses études spéciales et son grand talent désignaient impérieusement. On donne neuf ans à l'artiste pour exécuter les cent vingt-huit com-positions qui doivent former cette illustration. Les dessins seront traduits en eaux-fortes. Edmond Hédouin groupe sous sa direction quinze graveurs renommés, qui, pendant onze ans, travailleront à cette entreprise colossale et délicate. Pendant que le dessinateur compose et que les graveurs l'interprètent, il faut préparer l'exécution typographique, où tout doit être inédit. Un architecte ornemaniste d'un rare mérite, Rossigneux, reçoit la mission de dessiner des caractères nouveaux. Ces caractères appelaient de nouveaux ornements, titres, têtes de chapitre, lettrines, culs-de-lampe et fleurons. La composition en incomba au même artiste, qui fit pour cette partie du livre deux cent quatre-vingt-dix dessins, dont la gravure occupa sept burinistes, pendant sept ans. En 1869, seulement, l'impression typographique pouvait commencer chez Claye, avec le contrôle de Viel-Cazal, pendant que l'impression en taille-douce des eaux-fortes et des ornements se faisait chez Salmon, sous les yeux des artistes graveurs et d'Edmond Hédouin.

La fabrication du papier n'était pas l'objet de moins d'expériences et de soins, pour le rendre apte à subir successivement sans faiblesse trois trempages, huit mises sous presse, trente-deux passages entre les mains des ouvriers, et sortir de là immaculé et intact. L'ouvrage in-folio en deux volumes était terminé au mois de juin 1873, treize ans après sa conception, interrompu seulement par la guerre et la Commune. L'édition avait coûté plus d'un million, et dans l'entreprise commerciale il était sacrifié généreusement le tiers de cette somme. Mais, au lendemain même de nos désastres où devaient crouler la fortune et la puissance du pays, les Hachette pouvaient montrer fièrement à l'univers le monument élevé à la gloire de la librairie et de la typographie françaises.

A cette heure, le Livre ne constitue plus exclusivement la production régulière d'une grande librairie. Dans les cinq étages du vaste bâtiment se préparent de mul-tiples publications spéciales, qui sont devenues peu à peu des branches florissantes d'industrie et de commerce, en même temps qu'elles contribuent à accroître l'honneur et le renom de la maison. La géographie vient au premier rang de ces services annexes, par le nombre et la valeur des ouvrages auxquels elle a donné naissance.

Georges Hachette avait consacré à cette science une passion ardente et une intelligence supérieure. En peu d'années, il réussit à organiser un bureau de géographie, qui, par son personnel de spécialistes, par le nombre des documents, par la sûreté des informations et par la valeur de

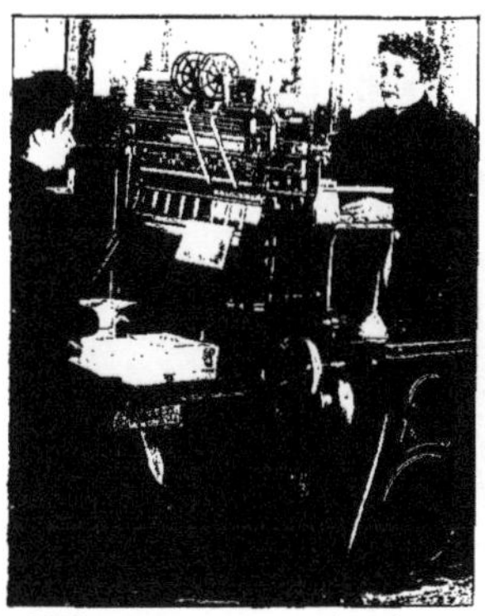

ses travaux, égale, s'il ne les surpasse, les plus célèbres Instituts de l'étranger. Tout ce qui paraît, concernant la géographie, sur un point quelconque du globe, livres, mémoires, cartes, dessins, photographies, etc., a là un exemplaire, traduit, commenté et contrôlé. La topographie générale du monde entier est tenue constamment à jour, enregistrant avec minutie les moindres résultats des découvertes et des explorations.

La Presse, sous ses formes si diverses, est entrée victorieusement dans le commerce parisien du Livre. Chaque éditeur d'une certaine notoriété tient à devoir de posséder quelques journaux, revues et recueils, adaptés à sa clientèle spéciale ou présentant un caractère d'intérêt général. Ici, c'est, par ordre chronologique, l'*Instruction primaire*, fondée en 1832; le *Journal de la Jeunesse*, hebdomadaire illustré, qui en est à sa vingt et unième année, auquel sert de préface *Mon Journal*, recueil de contes et d'images pour les enfants; et récemment a été lancée la *Mode pratique*, dont l'ambition est d'enseigner chaque semaine à ses lectrices l'élégance et le bon goût. Enfin, un dernier service très spécial est à mentionner, pour que la description de l'organisme d'une librairie à la fin du dix-neuvième siècle soit complète. Quand les chemins de fer commencèrent à se développer, Hachette eut l'idée ingénieuse de créer les bibliothèques des gares, pour la vente des livres et des journaux. Une maison aussi puissamment outillée, dotée d'un capital familial considérable, pouvait aisément atteindre à la production colossale qui vient d'être analysée.

Pendant la première période de ce dernier quart de siècle, la librairie française est arrivée à une prospérité prodigieuse. Un an entier, le monde avait été privé de l'esprit de la France; ses littérateurs, ses savants, ses philosophes et ses poètes se battaient héroïquement en province, ou étaient renfermés dans Paris, derrière une infranchissable muraille de fer et de feu. Quand on put penser et écrire de nouveau, et que parurent les premiers livres, ce fut pour tous ceux qui lisent dans les deux hémisphères l'impatience irrésistible d'une longue faim devant une table chargée des mets préférés. En 1872, le chiffre des ouvrages imprimés est de 10 599; en 1873, il s'élève à

Machine à coudre les livres

Ateliers Hachette

11 530; en 1875, à 14 195; et, pendant six ans, il se maintient à ce chiffre important. De 1871 à 1880, l'exportation gagne en moyenne plus de 3 millions de francs sur les statistiques antérieures à la guerre, et, jusqu'en 1887, elle se maintient avec régularité à 16 millions et demi. Mais, à partir de cette date, se manifestent les symptômes d'une crise commerciale, provoquée par les troubles financiers et par une surproduction dans toutes les branches des industries nationales; peu après, la crise devient aiguë; les ouvrages les plus luxueux se vendent au rabais, et leur liquidation systématique par les éditeurs précipite le krack de la librairie. Aujourd'hui la situation s'est améliorée; il semble que nous entrons dans une période nouvelle qui sera florissante; mais, à la joie qu'elle procure, aux espérances qu'elle éveille, se mêle un sentiment profond d'incertitude générale sur ce que devra être le Livre de demain, pour répondre exactement à l'évolution du goût et des idées du public, évolution évidente, indiscutable; non moins indécise, il est vrai, sur sa direction future, qu'elle paraît nettement hostile à tout ce qui pourrait lui rappeler le passé. La science a ouvert à l'industrie artistique un champ immense d'applications fécondes; avec sa précieuse collaboration, elle a produit hier des œuvres superbes, d'une grande variété de caractères et de physionomies, consacrées par l'universelle admiration de la génération présente, et que la postérité, sans aucun doute, placera à côté des merveilles classiques. Aujourd'hui, tout le monde sent instinctivement et reconnaît qu'un art nouveau seul donnera à ces applications, ainsi qu'aux procédés séculaires, la forme nouvelle, originale, imprévue, qui conquerra l'avenir. « L'esprit souffle où il veut », dit l'Écriture. Cet art, le génie de notre race saura le créer. A aucune époque de l'histoire, il n'a failli à sa mission d'apporter à l'esprit humain l'expression idéale de ses aspirations et de ses rêves.

Atelier de satinage
Maison Hachette

CHAPITRE V

La Presse

I

La Presse contemporaine ⇾ Le « Petit Journal »

De toutes les formes de l'application du papier aux besoins intellectuels et sociaux de l'humanité, la Presse est celle qui présente le plus d'importance, par l'immense développement qu'elle a donné à cette industrie; celle dont les progrès prodigieux, incessants, caractériseront le plus expressivement la physionomie philosophique de ce dernier quart du siècle, qu'on a déjà dénommé pour cela le « Siècle du Papier ». Quel contraste entre la situation actuelle et celle d'il y a quatre-vingts ans! Sous la Restauration, les très grandes villes et Paris, seuls, possédaient des journaux. Ceux de Paris, au nombre d'une dizaine, en réunissant les plus obscurs, avaient un tirage moyen de deux à trois mille numéros; deux, dont la clientèle atteignait le chiffre de dix mille lecteurs, étaient considérés comme des phénomènes et constituaient des puissances politiques devant qui tremblaient les gouvernants. La Révolution de 1830, par le triomphe des idées libérales, apporta à la Presse un régime d'indépendance relative, qui favorise sa prospérité et lui donne une plus grande extension. Émile de Girardin va la transformer radicalement par la création du journal à deux sous, et il y aura bientôt des journaux qui compteront trente et quarante mille abonnés; ce sera pour eux la fortune et la gloire. Alors, les Applegath, les Normand inventent des machines pour imprimer trois et quatre mille exemplaires à l'heure. Aujourd'hui, d'après l'*Annuaire de la Presse et du Monde politique*, pour 1894, d'H. Avenel, Paris compte deux mille trois cent quatre-vingt-cinq publications périodiques, dont cent soixante-douze journaux exclusivement politiques; et la province, trois mille huit cent quatre-vingts, sur lesquelles il n'y a pas moins de dix-sept cents journaux. La Presse, au point de vue politique et social, dit-on souvent, est devenue le quatrième état; économiquement, elle constitue une grande industrie, qui fait vivre assurément plus d'un million de personnes, par le travail, multiple et varié, qu'elle procure aux nombreuses professions libérales,

L'Hôtel du « Petit Journal »

industrielles et commerciales, qui sont associées à son fonctionnement : écrivains, artistes, libraires, imprimeurs, fabricants de papiers, d'encres et de caractères, constructeurs de machines à imprimer, machinistes, typographes, graveurs, employés, etc. Son organisation est puissante. Le télégraphe et le téléphone ont en elle la clientèle la plus fertile. Les hommes politiques, les écrivains célèbres s'honorent d'en faire partie ; ses rédacteurs et ses reporters ne le cèdent point à ceux d'Angleterre et des États-Unis en activité, en talent, en audace et en mémorables exploits. La science lui réserve ses inventions les plus admirables en outillage d'impression. La plupart des journaux possèdent pignon sur rue ; ils se sont fait construire de confortables hôtels, ont installé des imprimeries avec tous les perfectionnements nouveaux. Et quelques-uns même peuvent inscrire leurs actions et obligations aux cotes officielles de la Bourse, près des titres de chemins de fer et des fonds d'État. C'est qu'une évolution profonde s'est produite dans la Presse, au cours de ces dernières années, évolution qui, en dépit des regrets des uns, des protestations des autres, et à l'étonnement des seuls inintellectuels sans faculté d'observation, la conduit peu à peu à la forme économique de ce temps. Des capitaux considérables, capitaux anonymes et collectifs, comme ceux qui constituent aujourd'hui les moyens d'action des grandes entreprises, s'y sont engagés résolument, en toute confiance de succès. Prenons pour type le *Petit Journal*. La Société qui le possède est au capital de 25 millions ; ses actions et ses obligations, en représentant au taux actuel plus de 65, se sont classées peu à peu dans les tiroirs de l'épargne populaire, étrangère à la

La Salle des titres, au « Petit Journal »

spéculation, mais non indifférente à la sécurité et à la fructification de ses économies. Le tirage du journal dépasse à cette heure un million de numéros. A la feuille quotidienne est annexé un supplément hebdomadaire, illustré en couleurs, qui atteint le même chiffre. Pour obtenir de tels résultats, quel organisme colossal, sous la direction d'une haute intelligence, n'a-t-il pas fallu créer! Cette façade d'hôtel, mi-artistique, mi-bourgeois, de la rue Lafayette cache une immense ruche, aux nombreuses alvéoles, en continuelle activité, qui occupe huit corps de bâtiment à cinq étages, d'une superficie

La Salle d'attente du « Petit Journal »

de 3500 mètres carrés. Jour et nuit, il y a là, par équipes alternantes, six cent cinquante personnes ; chacune, dans sa sphère personnelle ou collective, contribuant par son intelligence et son travail à l'œuvre commune, dont le résultat est cette feuille de papier, qui chaque jour s'en va de ce point courir le monde, portant dans ses plis le résumé, suivant l'ambitieuse mais pittoresque formule de son fondateur, de « tout ce qui se pense, de tout ce qui se dit et de tout ce qui se fait ». La rédaction, divisée en deux grands services, la Politique et les Informations, avec deux chefs spéciaux, sous la haute et constante inspiration du directeur, Marinoni, alimente, par ses cinquante écrivains et ses deux cent cinquante correspondants des départements et de l'étranger, le journal d'articles, de chroniques et de nouvelles. Le budget qui lui est consacré ne s'élève pas à moins de 800 000 francs; les télégrammes seuls en absorbent la moitié. Les correspondants doivent, à toute heure, informer la rédaction du moindre événement qui survient dans leur circonscription; par ce système coûteux, mais infaillible, le journal peut, sur le terrain même de l'actualité locale, lutter avec ses nombreux concurrents de province également fort bien outillés; en même temps qu'au point de vue des informations générales, il ne se laisse éclipser par aucun des journaux parisiens. Aussi, trois éditions successives sont-elles devenues nécessaires. A six heures du soir, la première, en langage professionnel, est « bouclée », à destination, par les trains du soir, des départements éloignés. Par l'emploi simultané du téléphone et du télégraphe, les débats du Parlement ont déjà pu être analysés, et les plus importantes nouvelles politiques recueillies.

L'atelier de composition envoie à la clicherie les quatre formes « serrées », sur le bon à tirer du secrétaire de la rédaction. En un coup de feu pittoresque, pendant lequel on n'entend que le crépitement des flans de carton qui sèchent sur les chaufferies à vapeur, le cliquetis des ustensiles de fonderie, le grincement des scies qui découpent les blocs de plomb, les coups de ciseaux qui les échoppent, huit ouvriers ont fabriqué les quatre-vingts clichés des dix machines rotatives Marinoni, sur lesquelles va être tiré le

Un Atelier de plieuses, au « Petit Journal »

journal. Après vingt minutes d'attente, une première roule, lancée à la vitesse de trente-cinq mille exemplaires à l'heure; et c'est à peine le ronflement d'une grande toupie hollandaise. Quand tout le formidable outillage entrera en action, ce ronflement, il est vrai, deviendra mugissement; mais personne n'en sera troublé ni ému. Une deuxième est bien vite imposée; puis une troisième, puis une quatrième, etc. En moins de deux heures, la batterie entière des rotatives a abattu ses trois cent vingt-cinq mille numéros, coupés et comptés. A dix heures commence le tirage de l'édition nouvelle, et, à deux heures du matin, celui de la dernière, le texte du journal constamment remanié pour l'insertion des nouvelles de la nuit. De six heures du soir à six heures du matin, quatre-vingt-dix femmes plient le million d'exemplaires au fur et à mesure de leur sortie des presses; cinquante employés les mettent pour la province en ballots et en paquets, transportés vertigineusement par soixante voitures aux gares de tous les réseaux et dans la banlieue de Paris, et quatre-vingts porteurs en uniforme distribuent l'édition parisienne dans les populaires petites voitures à bras, de couleur bleue. Imagineriez-vous ce que peut représenter au figuré le papier employé pendant une année

par le *Petit Journal?* Superposés, les exemplaires formeraient une colonne de
475000 mètres de hauteur, soit dix fois la dimension du Mont-Blanc; et, mis bout à
bout, ils pourraient entourer neuf fois le globe entier!!!

Voilà ce qu'est, à cette heure, comme organisation et comme outillage, le plus
colossal de tous les journaux français. Que sera-t-il demain? Autre chose encore, sans
aucun doute, de plus perfectionné et de plus puissant; car le public a, de jour
en jour, la curiosité plus vaste et plus impérieuse. La concurrence aussi est devenue
formidable, obligée, comme exclusifs moyens d'action et de lutte, de réaliser à ce point

Les Machines rotatives du « Petit Journal »

de vue de continuels progrès. A bien peu d'exceptions disparaissant incessamment avec les personnalités qui les créent, les monopoles d'opinions politiques,
sociales ou religieuses ne suffiraient plus à l'alimenter. La défense et la propagande
des intérêts et des privilèges d'un parti semblent devoir être aujourd'hui de moins en
moins un but capable d'attirer irrésistiblement des capitaux, des intelligences et des
ambitions. Cette évolution sociale de la Presse contemporaine, expression des
mœurs et de l'idéal nouveaux, se manifeste particulièrement par la généralisation de
son caractère industriel. Le célèbre et légendaire quartier du Croissant, qui grou-
pait jadis la plupart des journaux parisiens, auxquels de vieux et nouveaux hôtels bâtis
ou adaptés dans ce but offraient une hospitalité intermittente et relativement peu coûteuse, tend à disparaître, sinon à se modifier, dans sa physionomie animée et pitto-

*La rue des expéditions
du « Petit Journal »*

resque, avec ses nombreux commissionnaires ou marchands de papier imprimé, tous plus ou moins banquiers ou commanditaires des entreprises éphémères de publications périodiques, et sa population bruyante et tumultueuse de typographes, de mécaniciens, de porteurs, de petites papetières et de camelots. Les grands journaux ont émigré de là et du voisinage ; se sont fait construire, sinon transformer, des bâtiments particuliers, où ils concentrent, avec une organisation spéciale, tous leurs services techniques et administratifs. Le *Siècle* et le *Petit Journal*, les premiers, et dès avant 1870, donnent le branle, avec l'entrain et l'audace, ici d'un tempérament juvénile, là d'une fortune solidement assise sur une longue période de prospérité. Ensuite, c'est le *Figaro* qui s'installe rue Drouot, dans un hôtel, sur la façade picaresque duquel il place dévotement la statue de bronze de son immortel patron ; et un architecte de talent, après concours, en fait une œuvre assez originale et attractive par l'ingéniosité, le goût et la nouveauté des aménagements, pour qu'on invite à la visiter les personnages illustres de passage à Paris. Le *Temps* achète, à l'angle du boulevard des Italiens et de la rue de Richelieu, un grand immeuble où il taille, en plein drap, comme on dit, de vastes locaux pour son imprimerie, son administration et sa rédac-

tion. La *Lanterne*, le *Petit Parisien* convertissent avec habileté, en ateliers et en bureaux, des habitations de riche bourgeoisie du faubourg Poissonnière ; et les *Débats* rajeunissent, par une modernité répondant aux exigences matérielles de l'industrie contemporaine et à sa transformation en gazette bi-quotidienne de grand format, la vieille et solennelle maison de la rue des Prêtres-Saint-Germain-l'Auxerrois.

En province, l'évolution n'est pas moins rapide et impulsive. Depuis vingt ans, un grand nombre de journaux se sont créés, sous la forme

Les voitures de transport du « Petit Journal »

Le Cabinet de M. Marinoni
au « Petit Journal »

commerciale de sociétés en commandite, ou par actions, qui, avec des capitaux considérables, ont outillé puissamment une organisation nouvelle, basée sur la conquête d'une clientèle non plus simplement restreinte à une ville ou à un département, mais embrassant une région entière. Leur rédaction, par le télégraphe et par le téléphone, est en communication directe et pour ainsi dire permanente avec Paris, d'où leur sont expédiés, pendant la nuit, les nouvelles de tous les pays, les informations de toute nature, les articles de leurs collaborateurs politiques, littéraires et artistiques, les comptes rendus des premières représentations, des audiences des tribunaux et des séances du Parlement. Un grand nombre se sont annexé d'importantes entreprises d'imprimerie, d'édition, de papeterie, de librairie, de publicité, etc., s'assurant ainsi des sources multiples d'influence et de fortune. Eux aussi ont pignon sur rue; ou de véritables édifices modernes, bâtis avec tout le confort industriel, le plus raffiné,

et souvent dans un goût très artistique, avec des allégories sculptées à leurs frontons et peintes dans leurs halls; ou de vieux hôtels aristocratiques, dont les cours d'honneur et les jardins paisibles ont été convertis en ateliers, et qui — ironie philosophique des choses — portent au-dessus des héraldiques écussons les titres de journaux démocratiques et républicains. La presse provinciale peut ainsi faire à la presse parisienne une concurrence qui oblige celle-ci à se tenir constamment sur l'offensive par le perfectionnement incessant de sa production.

Ce rapide et sommaire chapitre ne comporte point une étude, même esquissée légèrement, des évolutions de la forme littéraire de la Presse contemporaine, et moins encore de sa forme politique. Les progrès d'art et de technologie seuls sont ici en question. Quand il aura été dit, à

L'Atelier des dessinateurs
au « Petit Journal »

ce propos, qu'à l'inverse des constatations faites dans la plupart des autres pays du monde, en France, le journalisme anonyme tend à disparaître — ce qui semble une contradiction avec son développement industriel; — que l'ancienne chronique parisienne, toute d'esprit, de malice et d'humour, qui a rendu célèbres en leur temps un si grand nombre d'écrivains du *Figaro*, de l'*Événement*, du *Gaulois*, de la *Vie parisienne*, etc., est mourante, remplacée par le conte, galant, grivois, scarronique et rabelaisien; que les journaux les plus graves, consacrés presque exclusivement jusqu'ici à la politique, à l'économie sociale et à l'histoire actuelle, ouvrent de plus en plus leurs colonnes à la fantaisie, à la nouvelle et au roman : ce sera tout ce que tolère le programme du livre. Quelles pages, amusantes, pittoresques, et fort suggestives de réflexions, il y aurait pourtant à écrire sur la transformation radicale de mœurs, de doctrines, d'idées et d'objectifs, qui s'est produite dans la Presse, pendant ce dernier quart de siècle! Et peut-être expliqueraient-elles plus d'une question spéciale, qui sans cela paraîtra indécise dans ses origines et dans ses conséquences. Mais il y aurait imprudence à succomber à la tentation, si séduisante soit-elle; on s'en autoriserait trop facilement pour constater ailleurs des lacunes et les attribuer à de la négligence ou à de la timidité : deux hypothèses également fâcheuses pour un écrivain.

II

L'Illustration dans le Journal ✢✢ Le Journal en couleurs

Cette nécessité d'attirer et de retenir la clientèle, par une attraction toujours renouvelée, pousse aujourd'hui le journalisme quotidien dans la voie de l'illustration, en dépit des difficultés matérielles, qui s'opposent à l'emploi de la plupart des procédés de reproduction graphique. Suivant la belle parole de Girardin, « d'une difficulté on fait un moyen », et cette illustration, par l'ingéniosité des artistes qui l'exécutent, ne laisse pas de présenter un caractère fort intéressant. Dans le *Petit Journal*, Franc Lamy orne de spirituels et pittoresques croquis les articles d'actualité, les chroniques rétrospectives et les éphémérides nationales; au *Figaro*, pendant ces dernières années, Forain a publié ses séries satiriques, *Temps difficiles* et *Doux Pays*, d'une si profonde philosophie sociale; Caran d'Ache, d'humoristiques fantaisies. Tiret-Bognet fait avec intermittence, pour l'*Événement* et le *Journal*, du reportage et de l'interview en dessins d'une rare originalité. L'*Éclair* s'est créé la spécialité de la publication des portraits

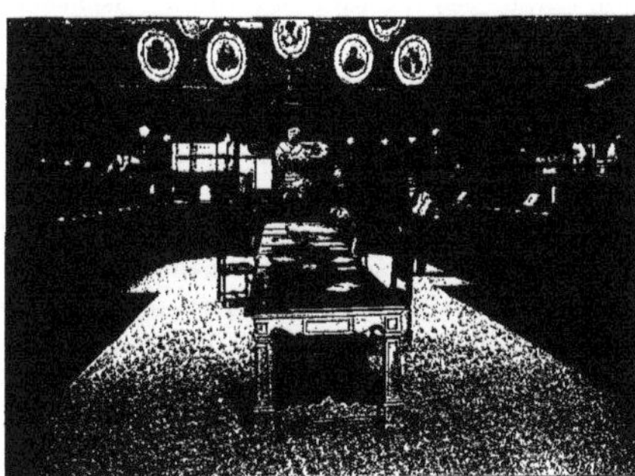

Le Hall du « Figaro »

des personnages du jour. Depuis quelques mois, le *Temps* donne à sa chronique scientifique hebdomadaire l'attraction de dessins technologiques, fort habilement exécutés, et dont l'impression sur rotatives d'une très grande rapidité présente des qualités imprévues de finesse et de netteté. Sous cette impulsion d'idées nouvelles, l'organisation d'un véritable journal quotidien illustré devait hanter fortement l'imagination des journalistes. Maintes fois l'expérience en a été tentée, avec plus ou moins de succès, mais sans que l'innovation, pour des causes industrielles ou commerciales, ait été bien longtemps poursuivie. 1876 vit éclore et disparaître rapidement le *Petit Quotidien illustré*. En 1881, Émile de Girardin faisait, avec ma collaboration, dans ce but, des essais d'un nouveau procédé de gravure par l'électricité, essais que sa mort vint interrompre. Quelques années plus tard, parut la *Journée*, qui ne dura pas longtemps. Le *Petit National*, en 1888, a recommencé, sans grands résultats, la tentative, avec Caran d'Ache, Lunel, Willette, Tiret-Bognet, H. de Sta et Henri Rivière, mêlant la fantaisie à la réalité, l'information à la caricature. Et, cette année encore, il s'est fondé l'*Actualité*, qui a poursuivi courageusement, mais sans y réussir, la solution du problème, dans lequel l'Angleterre par le *Daily Graphic* a devancé notre pays.

Les journaux semblent vouloir tourner bien plutôt leurs efforts vers la création de suppléments hebdomadaires illustrés, où les questions de gravure, d'impression, de papier et de limitation du temps ne soulèvent point les mêmes difficultés que dans le journal quotidien. Ainsi ont fait le *Petit Journal*, le *Petit Parisien*, l'*Intransigeant*, la *Libre Parole*, l'*Éclair*, le *Soleil*, le *Journal*, le *Gil Blas*, l'*Écho de Paris*, etc., et un certain nombre de journaux de province. Ces publications présentent une grande diversité de physionomies. Quelques-unes, comme celles du *Petit Journal* et du *Soleil*, ont hardiment abordé la polychromie; arrivant, la première, au résultat superbe de faire, avec un énorme tirage, de la haute actualité; la seconde s'occupant exclusivement, il est vrai, de fantaisies, de généralités de mœurs et d'ethnographie. D'autres, l'*Intransigeant* et le *Petit Parisien*, cultivent, en deux pages de gravures sur bois tirées en noir, les faits divers et surtout ceux de caractères tragique et criminel, assassinats, catastrophes, incendies, etc. Le *Gil Blas*, l'*Écho de Paris* et le *Journal* illustrent, de compositions en deux couleurs, des nouvelles, des poésies et des chansons. La *Libre Parole* continue par le crayon ses virulentes campagnes de plume, sociales et antisémitiques, et la *Lanterne* commente graphiquement des contes grivois et des anecdotes épicées. Mais l'art et la littérature modernes ne seraient-ils pas exclusivement des éléments de succès assurés près d'un public amoureux des créations délicates et originales de l'esprit français sous ces deux formes, où son génie se manifeste de nouveau avec tant d'éclat, dans cette dernière période du siècle? Le *Figaro*, qui en a le sentiment très net, fonde, en 1889, un supplément mensuel illustré, d'une allure de haut goût et de luxe gracieux, et il y met habilement en œuvre des procédés industriels récents, pour traduire par la photogravure polychrome, avec une grande fidélité, les compositions de nos peintres en vogue, et pour illustrer en couleurs, de la plus pittoresque façon, les nouvelles, les chroniques et les contes de nos écrivains populaires.

A l'occasion exceptionnelle d'événements, d'anniversaires célèbres, de fêtes publiques, d'Expositions, de Salons, de revues, etc., des journaux éditent des suppléments intermittents, où l'illustration joue le rôle principal. Le *Figaro* et le *Gaulois* s'attachent particulièrement à cette production et réussissent souvent à lui donner une forme sensationnelle par l'emploi des meilleurs modes de gravure et d'impression et par le mérite des dessins. On se rappelle, parmi les suppléments du premier, les interviews du général Boulanger en photogravures d'instantanés, les voyages humoristiques du président Carnot par Caran d'Ache, et les Grands Prix de Paris par Crafty. Fréquemment le *Temps* publie, en ce genre, des études scientifiques et industrielles, des récits de voyages célèbres et des rapports d'exploration.

Le type le plus original de cette branche de la presse périodique illustrée est sans contredit le *Supplément du Petit Journal*. Il lui a apporté, avec une forme nouvelle qui constitue à la fois une expression d'art qu'on n'avait point encore révélée jusqu'ici à une masse de population aussi considérable, une conquête merveilleuse de l'industrie française. Par ce type, la France laisse bien loin derrière elle, à cette

Atelier des Machines à imprimer le Supplément illustré en couleurs du « Petit Journal »

heure, au point de vue de la puissance d'expansion du journalisme, l'Angleterre et les États-Unis, dont la primauté paraissait définitive et inattaquable. Il n'est pas actuellement, ici ni là, de publication illustrée, dont le tirage moyen dépasse le million, et, qui, dans les circonstances d'émotion ou de curiosité universelles, double

L'Hôtel du « Figaro »

ce chiffre prodigieux. Trois jours après la mort du président Carnot, le *Supplément illustré du Petit Journal* paraissait, publiant en première page une composition en six couleurs, représentant le tragique événement, et, pendant une semaine, se tirait sans relâche, l'impression interrompue seulement au 1 850 000e exemplaire, par suite de l'obligation de la mise sous presse immédiate du numéro hebdomadaire suivant. Le fonctionnement régulier d'un tel journal a nécessité une organisation de services techniques et artistiques, et l'installation d'un matériel, qui sont autant de progrès nouveaux dans l'imprimerie contemporaine. L'élément essentiel de la publication est une gravure polychrome à la première et à la quatrième page. Le choix des sujets arrêté par le directeur du *Petit Journal*, sur la proposition du rédacteur en chef du *Supplément*, l'exécution des compositions est confiée à l'atelier d'art, qui comprend dix dessinateurs habituels et une vingtaine de graveurs sur bois, sous la direction de Méaulle. Un de ces dessinateurs, Tofani, Lix, Moreno, Zier, Belon, Fichot ou Brun, etc., suivant sa spécialité, dessine et aquarelle le thème qui lui a été indiqué, avec la forme et le coloris que la composition devra avoir dans le journal. Vingt-quatre heures lui sont généralement accordées pour ce travail, l'actualité ne souffrant pas de longs délais, sous peine souvent de n'être plus qu'un incident oublié ou démodé. La composition terminée, la photographie la reproduit, en la réduisant, sur un premier bois en quatre parties, qui doit constituer ce qu'on appelle techniquement la planche de fond ou la planche mère, et sur cinq autres destinées à servir de planches de couleurs. Immédiatement, quatre graveurs s'emparent des quatre parties du bloc et se mettent en devoir d'y reproduire avec rapidité le fragment de composition. Le dessin original retourne au chef de l'atelier. Celui-ci en décompose à la hâte le coloris, en cinq tons, qu'il place au pinceau, aux endroits utiles, sur les cinq bois de couleurs, qui vont à la gravure, au fur et à mesure de leur achèvement de coloriage. L'opération générale de reproduction du dessin dure environ cinquante heures. Les planches terminées sont alors soumises à la galvanoplastie, pour leur transformation en clichés de cuivre, cintrés, doublés et échoppés, prêts à être imposés sur la presse. Au bout de vingt-quatre heures, l'impression peut être commencée. Là était le problème technique, dont l'impossibilité de solution faisait un obstacle insurmontable à la réalisation du projet d'un journal illustré hebdomadaire d'actualité, tirant à un très grand nombre d'exemplaires. On calculait, en effet, que pour imprimer en deux jours, sans interruption, un million d'exemplaires du format du *Supplément*, environ six cents machines plates seraient

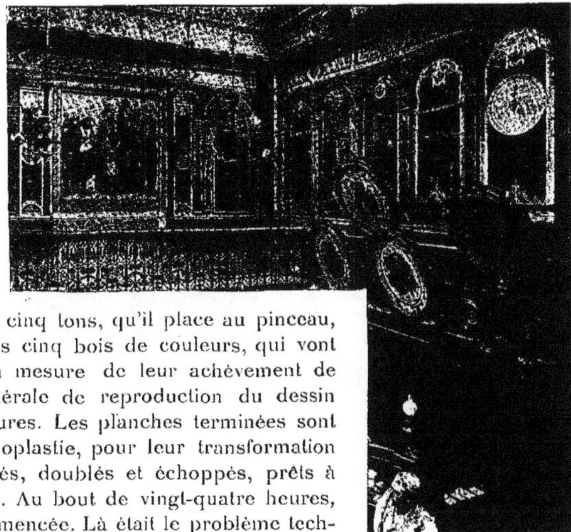

Un coin de la Galerie intérieure au « Figaro »

indispensables. Marinoni entreprit de résoudre le problème par la création d'une machine rotative à impressions simultanées en couleurs. Après de longues études, le 29 novembre 1890 — une date célèbre dans l'histoire de l'imprimerie, comme le déclarait un spécialiste allemand, Gœbel, d'une haute compétence en ces matières, mais d'une hostilité non moins notoire à l'égard du génie français — fonctionnait une presse nouvelle, imprimant à l'heure douze mille exemplaires d'une feuille du format 0,90 × 1,24, en six couleurs au recto et en noir au verso. Le journal illustré populaire était créé. On a lu plus haut

Secrétariat administratif du « Figaro »

La Salle d'escrime du « Figaro »

au chapitre de l'Imprimerie la description de la rotative à couleurs Marinoni. Au moyen de deux de ces machines, le *Supplément illustré du Petit Journal* peut être tiré, en trois jours, au chiffre d'un million de numéros.

L'Antichambre du « Figaro »

Le succès qui a consacré dès le premier jour cette création nouvelle est un témoignage indiscutable de la valeur de la théorie soutenue, au cours de ce volume, de l'évolution logique et rapide de l'imprimerie moderne vers la polychromie, évolution basée sur le goût naturel de l'humanité pour la couleur. Des publications périodiques et des journaux de la première période du siècle contiennent déjà des tentatives d'impression en couleurs de textes, de titres et de vignettes. En 1835, le *Charivari* eut plusieurs numéros tirés en rouge; en 1841, plus audacieux, sinon plus fantaisiste, il se fait imprimer en trois tons,

Le Cabinet de M. Janicot, directeur de la « Gazette de France »

bleu, rose et vert, correspondant à ses trois colonnes ; de nombreux dessins sont inter-
calés dans les articles. Une feuille satirique de 1838, *Aujourd'hui, Journal des ridicules*,
coloriait pittoresquement son titre, faux titre et les signatures de ses écrivains. La
Causeuse, Journal des Salons et le *Feuilleton de Paris*, paraissant en 1848, offrent,
en primes intercalées, de nombreuses planches hors texte et en couleurs. Il est
inutile de rappeler les journaux de modes qui, de tous temps, ont été illustrés de gravures coloriées. Mais c'est dans ce dernier quart de siècle surtout que la préoccupation a été constante, et d'une activité peu commune en essais de tous genres, de
généraliser et faire pénétrer dans les milieux populaires, par la presse, sans recourir
désormais aux modes de propagation de l'imagerie d'Épinal, la polychromie qui, par
suite des progrès de la science, est arrivée dans le Livre à un si haut degré de
perfection.

III

La Presse périodique illustrée

Quels progrès, techniques, artistiques et industriels, la presse illustrée de tous genres a réalisés, depuis la fondation lointaine de quelques-uns des vieux journaux qui ont survécu, tout au moins de nom, aux tempêtes et aux révolutions économiques, politiques et sociales : le *Charivari*, de 1835; la *Caricature*, de Philippon, créée en 1831, et qui, d'une berquinade aimable et spirituelle, ne tarda pas — au bout de vingt numéros — à devenir une arme terrible de l'opposition contre le gouvernement de Juillet; et l'*Illustration*, de 1843! Dubochet, dans cette dernière publication, imaginait de remplacer l'estampe libre, volante, par l'estampe en cahier, paraissant avec régularité et à un prix de vente relativement peu élevé. Le caractère de la production n'était point sensiblement modifié. Le nouveau recueil se compose de scènes de mœurs, de portraits, de costumes anciens et modernes, de paysages, de sujets légendaires et historiques, de caricatures et de fantaisies. Les artistes qui apportent leur collaboration sont : Daubigny, Grandville, Bertall, Johannot, Toppfer, Janet-Lange, Morel Fatio, Victor Adam, Pauquet, Roubaud, etc. Cham y débute en 1844; Gavarni, en 1848; Henri Monnier, Daumier et Traviès y font des passages intermittents, marqués par des séries célèbres. Mais les lois impériales, restrictives de la liberté de la presse, et le développement de la curiosité du public pour les hommes et les faits du jour amènent rapidement l'*Illus-*

Le Journal illustré

TRENTIÈME ANNÉE — N° 36 — DIMANCHE 3 SEPTEMBRE 1893 — PRIX DU NUMÉRO : 15 CENTIMES

LE PROFESSEUR CHARCOT
Membre de l'Institut
Photographie Pirou. — Gravure de Navellier — Voir l'article, page 561

Page-type extraite de l'« Annuaire de la Presse française »

tration à une transformation d'objectif et de physionomie. Elle devient un grand journal d'actualité graphique, constamment à l'affût de ce qui, dans les événements de toute nature, peut fournir matière à des dessins intéressants. L'art et la caricature n'y tiennent bientôt plus qu'une place secondaire, qui se restreint de jour en jour sous l'accumulation des documents d'information, que produit quotidiennement l'activité d'un groupe considérable d'artistes et d'écrivains. En 1857 se fonde le *Monde illustré*, avec la collaboration principale d'un émigré de l'*Illustration*, Edmond Morin. Tout en consacrant la nouvelle publication aux faits de la semaine, cet artiste cherche à lui conserver quelque chose de l'allure pittoresque, légère, humoristique et galante de la première ; et, à travers ses modifications administratives successives, elle gardera cette originalité. Six ans plus tard, la démocratisation de la presse, qui se manifeste impérieusement partout, provoque la création d'un journal illustré populaire ; ses fondateurs, comme programme, lui donnent ce titre aussi expressif que simple. L'idée était bonne. Le *Journal illustré*, devenu une publication de la Société du *Petit Journal*, tient aujourd'hui une place importante dans la presse périodique, à la fois par le mérite artistique de son illustration et par son tirage, qui s'élève, en moyenne, à cent mille numéros, et atteint le double en cas de sensationnels événements.

L'esprit français ne saurait cependant abdiquer, se résoudre au silence, sinon à l'obscurité ; son essence est un besoin constant d'agitation et de propagande. Marcellin quitte l'*Illustration*, où l'actualité a réduit à fort peu de chose son domaine personnel de l'élégance et de la mondanité, et fonde la *Vie parisienne*, avec ce programme séduisant : « une peinture amusante et vraie des mœurs du jour ; des notes et des croquis pris sur le vif ; dans une façon hardie, une grande honnêteté ». Il réalisera ce programme par la verve et le talent des artistes et des écrivains qu'il réussit à s'attacher, mais en apportant des restrictions à ses promesses vertueuses ; et Louis Veuillot pourra, un peu plus tard, écrire fort méchamment, mais non sans vérité : « Des opinions politiques percent dans le milieu. Ils font aussi un petit commerce : ils sont modistes ; ils dessinent, proposent et lancent des costumes pour les femmes de théâtre et pour les femmes de condition qui se travestissent. Ils sont le canal par où le grand monde et le demi-monde coulent l'un dans l'autre et tendent réciproquement et rapidement à cette heureuse confusion qui est tout le monde. » La *Vie parisienne* a créé un art et un journalisme nouveaux. Son succès amène des tentatives de concurrence fort

JOURNAL AMUSANT

JOURNAL ILLUSTRÉ,

Journal d'images, journal comique, critique, satirique, etc.

LES SERVITEURS, — par J.-L. FORAIN.

Page-type extraite de l' « Annuaire de la Presse française »

nombreuses, dont l'énumération est inutile, la plupart n'ayant eu qu'une existence très éphémère ou en étant réduites à se traîner péniblement dans une contrefaçon, même peu illusoire, du brillant modèle. La liberté de la presse restaurée par la troisième République ne sera point favorable au développement du journalisme satirique illustré. Pendant la période du Seize Mai, André Gill, toutefois, arrive à le galvaniser par son tempérament batailleur et par son humour incisif, qui lui inspirent fréquemment des compositions d'une forme spirituelle et d'une ironie puissante. Gilbert Martin rend populaire, quelques années, le *Don Quichotte*, avec des dessins politiques qui ne manquent point de verve. Le *Triboulet* fait à la République et à ses personnages politiques une guerre inoffensive d'épigrammes, d'où ne sort aucun talent nouveau. Seuls, le *Courrier français*, avec Forain, Willette, Legrand, Steinlen, Lunel, Heindbrick, etc., le *Journal amusant* et la *Caricature*, par Robida, Mars, Bertall, Crafty, Caran d'Ache, etc., donnent, à la presse de fantaisie de cette fin de siècle, un peu d'esprit et d'originalité.

Unique survivant des anciens *magazines* fondés à l'imitation de ceux de l'Angleterre, le *Magasin pittoresque* représentera exclusivement, pendant longtemps, avec quelque éclat, une forme spéciale du journal illustré, s'intéressant à toutes

Page-type extraite de l' « Annuaire de la Presse française »

les manifestations de la pensée humaine. Mais, avec le développement de l'instruction publique, la vulgarisation de la science et l'extension de l'industrie, la spécialisation des connaissances ne tarde pas à s'imposer. Il se détache alors du périodique général une série de publications, qui correspondent à cette spécialisation et en espèrent une clientèle particulière, suffisante pour les alimenter. En art, l'ancien organe des romantiques, l'*Artiste*, se consacre plus à la littérature plastique et à l'esthétique fantaisiste qu'à l'étude sévère et savante des œuvres d'architecture, de peinture et de sculpture, de l'antiquité, du Moyen Age, de la Renaissance et des temps modernes ; alors, en 1859, paraît la *Gazette des Beaux-Arts*, avec cette étude comme objectif, en y ajoutant l'innovation de l'illustration documentaire par les procédés graphiques les plus perfectionnés : eau-forte, burin, pointe sèche, lithographie, gravure sur bois et photogravure. Elle continuera aussi l'idée utile de l'*Artiste* : l'estampe hors texte, originale ou reproduction. Tous les graveurs de mérite, pendant la dernière moitié du dix-neuvième siècle, ont fait là leur éducation professionnelle et s'y sont créé un nom. Elle s'honore à bon droit d'avoir compté parmi ses collaborateurs dévoués, alors qu'ils étaient encore inconnus : Jacquemart, l'aquafortiste incomparable des *Gemmes et Joyaux de la Couronne*, et Ferdinand Gaillard, l'immortel auteur du *Dom Guéranger*, du *Pie IX* et de l'*Homme à l'œillet*. Les procédés nouveaux de gravure et d'impression trouvent un accueil favorable dans cette gazette, toute consacrée qu'elle soit au culte des grandes traditions de l'art. En 1874, elle publie une des premières phototypies, dans la reproduction du plafond de Baudry, au foyer de l'Opéra. La chromotypographie y faisait aussi récemment son entrée en des facsimilés superbes de miniatures, d'aquarelles et de pastels. En 1875, l'*Art* innova, dans le périodique mensuel, l'in-folio de l'album de grand luxe et l'estampe murale, ambitionnant de donner un essor nouveau à la gravure à l'eau-forte, par l'emploi de ce format inusité en journalisme. Gaucherel y groupe les premiers aquafortistes de ce temps, et, en moins de vingt années, il publie plus d'un millier de fort belles planches, compositions personnelles ou reproductions des œuvres les plus célèbres des écoles anciennes et modernes, françaises et étrangères. Bientôt, de la diffusion du goût pour

Page-type extraite de l' « Annuaire de la Presse française »

les créations de l'art dit industriel ou décoratif, dans le passé et dans le présent, ressort l'opportunité d'un journal destiné à l'analyse de ces créations et des doctrines d'esthétique qui les concernent. La *Revue des Arts décoratifs* se fonde, en 1880, sous la direction de V. Champier, pour remplir cette mission. Peu à peu, toutes les industries artistiques réclament des organes spéciaux pour la défense de leurs œuvres et de leurs intérêts. Pendant plusieurs années, le *Livre* d'Octave Uzanne, illustré avec goût et science, est le moniteur de la bibliophilie. A sa disparition, *le Livre et l'Image*, de Grand-Carteret, initie les amateurs aux progrès techniques et commerciaux de la librairie, les tient au courant du mouvement actuel de l'érudition,

et, en des planches de reproduction irréprochable, recueille les types les plus caractéristiques de l'illustration et de la reliure, et les chefs-d'œuvre de l'estampe sous ses
formes si variées, depuis le minuscule timbre-poste jusqu'à l'affiche colossale qui décore
les murs.

Quant aux modes, à elles seules, elles absorbent cent dix publications, où la gravure, en lithographie, sur bois, par les procédés photographiques, polychrome à la
machine ou à la main, accompagne toujours le texte descriptif des créations nouvelles,
que multiplie l'inépuisable imagination des modistes et des couturiers. Cette branche

L'Atelier des Machines à la « Gazette de France »

importante de la presse illustrée a réalisé, depuis un quart de siècle, des progrès artistiques et techniques, qui l'ont renouvelée de caractère, sinon dans la généralité des
journaux, tout au moins dans un certain nombre placés au premier rang. D'abord,
comme pour l'imagerie d'Épinal, la méthode de la division du travail a spécialisé
l'exécution des diverses parties du costume et de la figure ; les éditeurs et la clientèle
ne s'attachent qu'à la reproduction géométrale de l'une et de l'autre, sans le moindre
souci de l'harmonie des formes, de la vérité des attitudes et de l'expression des physionomies. Sur un fond variant d'aspect suivant la saison sont groupés des personnages, de face, de dos, de trois quarts, de profil, esquissant des gestes vagues. Ce procédé d'illustration n'a point disparu ; bien loin de là. Comparez quelques-unes des
publications actuelles avec les types les plus anciens, le *Conseiller des Dames*, la *Mode*,
la *Sylphide*, etc., vous serez frappés d'une analogie absolue de facture et de composi-

tion, à croire que ce sont les mêmes dessinateurs qui ont fait tout cela. C'est bien le plus étrange phénomène de contradiction qui se puisse voir. D'une part, chez les

Un Bureau de rédaction à la « Gazette de France »

créateurs, une mobilité incessante d'idées originales, imprévues, inconséquentes et éphémères; de l'autre, dans la reproduction de leurs œuvres, une routine immuable,

L'Hôtel du « Journal officiel »

irréductible, traversant impassiblement, sans se laisser entamer, toutes les révolutions politiques, sociales, économiques, artistiques et industrielles. « Il y a longtemps, écrivait Henri Estienne dans ses *Dialogues du langage françoys italianisé*, qu'on faict un compte d'un painctre, lequel ayant peint l'Italien habillé à l'italienne, l'Hespagnol à l'hespagnole, l'Allemand à l'allemande, et ayant faict de mesme quant à ceux des aultres nations, venant aux Françoys fit autrement; car prévoyant le changement de façon d'habits que le Françoys pourroit faire le lendemain, suivant sa coustume, luy fist cet honneur de le peindre aussi nud qu'il estoit sorti du ventre de sa mère, lui mettant toutesfois une pièce de drap et des ciseaux entre les bras. » Les dessinateurs de modes d'aujourd'hui n'ont point de ces scrupules. Cependant, un jour, l'art intervient avec discrétion; ensuite, devant la constatation d'un premier succès de curiosité, avec plus de hardiesse. De véritables artistes sont invités à fournir des dessins où il y ait un reflet de la vie élégante, une évocation de la grâce et du charme de la femme, que traduiront avec exactitude les procédés de photogravure ou d'habiles graveurs sur pierre

et sur bois. Il ne renaît point de Gavarni ; mais cette illustration n'est pas sans originalité, ni goût, ni esprit. *L'Art et la Mode*, la *Femme du monde* suivent en cela
l'exemple de la *Vie parisienne*, et, fort souvent, d'un dessin de modes font la représentation pittoresque d'une scène de mœurs contemporaines. Un jour, l'héliochromie
viendra apporter aux éditeurs le précieux concours d'une reproduction directe, d'après
le modèle vivant, du chef-d'œuvre du couturier ou de la modiste, avec tous les effets de
lumière et de couleurs, cherchés dans la disposition des étoffes, des fleurs et des
rubans. Dans la plupart de ces publications, le papier, par une autre application que

L'Atelier de composition du « Journal officiel »

celles de la feuille d'imprimerie et de l'estampe, joue un rôle considérable. En 1872,
le rapporteur de l'Exposition internationale de Londres signalait comme une grande
curiosité une collection de costumes en papier de couleur, destinés à servir de ma-
quettes ou de modèles. L'innovation fut fort goûtée par les industriels anglais, qui
prirent désormais l'habitude de faire par ce moyen l'essai de toute toilette importante.
Les journaux de modes l'ont importée en France, et, comme elle était aussi pratique
qu'agréable, elle s'est bien vite généralisée ; aujourd'hui le patron forme chez eux le complément indispensable du texte et de l'image. Quelques journaux de cette catégorie,
la *Grande Dame* par exemple, développant habilement leur programme, s'intéressent
à toutes les manifestations de l'art où intervient le goût féminin, comme inspiration et

comme objectif, et font ainsi, dans leur illustration, une grande place à côté des spécimens de modes, aux reproductions graphiques, par des procédés divers, de tout ce qui
se rattache directement à la parure et au luxe de la femme, dans les œuvres des industries artistiques, modernes ou anciennes.

La littérature illustrée de voyage et de géographie se synthétise dans le *Tour du
Monde*, fondé par Charton en 1862 ; et elle prend peu à peu une telle extension, surtout

Le Cabinet de M. Hébrard, directeur du « Temps »

depuis 1870, qu'à l'heure présente, elle ne compte pas moins de dix organes, dont le
plus grand nombre contient des documents graphiques.

Tout ce qui peut donner matière à une publication périodique quelconque est
exploité par le journalisme ; l'*Annuaire de la Presse française* pour 1894 contient à cet
égard des chiffres extraordinaires : instruction et éducation, 73 ; littérature, 148 ;
commerce, 114 ; sociétés savantes, 74 ; publications religieuses, 229 ; sport, 45 ; chemins
de fer, 13 ; finances, 204 ; industrie, 90 ; médecine, 180 ; jurisprudence, 82 ; théâtres, 23 ;
agriculture, 310. Dans cette dernière catégorie, l'illustration revêt souvent un caractère

fort artistique. La *Revue horticole* et le *Journal d'agriculture pratique* publient des planches en couleurs d'animaux, de plantes, de fruits et de fleurs, en lithographie ou en photogravure, d'après des compositions de dessinateurs renommés.

La spécialisation à outrance et infinie a produit une réaction en faveur de la presse générale et éclectique; réaction qui a trouvé un vigoureux appui dans les mé-

Le Secrétariat de la rédaction du journal « le Temps »

thodes nouvelles de l'instruction publique, notamment dans celles de l'enseignement féminin, où, suivant le précepte de Molière, on se préoccupe que la femme ait « des clartés de tout ». Depuis quelques années, il s'est créé, sous cette influence, des séries de publications illustrées de caractère universel, qui répondent aux curiosités et aux besoins de toutes les intelligences et de tous les âges de la vie. Il n'est pas aujourd'hui de librairie classique qui ne possède son journal enfantin, le plus souvent illustré avec le goût le plus délicat et le plus suggestif : le *Saint-Nicolas*, de Delagrave ; le *Petit Français*, d'Armand Colin ; *Mon Journal*, d'Hachette ; la *Bibliothèque de ma fille et de mon petit garçon*, de Firmin-Didot. Viennent ensuite : le *Magasin d'éducation et de récréation*, d'Hetzel, et le *Journal de la Jeunesse*, d'Hachette, pour ne citer que les principaux. Puis, ce sont les revues de toutes notoriétés, de tous formats et de tous prix, au nombre de cent vingt et une, depuis la volumineuse et solennelle *Revue des Deux Mondes*, la *Nouvelle Revue*, le *Correspondant*, la *Revue de Paris*, la *Revue bleue*, jusqu'à la *Revue de poche* et la *Petite Revue* qui coûte deux sous. La plupart

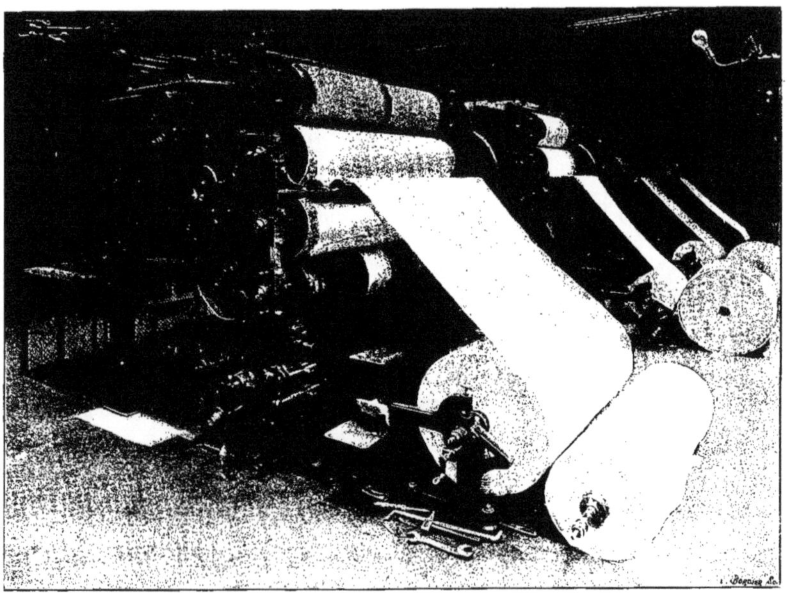

Les Machines rotatives du journal « le Temps »

de ces publications ont exclusivement un caractère littéraire, les éditeurs ne se souciant, au point de vue technique, que d'une exécution matérielle rapide et à bon marché. La préoccupation d'art et de luxe leur reste un peu indifférente ; à peine, parmi les jeunes revues, pourrait-on en trouver deux, la *Revue indépendante* et le *Mercure*, qui offrent une composition typographique originale, avec des caractères spéciaux et une impression soignée sur papier de choix.

Un certain nombre de périodiques cultivent l'illustration comme élément de succès, et quelques-uns, par l'application ingénieuse et souvent nouvelle qu'ils en ont faite, justifient une analyse technologique. Le *Monde moderne*, fondé en ce moment même par Quantin, importe en France le type des nouveaux *magazines* anglais et américains, le *Harper's*, le *Scribner's*, le *Century*, etc., avec l'ambition personnelle d'ajouter au texte, au format et à l'illustration, d'un idéal si pratique, qui a fait leur succès, le goût, la fantaisie et l'esprit de nos artistes et de nos écrivains. La *Revue encyclopédique* de Larousse a choisi résolument la photogravure comme procédé de reproduction des documents graphiques, qu'elle prodigue dans son texte, universel,

L'Atelier de composition du journal « le Temps »

en conformité avec son titre. Portraits, dessins, tableaux, statues, monuments, paysages, autographes, etc., sont traduits directement en fac-similé ; tout autre mode systématiquement écarté ; le lecteur, à l'opinion irréductible de l'éditeur, devant être assuré d'avoir toujours sous les yeux l'original même, tel que l'a vu l'appareil, et sans qu'aucune main en ait altéré le caractère ni la physionomie. Il y a là une forme nouvelle de l'illustration, d'un très grand intérêt, comme démonstration des progrès, industriels et artistiques, apportés au journalisme périodique par les récentes découvertes de la science en matière de gravure et d'impression.

Cette démonstration, la *Revue illustrée* la fera aussi, avec la préoccupation non plus de l'exclusivité, mais de la collaboration d'un procédé spécial, dans une publication où l'on fait appel, au contraire, à tous les genres et à toutes les manières d'expression graphique de la pensée. Cette différence de doctrine provient de la différence du but. La première de ces deux revues est avant tout, comme elle le déclare avec soin, une publication documentaire, destinée à compléter périodiquement le Grand Dictionnaire de Larousse; la seconde a l'ambition de constituer elle-même, par la typographie et l'illustration, une œuvre d'art; témoignage de l'évolution d'un des types de la presse périodique, qui depuis quelques années a fait en France d'assez rapides progrès pour que notre pays puisse aujourd'hui prétendre à la primauté, que l'Angleterre possédait jusqu'ici sans efforts. Son éditeur dispute aux journaux *le Rêve*, de Zola, *Fort comme la Mort*, de Guy de Maupassant, *Terre promise*, de Paul Bourget; mais, aux créations nouvelles de ces romanciers, il donnera un cadre artistique. *L'Évangile de l'Enfance*, de Catulle Mendès, devient, avec la collaboration de Carloz Schwabe, une merveille, où la fantaisie exquise du décorateur égale, si même elle ne la surpasse, celle du poète. Et *Force psychique* survivra, sans doute, plus sûrement par les suggestifs dessins de Besnard que par la nébuleuse science d'Yveling Rambaud. Des aquarelles de Forain, d'une belle verve satirique, gravées sur bois par Florian, côtoient, dans un contraste piquant, les reproductions des mystiques compositions de Puvis de Chavannes. La photogra-

Page-type extraite de l'« Annuaire de la Presse française »

phie multiplie des instantanés curieux de « home » de célébrités parisiennes, de scènes de pièces à succès, de fêtes populaires et d'événements publics. Par d'ingénieux artifices de collaboration du dessin, elle donne de la rue une physionomie à la fois pittoresque et précise. Apparaît-il quelque procédé nouveau de gravure ou d'impression, cette revue, d'une jeunesse ardente et convaincue, l'emploie aussitôt; et, au besoin, elle prendra l'initiative d'innovations qui peuvent lui apporter une sensation nouvelle d'art ou de fantaisie : l'impression en dégradé de couleurs, par exemple, au moyen de laquelle elle a pu reproduire, dans la diversité et la délicatesse des nuances, l'éblouissante chorégraphie de la Loïe Fuller.

Pendant une période trop courte a paru une revue, *les Arts et les Lettres*. Par son luxe de haut goût, par la richesse de son illustration, elle faisait grand honneur à la presse périodique française. Puisse l'évocation de son souvenir suggérer à quelque hardi éditeur la noble ambition de la ressusciter !

En 1883, le *Paris illustré* inaugurait la publication mensuelle en couleurs. Ses débuts sont timides; il s'essaye à la reproduction par la photogravure de tableaux du Salon, en camaïeu ou avec des rehauts de teintes légères de bistre, de bleu ou de rose. Ses éditeurs peu à peu s'enhardissent. Dans un numéro, consacré à la *Villégiature*, Adrien Marie donne quelques compositions véritablement polychromes : *En wagon*, les *Jeux enfantins*, *Sur la plage*, et Poirson, dont le *Conte de l'Archer* a fait rapidement l'éducation d'habile chromiste, aquarelle spirituellement des croquis fantaisistes sur un programme de la Fête japonaise de l'hôtel de La Rochefoucauld-Bisaccia. L'année suivante, les artistes se montrent plus audacieux. Le *Carnaval* avec Kammerer, Adrien Marie, Giraldon et de Nittis; les *Fêtes foraines*, illustrées par Maurice Leloir et Raffaelli; et les superbes compositions de Jeanniot, Dupray, John Lewis Brown et Marius Roy pour l'*Armée française*, affirment la conquête définitive des secrets de l'art nouveau. Et il ne s'écoulera pas un long temps avant qu'on en arrive résolument aux belles truculences des *Cafés-Concerts* de Raffaelli et aux fantaisies exubérantes du *Japon* par la réédition d'œuvres d'Hokousaï, de Toyokousi et d'Outamaro. Le journal avait abordé les genres d'illustration les plus variés, paysages, scènes de mœurs, tableaux de la comédie humaine, ethnographie, pages humoristiques; graveurs et imprimeurs s'étaient rompus aux procédés industriels et en tiraient un parti excellent. L'heure parut venue de tenter plus, de transformer le *Paris illustré* en publication hebdomadaire et d'actualité. Le projet était ingénieux et fier. Pendant un an, la publication, sous la direction de l'auteur de ces lignes, lutta de rapidité, sur tous les terrains de l'information graphique, avec ses aînées, en possession, cependant, d'un outillage supérieur et de moyens d'action plus puissants, et qui, en présence de la concurrence imprévue, durent adopter la polychromie en suppléments d'une fréquente périodicité. Mais le misonéisme pour les idées nouvelles est le ver qui s'attaque aux fruits les plus sains et les plus savoureux. Sous des influences étrangères à la conception première de l'œuvre, le journal d'actualité se transforma insensiblement en album de reproductions de tableaux. Il perdait ainsi son originalité, sa raison d'être, et il ne tarda pas à disparaître, entraînant avec lui une idée féconde, qui, sans aucun doute, sera reprise un jour prochain et donnera à celui qui saura la faire refleurir la fortune et l'honneur.

Par les faits qu'on vient de lire, il est évident que la presse contemporaine, sous ses formes multiples et diverses, tout en prenant de jour en jour une plus grande importance, traverse, à cette heure, une période d'évolution. Les vieux moules dans lesquels étaient coulés hier la politique et le reportage sont usés, tombent en poussière; les journaux d'ancien type meurent de sénilité ou se traînent péniblement dans la misère, atteints d'incurables consomptions. Sans aucun doute, des écrivains de haute originalité, des polémistes vigoureux, de spirituels pamphlétaires, des caricaturistes de grand talent et des dessinateurs habiles donneront encore parfois exclusivement de la popularité et du succès à des journaux et à des revues. En certains temps, comme au Seize Mai, on verra peut-être des écrivains, la veille ensevelis dans l'oubli le plus profond, ressusciter avec éclat et, par la presse, exercer tout à coup une influence extraordinaire, en défendant la liberté politique, l'indépendance de la pensée et de la parole contre les ennemis du progrès. Mais l'œuvre de ce genre disparaît toujours avec son créateur et même, le plus souvent, avec les événements et les passions qui l'ont fait éclore ; d'une prospérité temporaire prodigieuse, il ne reste qu'un souvenir. Aujourd'hui, les chemins de fer, le télégraphe et le téléphone ont créé des habitudes et des besoins nouveaux ; les idées politiques et sociales se sont modifiées d'inspirations et d'objectifs. La nécessité d'alimenter abondamment la curiosité et l'intérêt des lecteurs, la lutte contre la concurrence imposent la poursuite incessante de la faveur publique par un organisme exceptionnel et permanent, qui permette la diffusion rapide et économique d'informations universelles, recueillies à grands frais, d'éléments d'attraction constamment renouvelés, et qui, pour fonctionner utilement, doit, en raison de la progression de sa puissance, aboutir à une immense production : la loi d'airain de l'industrie moderne. Et, quand à tout cela viennent donner une vie intense et féconde l'esprit et l'éloquence, inspirés par un idéal supérieur, par le culte du Beau, par la passion de la Justice et de la Vérité et par un ardent et fier patriotisme : c'est alors le vrai journalisme, à la mission sublime, et dont le rôle doit être tout-puissant dans l'état social nouveau.

Le poste téléphonique du « Temps »

CHAPITRE VI

L'Estampe

L'Estampe

**

L'Image

**

Les Cartes

de géographie

Menu de banquet
dessiné par Rochegrosse

La statistique aujourd'hui s'applique à tout; elle est devenue une science officielle, que le rationalisme politique et social a mise fort à la mode; elle a, assure-t-on, l'éloquence des chiffres et la sincérité des démonstrations mathématiques. Ne déterminerait-elle pas, alors, avec précision, les évolutions et la situation d'une industrie ou d'un art, astreint, pour vendre publiquement, à des déclarations administratives? En consultant les registres du Dépôt légal, il serait donc facile de se rendre un compte exact de celles de l'estampe. D'après ces documents indiscutés, l'estampe aurait subi, pendant la période vingtennale de 1868 à 1888, une décroissance constante dans sa production.

En 1868, 4750 pièces furent déposées au Ministère de l'Intérieur, en vertu de la loi sur l'imprimerie et la librairie. De 1876 à 1880, la moyenne n'est plus que de 3500. La comparaison avec 1888 accuse une nouvelle diminution; elle n'est pas moindre d'un cinquième environ. L'Exposition universelle de 1889 provoque une légère recrudescence, qui, depuis cette date, s'accentue.

Estampe populaire de souvenir
L'Alliance franco-russe

Cette statistique concerne exclusivement l'estampe libre. Quant à l'estampe destinée à accompagner un texte, la situation, de 1868 à 1889, n'est pas différente. A la première date, le Dépôt légal enregistrait 3235 déclarations; la moyenne, de 1876 à 1886, n'est plus que d'un millier. En 1887, ce chiffre s'abaisse à 863; en 1888, la décroissance continue rapidement, et l'on voit tomber, l'année suivante, le relevé total à 602. A partir de 1889 est constatée une amélioration légère, qui, jusqu'à cette heure, progressivement se poursuit. Par une particularité curieuse, la province se maintient, pendant cette même période, à une moyenne de 250 pièces par an. Voilà les résultats de l'enquête officielle.

Si, maintenant, on veut prendre pour base d'appréciation non plus des chiffres officiels, mais la physionomie générale de la vie contemporaine ; pour peu que, par habitude d'observateur et de dilettante, on tienne ses yeux ouverts sur tout ce qui nous entoure, une inquiétude troublante vous prend sur l'exactitude du premier mode d'information, sur la valeur réelle de la statistique. Depuis quinze, vingt ans, l'estampe règne partout. Elle est la joie de l'enfance, la récompense, espérée et accueillie avec enthousiasme, des heures cruelles d'étude et de silence douloureux. « Si tu es bien sage, je te donnerai une image » : combien souvent cette douce promesse maternelle a chanté à nos oreilles ravies! Mémorial précieux de chaque événement important de l'existence, intime, religieux ou public, elle met, dans la maison familiale, des souvenirs attendris, joyeux et fiers, qui font battre les cœurs jeunes ou vieux. Plus tard, sous les formes les plus protéiques et les plus séduisantes,

Couverture d'un Album de Caran d'Ache

Reproduction réduite, en noir

elle vous entoure, vous guette, vous poursuit, vous assaille et vous obsède, de ses œillades, de ses caresses, de ses provocations, de ses invites pressantes à la curiosité, au désir et à l'envie. Dans la rue, aux gares de chemins de fer, c'est l'affiche qui couvre les murs, les palissades, les kiosques et les colonnes Morris de sa polychromie exubérante et audacieuse, et tire aux yeux des passants, pour les arrêter, des pétarades de couleurs. Aux carrefours, dans les foules, à la porte des théâtres et des grands magasins, c'est le prospectus insidieux et indiscret, qui se glisse, sans qu'on s'en aperçoive, dans les poches et dans les mains. La boutique de l'épicier est devenue une galerie d'images flamboyantes et suggestives; le moindre chocolat exhibe des lettres de noblesse commerciale enluminées ; toute boîte de conserves a une vignette somptueuse, où est représenté au vif, avec l'éclat de ses teintes naturelles et dans sa forme pittoresque, le fruit, le poisson ou le crustacé qu'elle contient, salé, cuit ou desséché. Les liqueurs et leurs étiquettes luttent de rutilance, et l'imagination du confiseur est en constante ébullition pour parer ses friandises de mignardes miniatures aux sujets les plus galants.

Au restaurant, l'estampe vous retrouvera sous forme de menus, à la variété inépuisable de motifs plaisants : tavernes et cabarets moyen âge, renaissance ou dix-huitième siècle, scènes pantagruéliques, beuveries de truands, soupers fins de roués et griseries joyeuses de Dorines et gardes françaises aux Porcherons; et, le dessert fini, vous aurez à la subir encore, sur les boîtes de cigares, en portraits de Dolorès, de Carmen, de Flor de Cuba, de planteurs de la Havane, de caballeros et de toréadors. Allez-vous dîner dans le monde, la gracieuse attention de la maîtresse de maison vous gratifie, pour la joie préventive de votre palais, associée au plaisir immédiat de vos yeux, d'une estampe, dont l'ingéniosité de nos graveurs renouvellera à chaque saison l'élégance et l'esprit. Les cartes d'invitation, les programmes de fêtes des associations corporatives et des sociétés amicales sont-elles autre chose, assaisonnée de fantaisie et d'humour? Sous l'espèce du timbre-poste, chaque enveloppe de lettre est illustrée. Note d'hôtel, facture, quittance il semble que tout créancier, gouvernement, négociant ou industriel, ait la galanterie de la rendre moins douloureuse, en l'agrémentant d'une gravure, qui vous rappellera à la reconnaissance de l'estomac, au souvenir de quelque amoureuse folie, au respect de la Constitution. Tout cela n'est ni inutile ni banal.

Dans cette estampe commerciale, d'un caractère si essentiellement populaire, les érudits et les chroniqueurs de l'avenir découvriront une documentation précieuse pour l'histoire de notre temps. Par exemple, quel témoignage moins indiscutable pourrait-on invoquer de l'instinct peu démocratique, dans toutes les sphères sociales, que la décoration des ex-libris, des

Couverture d'un Album de F. Bac
Reproduction réduite, en noir

têtes de lettres, des cachets et des cartes de visite, avec tous les éléments de la science héraldique: pennons, étendards, morions, heaumes, cimiers, tortils et lambrequins? Et comment juger mieux de l'engouement pour la rétrospectivité que par cette restitution graphique de toute la défroque mobilière des siècles passés ? Les couvertures de Lautrec, d'Heindbrick, de Willette, d'Ibels, de Steinlen, pour les chansons du Chat Noir, de Bruant et de Xanrof, renseigneront sur l'évolution naturaliste de ce temps avec autant de vérité que les études de Denis Poulot, de d'Haussonville et les romans de Zola.

Aux Expositions internationales, aux Salons annuels, l'estampe a conquis de haute lutte une place honorable, au lieu de celle, obscure et humiliante, qui lui était dédaigneusement abandonnée. Des Sociétés se forment de tous côtés pour sa propagation, groupant des artistes de valeur dans une solidarité étroite de fières idées et de nobles ambitions, organisant des manifestations corporatives publiques, qui obtiennent du succès et même de la popularité. De nombreux éditeurs commandent des gravures de haut prix, pendant que des artistes continuent personnellement la publication de leur œuvre, dont l'ensemble, à l'inventaire général du dix-neuvième siècle, constituera une colossale collection. Notre école contemporaine aura le droit de s'en enorgueillir, et aucun pays ne sera en mesure de lui opposer quoi que ce soit de comparable à n'importe quel point de vue. Quelles estampes magistrales, au burin et à l'eau-forte, non seulement de dimensions peu communes, mais de la plus haute valeur d'art, ont été créées pendant ces dernières années : *la Ronde de Nuit* par Kœpping; *l'Angélus* de Millet par Waltner; le *Labor* du même maître, en pendant, par Bracquemond; *les Syndics des Drapiers*, *le Doreur* de Rembrandt, *Lady Campbell* de Reynolds, *Mistress Baillie* de Gainsborough, et *le Christ au prétoire* de Munkaczy par Waltner; *1807* et *1814* de Meissonier, et *la Fortune* de Baudry par J. Jacquet; *la Rixe* de Meissonier par Bracquemond; la *Joconde* par Jacquemart; *le Pape Pie VII* de L. David par Danguin; *Dom Guéranger*, *l'Homme à l'œillet*, *Pie IX* et *Léon XIII* par Gaillard!

Reproduction réduite en relief d'une eau-forte extraite de « l'Œuvre de Rembrandt. »

Les procédés perfectionnés de photogravure ont provoqué la réédition des pièces célèbres. Depuis Holbein et Rembrandt, jusqu'à Moreau le jeune et Freudenberger, il n'est pas de maître dont l'œuvre complet ne soit reproduit avec une fidélité absolue et dans des conditions économiques qui en permettent la jouissance aux moins fortunés. La chromotypographie et la chromolithographie popularisent aujourd'hui les tableaux célèbres, anciens et modernes, les merveilles des grandes collections et des musées, avec tout l'éclat de leur coloris. L'imagerie d'Épinal, elle-même, en a été transformée dans son esthétique et dans sa fabrication. Par suite des évolutions de la vie rurale, elle avait déjà dû émigrer de l'Ile-de-France et du Pays chartrain dans les Vosges, mais sans se modifier d'aucune façon. Hier, comme autrefois, moitié paysan, moitié

FRANCE GÉOLOGIQUE

3e L. — p. 2.

Cette carte est extraite du 3e livre de Géographie pour enfants de 9 à 12 ans, par MM. Levasseur et Niox. — Librairie Ch. Delagrave, 15, rue Soufflot, Paris.

1er état : noir.

FRANCE GÉOLOGIQUE

2e état : noir et jaune.

FRANCE GÉOLOGIQUE

FRANCE GÉOLOGIQUE

Cette carte est extraite du 3e livre de Géographie pour enfants de 9 à 12 ans, par MM. Levasseur et Niox. — Librairie Ch. Delagrave, 15, rue Soufflot, Paris.

4e état : *noir, jaune, bleu et rouge.*

citadin, l'imagier, après avoir travaillé l'été, aux champs, s'employait l'hiver, en ville, à la confection des milliers de *Petit Poucet*, de *Petit Chaperon Rouge*, de *Barbe-Bleue*, d'*Amours d'Henriette et Damon* et d'*Aventures de Geneviève de Brabant*. Cette vieille industrie avait appliqué depuis bien longtemps la théorie moderne de la division du travail; pendant toute sa vie, l'imagier devait faire la même besogne, coloriant d'une couleur unique la composition tirée en noir; celui-ci, de bleu; celui-là, de rouge; cet autre, de jaune ou de violet. C'est ainsi qu'en Russie les moujiks des environs de Moscou et de Kiew fabriquent les icônes, peignant de la Panagia, du Christ et des Saints, chacun, éternellement, les jambes, les pieds, les bras, la barbe ou les yeux. Si peu coûteux que pussent être de pareils procédés techniques, faisant de l'homme une simple machine, l'impression polychrome allait être pour le coloriage une redoutable concurrence, surtout depuis l'invention des rotatives à couleurs. Quantin, Hachette, Plon, Hetzel, etc., créèrent une imagerie nouvelle, en demandant à des artistes de mérite des sujets nouveaux, pris dans la vie contemporaine ou inspirés d'une conception plus moderne et par un esprit moins légendaire. Et le gouvernement donnait une impulsion considérable à cette évolution, en introduisant l'image dans l'école, comme récompenses et méthode d'enseignement.

*Couverture d'un Album
de l'Imagerie nouvelle
de l'Ancienne Maison Quantin*

La chromolithographie a fait du calendrier contemporain une spécialité nouvelle de l'estampe populaire, qui laisse bien loin, comme originalité, élégance et attraction, les solennels almanachs historiques du dix-septième siècle, où les Moncornet et les Langlois montraient, par ordre de « messieurs de l'Hôtel de Ville » de Paris, ou des surintendants de la maison du Roy, les hauts faits du souverain; et les calendriers aux vignettes sentimentales et galantes du dix-huitième; ainsi que les allégories sociales et politiques de l'Empire et de la Révolution.

Mignot, Appel, Testu et Massin, Oberthur et Danel éditent annuellement des reproductions d'œuvres d'art, aux sujets les plus gracieux, aux couleurs les plus éclatantes, qui donnent aux intérieurs modestes la gaieté d'une décoration murale, initiant parfois à une belle idée de poète et au culte de la Beauté.

Après les populaires publications de Gavarni, de Daumier, de Grandville et de Philippon, la mode de l'album tombe sous l'indifférence du public, qui ne trouve dans les successeurs de ces maîtres rien de leur esprit, de leur fantaisie, et encore moins, par suite de la situation politique du pays, de la verve satirique d'une opposition implacable, mais clairvoyante et sévère. Un peu plus tard, les librairies d'éducation la ressuscitent sous une forme nouvelle, d'où sont exclues toutes les tendances à des idées philosophiques et sociales. Castelli, Jundt, Bertall, Pelcoq, etc., créent, à l'usage exclusif de la jeune génération nouvelle, des séries de compositions, qui l'enchantent par leur caractère sentimental, idyllique et pittoresque, et par leur humour spirituel, inoffensif à l'égard des institutions et des hommes du temps. La chute de l'Empire et la Commune ouvrent libre carrière à un débordement de pamphlets graphiques, dont la violence inouïe et la licence sans limites constituent la seule originalité. Au point de vue technique, il ne s'y révèle qu'une particularité : celle du développement de la polychromie, exécutée par le coloriage à la main ou par la lithographie. Tout cela est noyé dans le sang et ne reparaîtra plus. De 1878 à 1880, il se fait d'Angleterre en France une importation d'albums d'un genre nouveau, qui va provoquer une évolution dans la forme traditionnelle que continuent impassiblement nos éditeurs. Walter Crane, Caldecott et miss Kate Greenaway viennent d'innover une imagerie enfantine, d'une telle fraîcheur de sentiment, d'une composition si délicieusement naïve, avec tant de justesse d'observation et d'esprit naturel, et, en même temps, de l'idéal le plus élevé au point de vue moral, que le succès en a été immédiat et prodigieux. Les imprimeurs anglais ont su, par une chromographie excellente, donner aux dessins la séduction d'un coloris qui n'en altère ni la délicatesse, ni la simplicité. Tout d'abord, on se contente ici de traduire et de copier ces albums ; puis, se manifeste l'ambition timide de faire autre chose par les mêmes procédés, dans un caractère analogue, avec l'appoint toutefois de notre esprit. Les premières tentatives ne sont point très heureuses. Mais la ténacité a bientôt raison des difficultés techniques, et des ateliers d'édition s'envolent des séries d'albums à la fois de la plus exquise saveur artistique, et d'une gravure et d'une impression polychromes irréprochables, signés : Boutet de Monvel, Courboin, Henri Pille, Grasset, Geoffroy, Kauffmann, Robida, Job, Louis Morin, F. Regamey, de Liphart, etc. Et tout, couverture, garde, faux titre, titre, texte et ornements, en est souvent une merveille, souriante aux yeux et à l'esprit. L'enfance et la jeunesse sont les clients de cette branche d'art, qui occupe aujourd'hui une certaine place dans la librairie parisienne. Pour les autres âges de la vie, de nombreux artistes de talent multiplieront des œuvres également originales, auxquelles le goût public semble accorder de jour en jour plus de faveur. La comédie de mœurs, le vaudeville mondain, la fantaisie parisienne, la caricature, la satire politique et sociale, possèdent : Forain, Willette, Renouard, Steinlen, Caran d'Ache, Lunel, Vidal, Mars, Crafty, Bac, Guillaume, Gerbault, etc., qui ont de la verve, de l'esprit et de la gaieté. A leurs compositions, les nouveaux procédés de gravure assurent une reproduction fidèle, qui équivaut, si même elle ne la surpasse, au travail direct de la lithographie, telle que la pratiquaient les grands dessinateurs de la période romantique ; et ils permettent en toute sécurité l'emploi des teintes et des couleurs, dont un artiste habile peut tirer des effets superbes, qui donnent à sa pensée plus de charme et plus de vigueur.

. La carte de géographie est une estampe d'un genre particulier; aujourd'hui, évidemment, de forme rien moins qu'artistique, mais qui demain peut-être le redeviendra comme elle l'était jadis. L'écrivain ne réclame point, certes, les vieux portulans d'une décoration si truculente; il n'est point tant amoureux de rétrospectivité. Cette réflexion incidente est née simplement de l'évocation subite des cartes de son enfance, où il y avait des tours, des clochers, des moulins à vent, des bois et des eaux, et dont les encadrements de vues de villes, de paysages, de scènes de mœurs, de types et de costumes anciens étaient si suggestifs et si plaisants. La perfection scientifique absorbe, en ce temps, d'une façon exclusive la sollicitude des éditeurs et des savants; et le prosaïsme des économistes et des statisticiens a supplanté la poésie des souvenirs historiques. Personne ne contestera que la précision dans la figuration du sol, dans l'expression de ses reliefs, dans les mesures de latitude et de longitude, doit être avant tout la qualité essentielle d'un document de géographie; mais il y a une contradiction trop absolue de principes entre l'ostracisme de l'art dans cette branche d'instruction et son intervention expansive dans d'autres. La Manufacture nationale de tapisserie des Gobelins a conservé la collection des relevés topographiques, exécutés sur l'ordre de Louis XIV, pour servir de notes à Van der Meulen, dans la composition de ses tableaux militaires des campagnes des Flandres et du Rhin : ce sont des paysages

superbes. Dans ses « sièges » de Bréda et de la Rochelle, Callot a fait œuvre d'artiste génial, en même temps que de géographe et d'historien, documentant la science de pièces précieuses. pittoresques comme une chronique de Montluc et précises comme une carte de Mercator. La photographie, qui, d'un ballon ou d'un cerf-volant, tire automatiquement des plans si originaux, où s'inscrivent les villages, les coteaux, les champs, les marais et les bois, avec leurs physionomies diverses, ne nous ramènera-t-elle pas à cette forme artistique de la cartologie? A cette heure, nos géographes en sont réduits, pour faire parler leurs créations éloquemment et avec abondance, à multiplier les conventions de traits et de coloris, à forger une véritable langue cryptographique, aussi ardue que l'hiéroglyphie. Ainsi, la carte géologique de l'École des Mines ne comprend pas moins de quarante tons différents, ayant pour but de spécifier tout autant d'observations et de statistiques, qui doivent bien souvent s'enchevêtrer et se confondre. Dans la carte de France au cent-millième, dressée par le service vicinal, les indications sont aussi multiples que variées. Les lignes et les teintes diverses désignent les limites, les chemins de fer d'utilité publique, à voie simple, double ou étroite, les tramways, les routes nationales et départementales, les chemins vicinaux de grande communication, d'intérêt commun et ordinaires, les sentiers ruraux, les bois et les forêts avec leurs voies et leurs dessertes, les cours d'eau, les lacs, les étangs, les tourbières et les marais; et des signes particuliers figurent les chiffres de la population, les statistiques commerciales et industrielles, les bureaux de poste et de télégraphe, les églises, les fermes, les forges et les chantiers. Une école nouvelle n'a-t-elle même pas entrepris, sous prétexte de progrès scientifique, de remplacer par le système des

Galerie de la Géographie à la Librairie Delagrave

courbes de topographie les reliefs qui ont conservé encore aux cartes contemporaines quelque chose du pittoresque de celles d'autrefois?

Pour résoudre, dans des conditions techniques satisfaisantes, des problèmes aussi complexes et aussi délicats, il n'a rien moins fallu que la découverte des procédés actuels, à la fois puissants, rapides et économiques, de gravure et d'impression. Jadis la gravure sur cuivre à l'eau-forte, à la pointe sèche ou au burin était exclusivement employée; le géographe dessinait la carte et de nombreux graveurs la reproduisaient, chacun d'eux exclusivement occupé à une spécialité étroite : les montagnes, les lettres, les eaux, etc. Vint ensuite le système Erhard, permettant la transformation

de la gravure sur pierre en gravure sur cuivre. Après cela est arrivée la photogravure,
puis la chromotypographie. Tous ces modes de reproduction sont utilisés actuellement
ou d'une façon unique ou simultanément; il en est résulté dans la cartographie contemporaine une grande diversité d'aspects. La photographie joue un rôle prépondérant et primaire par son intervention dans la réduction des dessins originaux à
l'échelle définitive de la carte et dans leur report sur le cuivre, la pierre ou le zinc.

Hall de la Librairie Delagrave

Grâce à la photogravure, la méthode Delagrave, par exemple, ramène au minimum les
chances d'erreur. Son principe est la suppression de toute phase intermédiaire entre
le moment où la pensée de l'auteur a revêtu sa forme définitive dans une minute irréprochable, et celui où elle se trouve fixée sur une plaque de cuivre, pour être ensuite inté-
gralement reproduite et multipliée par l'impression. Ainsi, plus de graveurs qui pourraient être accidentellement exposés à dénaturer un trait; des dessinateurs spéciaux, en
communion constante avec l'auteur, établissent la minute de la carte avec une
perfection capable de donner souvent l'illusion de la gravure. Cette minute est alors
reproduite par la photogravure en taille-douce. Dans certaines cartes nécessitant beau-

coup de couleurs, cartes géologiques, minéralogiques, etc., les minutes en noir sont héliogravées sur cuivre et les teintes gravées sur pierre. Parfois, ces teintes seront obtenues par des clichés mécaniques, en grisés d'une grande finesse, qui assurent à la couleur la délicatesse et la transparence du lavis, et l'impression des lettres se fera en typographie. On a essayé de substituer aux hachures ce mode de teinte, et la gravure par le perchlorure, aux tailles du burin, sans doute plus durables, mais d'une exécution plus longue et plus coûteuse. Le crayon lithographique est employé fréquemment pour figurer les montagnes par un estompage gris bleuté. Enfin, en 1873, Armand Colin appliquait la chromotypographie et en obtenait une production économique et rapide qui n'avait jamais été atteinte jusque-là. Cette application s'est généralisée et a pris une extension prodigieuse par l'impression sur rotatives à couleurs. De tous les progrès qu'au point de vue technique la cartographie, pendant ce dernier quart de siècle, a réalisés grâce aux découvertes nouvelles en gravure et en impression, le plus important est la rapidité avec laquelle une carte aujourd'hui peut être exécutée, sans que l'éditeur ait à redouter, comme autrefois, avec les procédés de traduction au burin, de voir se produire, entre le commencement et la fin, des événements — guerres, découvertes, explorations, etc. — modifiant radicalement l'œuvre du géographe et rendant inutiles des années de travail de graveurs. La science, là aussi, a fait son œuvre. Naîtra-t-il un jour quelque réformateur audacieux qui mariera l'art à la science, et, sur tout ce matérialisme et toute cette hiéroglyphie des économistes, des statisticiens et des ethnographes, mettra un peu de gaieté et de poésie ?

Entrée de la Librairie Delagrave

CHAPITRE VII

L'Affiche

Un Atelier de peintres d'affiches
Maison Camis

Le Salon de la rue ❖ A travers monts et vaux ❖ Chéret

Aujourd'hui que nos yeux ont pris l'habitude de s'égayer au spectacle pittoresque, truculent, joyeux, et toujours renouvelé, de ce qu'on a appelé, avec beaucoup de justesse, le « Salon de la rue », il est fort difficile de supposer que nos murs aient pu connaître l'exclusive monotonie de l'affiche typographique; et, sans doute aucun, si — ce qui n'est pas vraisemblable, car la mode n'a rien à voir à cela — l'affiche polychrome devait subitement disparaître, nous aurions tous la sensation qu'il manque quelque chose d'essentiel au décor de la vie de Paris. On a essayé autrefois, à maintes reprises, de créer industriellement l'affiche illustrée et en couleurs. Les érudits signalent, comme exemples typiques, des pièces devenues célèbres dans le monde des collectionneurs de cette spécialité de la curiosité : la *Bonne Bière de Mars*, de 1800, où l'on voit sous une tonnelle groupés trois galants et deux demoiselles peu farouches, dans une attitude assez plaisante, et coloriés avec éclat à la main; l'affiche en plusieurs tons publiée en 1829 par Curmer, pour annoncer la nouvelle édition de l'*Histoire universelle*. Un nommé Rouchon, ajoutent-ils, fit, vers 1847, des pancartes colossales pour des magasins de nouveautés et des marchands de pipes, par les procédés d'impression du papier peint; et, en 1864, Van Gelein appliqua le coloriage au patron, le coloriage à la brosse, puis la chromolithographie à la confection d'affiches pour des directeurs de théâtre et pour des forains. Quant à la simple illustration, les précédents historiques sont si nombreux que Maindron a pu écrire là-dessus un volume d'informations, fort documenté : depuis les annonces des gladiateurs et des libraires de la Rome antique, ensuite les ordonnances de François Ier « escriptes en parchemin et en grosse lettre, attachées à un tableau, en tous les seize quartiers de la ville de Paris », jusqu'aux lithographies des mises en vente de romans sous la Restauration, et au « Charbon d'Ivry », de Daumier. Mais, toujours et partout, les procédés, perfectionnés et écono-

L'impreſſion des affiches illustrées en chromolithographie
Imprimerie Paul Dupont

miques, avaient fait défaut pour la réalisation pratique des projets de polychromie murale, imaginés par des artistes et par des industriels audacieux. C'est à cette fin du dix-neuvième siècle que l'honneur d'une solution complète et parfaite du problème était réservé. Depuis dix ans, l'affiche est devenue un art superbe, original et puissant; et cela, du jour où la science a révolutionné la gravure et l'impression. Que restera-t-il enfin des préjugés des modernes Béotiens sur l'antagonisme de la science et de l'art?

Sainte-Beuve écrivait, en 1862, à Charles Duveyrier : « Je causais l'autre jour avec

Courbet. Ce peintre vigoureux et solide a, de plus, des idées, et il me semble qu'il en
a une grande : c'est d'inaugurer une peinture monumentale en accord avec la société
nouvelle. La peinture des églises est à bout de voie; des peintres incrédules ressassent
avec plus ou moins de talent de vieux sujets. Hors de là il n'y a guère que de la peinture
de chevalet et de genre pour des salons et des galeries d'amateurs. Le grand effet de
la peinture sur place et appropriée aux monuments est difficile à retrouver. Courbet a

Une Imprimerie lithographique d'affiches illustrées
Maison Camis

l'idée de faire, des vastes gares de chemins de fer, des églises nouvelles pour la peinture; de couvrir ces vastes parois de mille sujets d'une parfaite convenance, les vues
même anticipées des grandes cités qu'on va parcourir; des sujets pittoresques, moraux,
industriels, métallurgiques; en un mot, les saints et les miracles de la société nouvelle.
N'est-ce pas là une idée encyclopédique et qui mérite faveur? » Ce que rêvait Courbet,
avec l'intuition profonde du développement de l'évolution naturaliste, dont il fut l'apôtre
énergique et convaincu, l'affiche moderne l'a exécuté sous une forme différente, sans
doute, mais qui, pour n'être point aussi grandiose, n'en remplit pas moins, suivant ses

moyens, l'œuvre de décoration et la mission sociale, qu'il considérait comme le but de cette belle conception de peintre et de penseur. Les « sujets pittoresques » ne sont-ils pas déjà aussi nombreux que variés, dans ces chromolithographies de paysages, de bains de mer, de stations thermales, dont les diverses Compagnies de chemins de fer tapissent aujourd'hui les halls de leurs gares, pendant les saisons des vacances et des excursions? De ces annonces et réclames, hier banales et monotones, l'imagination et le goût des dessinateurs ont fait des créations artistiques; et, à en analyser avec soin la composition, l'ordonnance et le coloris, les critiques les plus sévères ne pourraient qu'y reconnaître sincèrement la manifestation fort intéressante d'un art nouveau. Une vivante originalité en est le caractère principal. Y a-t-il là une réminiscence quelconque des siècles passés ou des écoles exotiques à la mode en ce moment? Les abstracteurs de quintessence d'esthétique se feront forts peut-être d'y découvrir l'influence du japonisme. Il suffit, à leurs yeux, d'avoir le sentiment de la nature, d'aimer les fleurs, les plantes et les oiseaux, et de savoir en traduire, d'une façon légère et aérienne, la grâce et l'éclat, pour dériver en droite ligne de Körin, d'Okousaï ou de Moutonobou. Lepautre, Oppenoord ou Meissonier ont-ils plus que les indigènes d'Osaka ou de Yédo à exercer là une revendication d'idéal ou de formule? Nullement. Tout cet art est purement français et bien moderne. Et quelle audace, ardente, juvénile, de tempéraments affranchis ou indépendants des traditions d'écoles, dans les combinaisons de sujets d'ornements et de coloris! Toutes les défroques et quincailleries de mythologie, d'emblèmes, de corniches, de rinceaux, d'acrotères, de rocailles et de trophées, dont l'« alma mater » académique meuble ses étiques nourrissons, ont été mis au rancart : on ne doit point sentir le moisi sur les Alpes, dans une vallée de l'Auvergne, sur un coteau de la Touraine, au bord de l'Océan. La Compagnie de l'Ouest a demandé à Fraipont des affiches sur la Bretagne et sur la Normandie. Oh! ce que l'artiste va lui faire ne sera ni allégorique ni compliqué. Sur la plage de Concarneau ou de Perros-Guirec, un paysan breton et sa femme se promènent; les branches d'un pommier en fleur, auxquelles sont suspendues les armes des deux vieilles provinces, entourent la composition. Au bas est représentée la gare Saint-Lazare; à côté, un cartouche contient les tarifs des voyages circulaires. C'est tout! Cela suffit pour faire une belle œuvre et une excellente affiche. Les deux paysans sont de vrais Bretons bretonnants; la plage fleure le varech; les branches du pommier sentent bon : les amoureux de la nature paisible et odorante iront en Normandie ou en Bretagne. Mais il y a aussi ceux que passionnent les sites pittoresques, pour qui l'archéologie a des charmes, ou dont l'imagination ne peut se détacher tout entière de Paris. En quatre compartiments insérés dans un cadre d'armoire bretonne, l'artiste va s'efforcer de les séduire. En haut, Plougastel montre son célèbre calvaire de granit sculpté et les pittoresques costumes des paysans du Léonais ; à côté, Dinan, les rives escarpées de la Rance, avec ses maisons roses, assises dans la verdure et les fleurs. Puis, le croquis d'une paysanne gardant les oies dans un champ, derrière la saulaie duquel se profilent les silhouettes gothiques des clochers de Caen, présente le contraste piquant de sa rusticité naïve avec l'élégance mondaine des baigneuses de Trouville, dans l'architecture champs-élyséenne de son Casino. Et, fort ingénieusement, le titre même de l'affiche relie ces différentes compositions aux couleurs pétillantes de fraîcheur et d'éclat, sur lesquelles se détachent avec vigueur des lettres rouges, d'une

PAPIER à CIGARETTES
JOB
HORS CONCOURS
Coulisses de l'Opera
au
MUSÉE GRÉVIN

agréable fantaisie typographique. La nouvelle ligne d'Argenteuil à Mantes a été
ouverte; Fraipont reçoit la mission d'en annoncer la nouvelle au public. C'est alors une
série de fins dioramas des villes les plus charmantes, que dessert ce résiculet, créé
spécialement pour la joie des villégiatures du dimanche, sentimentales et joyeuses :
Triel, Mantes, Conflans et Meulan-Hardricourt. Un long sarment de vigne aux raisins
verts entoure l'affiche, symbolisant la production des petits vins surets de la région.
Le chemin de fer du Midi à son tour veut vanter la beauté et les attractions des villes
d'hiver du Béarn, des plages de Gascogne et des stations estivales des Pyrénées; les

Un Atelier lithographique. Imprimerie Chaix

dessinateurs auxquels il va faire appel sauront en résumer les caractères particuliers,
avec autant de précision dans l'ethnographie que d'esprit dans la décoration; et les
guides d'Argelès-Gazos, les pêcheuses de crevettes de Royan et les baigneuses de
Cauterets ou de Luchon ne feront point regretter les Naïades, les Cérès, les Flore
et les Tritons.

Les esthéticiens ont souvent déclaré, imperturbablement, que la représentation
des glaciers et des hautes montagnes n'est point artistique, en raison de l'énormité
des masses et de la monotonie du coloris. Les peintres alpestres, en effet, sont fort
rares; quand Calame et Diday ont été cités, il devient aussi difficile de leur ajouter
de notables compagnons que d'énumérer d'un trait les quarante Immortels. Les

auteurs de nos modernes affiches ne donnent-ils point tort aux esthéticiens? Tanconville s'est attaqué audacieusement au mont Pelvoux ; ses glaciers ne l'ont point effrayé. Il en a planté, en pleine aquarelle, le massif éblouissant, avec ses crêtes ardues, ses crevasses insondables, ses précipices béants, ses moraines écroulées ; et, pour en accuser par le contraste l'exaltation lumineuse, le premier plan montre une théorie de chasseurs alpins, aux vestes d'un bleu d'outremer aigu, conduisant par la bride des mulets qui portent les coffres d'artillerie et dont les pieds vont fouler des touffes de fleurs roses. Et tout cela, le rose, le blanc, le bleu et le vert, forme la plus éclatante des fanfares, que les rayons ardents du soleil d'été seront impuissants à couvrir. Le *Mont Cervin* ne pouvait plus être qu'un jeu d'alpiniste, auquel sont devenues familières les outrances de formes et de couleurs. Son front de neige, dans le lointain, au-dessus de la vallée étroite et sombre, ne suffit point à l'artiste comme lumière. Au beau milieu de la composition, le pont de Neubruck mettra la clarté intense de son arche incendiée par les feux crépusculaires, dans l'opposition énergique des forêts de sapins et des chaos de rochers roux qui cernent le torrent. Le train lancé sans timidité dans la gorge constituera le personnage vivant, indispensable dans ces compositions ; et, comme le décorateur ne saurait jamais perdre ses droits à la fantaisie, que l'affiche doit surtout plaire aux yeux pendant qu'elle les renseigne, il égayera le caractère grandiose mais sévère de cette page d'un motif d'ornementation original et exquis : un poteau auquel sont accrochés, en forme de trophées, des alpinstocks, un bouquet de fleurs de montagne et l'écu du canton. Le *Mont-Blanc*, le *Mont-Rose* et l'*Auvergne* d'Hugo d'Alési procèdent du même principe d'esthétique, sans que la personnalité très nette de l'artiste soit le moins du monde atténuée par une certaine apparence de similitude de conception et de physionomie. Il est, lui aussi, un paysagiste de sérieux mérite, habile à caractériser par quelques lignes précises et par un coloris vigoureux la beauté de la région qu'il représente. En quatre scènes, dont la division ingénieuse évite l'horreur du triangle, du rond et de l'ovale, est figurée toute l'hydro-orographie de la vallée de Zermatt, avec la flore et la faune de la région, et les créations du génie moderne qui fait serpenter des railways sur les montagnes les plus abruptes et bâtit des palais au pied des glaciers. Sous toutes ses faces et à toutes les altitudes se voit le Mont-Rose. Bien monotone doit en être le panorama, pensez-vous. Profonde erreur. Les peintres d'affiches, comme maître renard, vous ont cent tours dans leur sac. Sur le fond pâle du lointain, un disque de chemin de fer et une gerbe de plantes fleuries attachée à son poteau mettront les couleurs les plus brillantes et les plus variées ; et la gamme entière du rouge vibrera, par de délicates gradations, depuis l'incarnat des pivoines jusqu'aux reflets tendres sur les neiges du soleil couchant. Ailleurs, dans la perspective accidentée d'une vallée torrentueuse, le Mont-Blanc profile son imposante silhouette blanche, et, dans un autre compartiment, le lac de Genève étale ses flots bleus. Le contraste aigu de toutes ces tonalités élevées produit un grand effet, qu'accentuent l'excentricité piquante de l'inscription en vert pré et la note vibrante d'un frais bouquet d'edelweiss.

Toute cette polychromie superbe, une fois entrée dans l'œil, n'en sort plus. N'est-ce pas l'objectif poursuivi? S'il est atteint, et qu'une impression reste à l'esprit d'une image séduisante par la forme et par le coloris, d'une évocation suggestive de la

L'Atelier Chéret à l'Imprimerie Chaix

beauté naturelle d'un pays, le peintre n'a-t-il point fait véritable œuvre d'art? On en pourrait invoquer les définitions d'esthétique des philosophes les plus fameux, de Cousin, de Kant et même de Platon. Hugo d'Alési peint-il, dans les *Excursions en Auvergne*, le mont Dore, la Bourboule et les gorges de la Cère; Tanconville, dans le *Jura,* le saut du Doubs, la Faucille et les Brenets: leurs paysages vous donnent une telle sensation pénétrante d'abondance d'air pur, de calme lumière, de douce fraîcheur, avec tant de poésie dans l'harmonie générale du ciel, des champs et des eaux, que le désir vous en vient, impérieux et obsédant. Peut-être même ferez-vous « in petto » la réflexion, quelque peu humiliante pour votre amour-propre de dilettante, que des œuvres célèbres des meilleurs peintres de nature ne vous ont rien fait éprouver de semblable au premier coup d'œil : c'est que l'imagination instinctivement s'adapte d'une façon intime à la logique des circonstances et du milieu. On ne demande pas à un pommier de porter des prunes. Une affiche est une affiche, et son but est de donner à celui qui la voit au passage une curiosité et un désir.

Quand, en 1866, Chéret a importé d'Angleterre cette nouvelle forme de publicité murale, la combinaison parfaite de l'instinct pratique de la race saxonne, dont il s'était imprégné pendant un long séjour à Londres, avec le sentiment profond de la décoration, élégante et gracieuse, inné dans un artiste parisien à l'éducation primesautière, lui ont immédiatement inspiré ces créations originales par lesquelles l'affiche contemporaine a été révolutionnée. Dès le premier jour, dans ses compositions pour la Porte-Saint-Martin, il affirmait sa manière personnelle d'établir, en quelques coups de crayon énergiques, la silhouette précise d'une figure féminine, d'en modeler vigoureusement, par de généreuses coulées de tons et de lumière, la chair et les étoffes, et d'enlever le tout sur des fonds violents. On s'étonna d'abord ; puis on fut séduit par tant de simplicité et de hardiesse. Et, le jour où, le public habitué progressivement à cette truculence inconnue, et l'artiste rendu plus confiant en lui-même par les encouragements des amateurs, apparurent les belles pages de la *Saxoléine*, du *Moulin-Rouge*, du *Foyer de la danse à l'Opéra*, etc., imprimées par Chaix, ce fut un universel enchantement. Un art nouveau se manifestait dans toute sa floraison. Les femmes de Chéret — à la chevelure d'or, au visage souriant, à la taille de libellule, dont le corsage largement ouvert encadre des charmes capiteux, et qui se dressent, se penchent, se cambrent, avec des ondulations de coquetterie provocante, entraînant les étoffes légères de la robe sous laquelle se laissent voir une jambe fine, un mollet bien tourné, et que souvent un caprice galant transforme en chiton grec, pour montrer les chairs marmoréennes et nerveuses d'une Aphrodite parisienne — sont devenues des types classiques. Dans leur grâce piquante et voluptueuse, par la fantaisie, moderne sans actualité, de leurs costumes de velours et de satin, aux couleurs imprévues, elles évoquent le souvenir délicieux des femmes de Watteau. Partout où l'artiste les met, dans les attitudes les plus variées, avec les fonctions les plus singulières, allégorisant des professions étranges, enseignes vivantes de chapellerie, de bals publics, d'apothicaires, personnifications de divettes et d'excentricités; toujours, elles plaisent et séduisent, illuminant d'un sourire, poétisant d'un parfum d'art la barnumerie, le mercantilisme et la vulgarité. Analyser, dresser même simplement l'œuvre entier de ce maître exigerait de trop longues écritures. Pendant vingt ans, Chéret a couvert les murs de Paris de merveilles, qui ont réjoui les passants et fait l'admiration de tous les hommes d'esprit ; et une école, nombreuse, universelle, est sortie de son enseignement par les productions qu'il a multipliées dans la fécondité inépuisable d'un tempérament aussi laborieux que puissant.

La fantaisie aura encore, dans cet art de l'affiche, un interprète habile et délicat en Willette, qui part souvent pour Cythère et ne s'arrête pas toujours au Chat-Noir.

Lui commande-t-on une affiche pour le *Courrier français* : il représentera au lit une mignonne fillette de Montmartre ou des Batignolles, que la galanterie a promue à un entresol du quartier Marbeuf, parcourant des yeux, pendant qu'elle prend son chocolat, les gravures de ce journal léger, mais spirituel, déplié sur la courtepointe rose ; Cupidon sommeille à ses côtés, le carquois vide et les ailes repliées. Pour l'*Événement parisien*, publication quelque peu érotique, il dessine une femme demi-nue, des fleurs dans les cheveux et au dos des ailes de cantharide, qui joue de l'accordéon, pour une bande d'Amours s'ébattant à ses pieds. La personnification du *Petit National*, transformé de politicien sévère en alerte et gai informateur, sera pour lui vivante et expressive par une gentille gamine parisienne, au minois fripon, à l'allure crâne, habillée en garde française, avec un tutu de plumes de coq hérissées, qui ouvre son corsage pour montrer une poitrine potelée, blanche et fraîche, et s'écrie fièrement : « Et moi, quand je veux ! » Choubrac, lui aussi, réalisera une idée très décorative, dans son *Nectar bourguignon* : une belle créature, moitié grecque, moitié moderne, se hisse sur ses pieds mignons

Le peintre Bouisset & ses modèles

et, Hébé improvisée, présente, en riant, aux lèvres d'un Silène barbu, à la face épanouie, une coupe de vin rutilant. Enfin, dans le *Concert Trianon*, Henri Gray trouvera une formule d'allégorisation, conciliant de même, par l'esprit, de gracieuses réminiscences antiques et un modernisme charmant. Sur un nuage bleu et rose, trône avec une majesté souriante une sorte d'Athéna Parthénos, comme j'imagine qu'à Pompéi devait être traduite l'œuvre de Phidias par des artistes qui peignaient pour les dilettantes d'un pays où est née la poésie atellane, amoureuse, ironique et gaie, aïeule lointaine de notre Chanson. Son casque d'or est une luxuriante chevelure ; sa tunique tallaire a été tissée à Lyon ; l'ivoire de sa poitrine opulente remplace celui du masque de Méduse ; et elle tient dans la main droite, la présentant à l'adoration de la foule, une statuette, non de la Victoire, mais de la Beauté. Vers elle tend les mains, d'ardente concupiscence, un Jupiter; mais ce n'est-plus l'amoureux olympien des Io et des Léda; c'est un bourgeois, cossu, à gibus gris, qui remplacera la séduction de la divinité par celle de la richesse : les Danaés ont survécu à la mythologie.

Combien d'affiches de commerce, aux plus vulgaires destinations, seront des documents fort curieux de mœurs, de types, de costumes et d'intérieurs de notre temps! Quel artiste a jamais peint avec plus de vérité et de caractère un lutteur et un fort de la halle que Guillaume, dans le *Vin d'or* et dans l'*Extrait de viande d'Armour?* Sa femme du *Dentifrice Bonn* datera, avec une précision chronologique absolue, une mode hivernale et une figure mondaine. La *Plage de Boulogne*, de Japhet, est un chapitre, plein de finesse et d'humour, de la physiologie du flirt contemporain, par le duo d'afféterie et d'impertinence entre un rastaquouère en smoking, chapeau de paille, monocle vissé à l'œil, et une jeune femme fort élégante dans la simplicité recherchée de son costume, assise nonchalamment dans une guérite d'osier surmontée d'un parasol. L'écrivain qui publiera une étude illustrée sur les physionomies populaires du jour, reproduira, sans doute aucun, comme types d'écoliers d'un caractère fort exact, le gamin bellevillois de l'affiche de la *Réglisse Zan*, qui suce à belles lèvres, avec tant de gourmandise malicieuse, un bâton du savoureux produit, son cartable ballant sur la hanche, le béret crânement posé sur l'oreille gauche, et la fillette de Firmin Bouisset, dans l'affiche du *Chocolat Menier*, éditée par Camis, à l'allure si pittoresque de petite paysanne aisée, avec ses lourds souliers lacés, sa courte robe bleue à petits pois, son caraco marron élimé et sa tresse de cheveux noirs luisants sur son dos maigre; qui, de reconnaissance et d'enthousiasme, inscrit au charbon le nom du célèbre comestible de Noisiel, sur un mur, aux pieds duquel gisent pêle-mêle le petit panier blanc du goûter, le traditionnel paquet de livres écornés et maculés, suspendu à une longue courroie, et le familial parapluie de coton rouge. Le *Withworth*, de Pal, présente le keepsake à la fois le plus agréable et le plus complet de cyclewomen, dans la série de têtes féminines, aux coiffures et aux visages variés, rieuses, ironiques, sentimentales, évaporées et espiègles, émergeant d'un mur élevé qui porte l'enseigne de la fabrique, et que regarde avec admiration et regrets un recordman, appuyé sur sa machine à courir. Le cyclisme, d'ailleurs, en raison de sa vogue universelle, fournit à l'affiche un contingent énorme de compositions, d'une réelle originalité, telles que celles-ci: le *Tandem Clément*, de Guillaume (Camis), d'un dessin si vigoureux et si moderne; le *Cycle Decauville*, où il y a une bien jolie fille, à la Van Beers, pédalant sur une marqueterie typographique à l'entrée des Champs-Élysées, qui permettront d'apprécier exactement, en des pièces authentiques, l'influence exercée par ce sport sur la mode et sur les goûts de la jeunesse de cette fin de siècle. Au keepsake, on pourrait donner comme pendant une fantaisie, moins galante sans doute, mais aussi ingénieuse, inventée par Guillaume pour une annonce de chapellerie. Sur une estrade, dont la barrière très élevée ne laisse voir des spectateurs que le haut du buste et la tête, sont groupées de nombreuses célébrités parisiennes, caractérisées populairement par leur coiffure habituelle, dont la réunion forme toute la série des créations fashionables de la maison : suite inédite au chapitre des chapeaux d'Aristote. Dans le *Lait stérilisé*, où l'on voit un baby en robe rouge et aux cheveux blonds bouclés,

CHOCOLAT MENIER
MENIER
CHOCOLAT MENIER
CHOCOLAT MENIER
CHOCOLAT MENIER
1893
MODÈLE CRÉÉ ET EXÉCUTÉ PAR L'IMPRIMERIE CAMIS.
IMP. CAMIS. 172 QUAI JEMMAPES. PARIS.

buvant avec délices un bol de lait, devant trois chats qui le contemplent envieusement, Steinlen s'est montré aussi profond observateur des mœurs félines et naturaliste habile que peintre attendri des grâces de l'enfance et coloriste audacieux et délicat. La figure féminine dessinée par Forain, pour l'*Exposition des Arts de la Femme*, restera, par sa belle ligne et sa fière simplicité, le souvenir charmant d'une heureuse tentative, qui, au regret de tous les gens de goût, n'a pas eu de lendemain. Les nombreux portraits d'étoiles et de chanteurs de cafés-concerts, que multiplie quotidiennement une concurrence effrénée, formeront dans l'avenir une curieuse galerie très utile aux futurs historiens du théâtre contemporain. Tout ce qui s'y est fait un nom par le talent, la bizarrerie ou l'excentricité, aura là sa synthèse graphique, plastiquement plus documentaire et plus précise que les psychologies sociales des moralistes et des chroniqueurs. Bac, de Feure, Gorguet, Guydo, Daynaud, Levy, Faria, etc., résument habilement en quelques traits expressifs le facies, l'allure, le geste, la grimace et les tics, qui constituent la personnalité des favoris de la foule. A cette fantaisie, à cette élégance et à ce naturalisme de l'affiche, Grasset ajoutera une note nouvelle, celle d'un archaïsme adapté si pittoresquement à la modernité qu'il en apparaît bien plutôt la renaissance imprévue d'un sentiment décoratif spécial et la restitution intelligente d'un procédé qu'un retour à des formules anciennes et la résurrection d'un art disparu. Ses compositions de l'*Histoire de France*, des *Grandes Capitales* d'Hachette, des *Fêtes de Paris*, de *Jeanne d'Arc*, etc., mettent sur les murs la surprise agréable d'une esthétique absolument différente, sans infériorité, de celles de Chéret, de Willette et de Fraipont. S'ils poursuivent l'idéal des éclatantes couleurs et des fanfares de tons vibrants, lui recherche la combinaison, fort savante sous une illusion de naïveté, d'éléments picturaux très simples, choisis parmi les formes les plus sommaires et dans les nuances les plus discrètes, qui produit une symphonie légère, douce, mystique même, d'une infinie séduction. Et, pour prouver que cette manière n'est point indifférente à la représentation exacte de sujets fort prosaïques, de thèmes purement industriels et commerciaux, il fait un chef-d'œuvre de l'annonce de la *Place Clichy* : le commis voyageur d'un grand magasin de nouveautés achetant des tapis à un vieux marchand de Karamanie ou du Béloutchistan. D'autres artistes, Lautrec, Heindbrick et Steinlen, s'attacheront à simplifier l'écriture jusqu'à paraître ne plus employer qu'un trait continu et une teinte générale. Le dernier portrait d'Yvette Guilbert, par celui-ci, est le triomphe de ce genre primaire. Sur le fond blanc du papier, un liséré vert bouteille dessine le contour de ce qui doit être les chairs et les étoffes ; un frottis rouge sur la place de la chevelure, un tréma de même couleur en façon de lèvres, une tache noire de cambouis à l'avantbras et à la ceinture : c'est tout ; bien peu de chose, en vérité. Certainement ni l'artiste ni le concert ne doivent en tirer une grande publicité. Un brevet nouveau fait intervenir, depuis quelque temps, la photographie dans la confection de l'affiche de portrait. La tête du personnage est agrandie, puis reportée sur la pierre ou sur le zinc ; le dessinateur opère avec soin un raccord de suture ; le portrait présente ainsi une ressemblance qui plaît fort aux admirateurs du modèle. Là encore, dans l'application de ce procédé, se manifestent le goût et l'habileté de nos artistes. L'image photographique d'une jolie femme ou d'un chanteur populaire sera tirée en un ton d'estampe, noir vaporeux ou camaïeu tendre ; ensuite, on l'encadrera dans une série de croquis spirituels, en couleurs, montrant le personnage dans ses incarnations de types et dans ses rôles familiers.

L'affiche française n'en est chronologiquement qu'à ses débuts, débuts superbes, éclatants. Des artistes de mérite l'ont déjà portée à un haut degré de perfection et enrichie d'une prodigieuse variété de procédés, de manières et d'expressions. Derrière eux monte une génération nouvelle de jeunes peintres et dessinateurs, qui ont de belles idées et de fières ambitions. Cet art nouveau nous réserve, sans aucun doute, une merveilleuse floraison d'œuvres originales ; et, par le caractère vivant qu'il a donné à la décoration murale de la rue, peut-être a-t-il fait avancer rapidement la réalisation prochaine de la conception grandiose de Courbet : une peinture monumentale et populaire en harmonie avec la nouvelle société.

Hall public de l'Imprimerie Camis

CHAPITRE VIII

Le Papier peint

Les Revendications des érudits
La Fabrication du Papier peint à la machine, à la planche
Le Papier de fantaisie

Il n'y a pas très longtemps encore, on attribuait aux Anglais l'honneur de l'introduction en Europe du papier peint et de sa fabrication par les procédés mécaniques. Ç'a été autrefois une mode, chez les historiens et les chroniqueurs, de dépouiller systématiquement notre pays de ses œuvres d'art aussi bien que de ses inventions. Toutes les merveilles dont la Renaissance a couvert notre pays ne pouvaient être que les créations des artistes italiens, amenés en France par Charles VIII, Louis XII et François Ier, à leur retour des campagnes militaires au delà des Alpes. Vignole avait bâti Chambord, qui est de Trinqueau et Jean Marchand; Giocondo, Gaillon, l'œuvre collective de Guillaume Senault, Pierre Fain et Pierre Delorme. A Serlio nous devions Fontainebleau et Saint-Germain en Laye, dont les vrais architectes sont Gilles le Breton et Pierre Chambiges, l'unique auteur de l'Hôtel de Ville de Paris au lieu du Boccador. Les portes de Saint-Maclou, œuvre présumée de Jean Goujon ou de N. Quesnel, aussi dignes que celles du Baptistère de Florence de servir de portes au Paradis, avaient été apportées par le Diable, de l'atelier de Michel-Ange, à Rouen. Fulton était l'inventeur du bateau à vapeur et non Jouffroy d'Abbans. Darwin avait précédé Lamarck dans ses théories nouvelles de l'évolution naturaliste. Et combien d'autres fantaisies historiques du même genre pourraient être énumérées! L'érudition moderne, basée non plus sur des légendes, mais, par des méthodes sévères, sur l'étude des documents originaux, a rétabli peu à peu la vérité, en science, en art et en industrie. On découvre tout d'abord que c'est un Rouennais, du nom de Lefrançois, qui le premier

Machine à papier peint en 24 couleurs
(vue de face)
Manufacture Gillou & fils

a installé dans la capitale de la Normandie, au commencement du dix-septième siècle, une manufacture de papiers peints. Déjà les partisans de la priorité en faveur de l'Angleterre ne pourront plus invoquer que des preuves de dates postérieures. Mais, bientôt, un érudit trouvera dans les vieilles archives des pièces qui permettent de faire remonter jusqu'au seizième et même aux dernières années du quinzième cette industrie française. En 1481, dit Henry Havard, Jehan Bourdichon, peintre de Louis XI, avait « escript et paint d'azur cinquante grans rouleaux et fait mestre en plusieurs lieux dedans le Plessis du Parc ». Dans l'inventaire du mobilier d'un chanoine de Saint-Pierre de Troyes (1543), le même écrivain a relevé la mention de « deux grans pans de papiers paints, contenant l'hystoire de la Passion et la destruction de Jhérusalem ». De la première de ces deux dates jusqu'à nos jours, la généalogie certaine du papier peint en France se poursuit sans interruption, et l'on peut citer les noms des nombreux industriels qui, par leurs créations incessantes, en maintiennent fermement la prospérité et la réputation. Les inventeurs n'y font point défaut. Au dix-huitième siècle, ce sont: Papillon, populaire par le « papier brillant »; Aubert, Revillon, Lecomte, aux fameux « papiers tontisses »; le duc de Chaulnes, Mosrard et Chouard. Et, pendant la première période du dix-neuvième siècle, l'art et la science font accomplir à l'industrie des progrès qui lui assurent la prépondérance universelle, tant au point de vue du goût que de l'excellence de la fabrication. Sietti, Huet, Malaine, Fragonard fils, Lafitte, Mader, Poterlet, Auguste Couderc, Thomas Couture, Wagner, Müller, Riesner et Dumont donnent des modèles d'une rare originalité et d'une élégance pittoresque, qui correspondent parfaitement aux évolutions d'esthétique et aux exigences de la mode du temps. En 1827, les Zuber, de Mulhouse, appliquent avec succès au papier peint l'impression au cylindre de cuivre, employée pour les tissus de coton. Trois ans après, un des chefs de cette maison

invente un moyen mécanique de fabriquer
sans solution de continuité le papier blanc de
tentures, celui que produit la machine Didot,
devant, avant son utilisation, subir les mêmes
apprêts que le papier à la main. Le rapporteur de l'Exposition nationale de 1834 constatait avec une grande satisfaction que les fabricants français de papiers peints possèdent le
secret de peindre, soit avec la brosse, soit par
l'impression, des teintes dégradées et fondues.
A cette Exposition, les frères Raimbaut montrent des papiers recouverts de soie, invention renouvelée des procédés de Chenavard
père, dont les produits, au commencement du
siècle, avaient obtenu une vogue prodigieuse,
puis étaient tombés dans un oubli complet.
Leroy père, le premier en 1842, emploie des
cylindres gravés en relief, et la machine à
rayures commence à fonctionner en 1845. Six
ans après, le balancier était introduit dans les
ateliers de dorure, et, par cette innovation, la
France pouvait désormais faire concurrence à
l'Angleterre, qui avait le monopole de cette
branche de fabrication.

Une révolution va s'accomplir dans l'industrie du papier peint. En 1858, les frères
Garaboux montent chez Gillou et Thorallier,

Machine à papier peint en 24 couleurs
(vue de côté)
Manufacture Gillou & fils

passage Vaucanson, des machines à
imprimer, de construction anglaise.
Ces machines donnent des résultats
qui paraissent, à tout le monde, prodigieux. La plupart des fabricants
se hâtent d'en acquérir; peu de
temps après, on ne comptait pas
moins de dix-sept maisons imprimant à la machine et dont chacune
produisait, avec une centaine d'ouvriers, une moyenne de soixante
mille rouleaux par jour. Il arrivait,
dans cette industrie, ce qui a déjà
été signalé pour le papier sans
fin. La machine en question est
une machine française; elle a été
inventée par Leroy père depuis plusieurs années et fonctionne dans

Fabrication du papier peint : Travail à la planche
Maison Jouanny

ses ateliers. Cet industriel avait eu l'idée ingénieuse d'appliquer au papier peint, en le modifiant, pour le conformer à sa nouvelle destination, l'organisme de la machine à impression sur tissu, et il y avait parfaitement réussi. Constamment à l'affût des nouveaux procédés techniques français, — les témoignages en sont innombrables, — les Anglais connurent la machine Leroy, la transformèrent, et, quelques années après, nous la renvoyaient comme une invention britannique; et elle bouleversait le vieil outillage de notre industrie. Le rapporteur du Papier peint à l'Exposition de 1867 fait cette déclaration sur la fabrication nouvelle : « Le travail au cylindre étend chaque jour son domaine et conquiert des articles naguère réservés au travail à la planche. » La France à cette date ne possédait que cinquante machines; en 1878, il en fonctionne cent cinquante, et, en 1889, la statistique officielle n'en enregistre pas moins de deux cents.

Cette révolution est logique et féconde; elle est la conséquence des progrès de la science et des transformations économiques et sociales. Sans prétendre au rôle de prophète, on peut hardiment prédire qu'en dépit de toutes les résistances et de tous les préjugés, dans un temps relativement rapproché, le papier peint à la machine aura remplacé définitivement le papier peint à la planche. A ses débuts, la machine bornait ses prétentions à produire du papier à bon marché. Timidement, elle abordait ensuite le papier demi-luxe. Les premiers essais ne furent point infructueux; le succès lui inspira de nouvelles ambitions. Elle tentait hardiment les genres riches, et bientôt, par la bonne exécution, par le goût des dessins, la fabrication mécanique ne se montrait pas inférieure, dans la production artistique, à l'impression à la planche, tout en se maintenant dans des conditions économiques qui rendaient accessibles à de nombreux consommateurs des spécialités réservées jusqu'alors aux privilégiés de la fortune.

C'est à ce point de vue que, depuis vingt-cinq ans, les progrès ont été le plus rapides. Vers 1871, on comptait peu d'industriels possédant des machines capables d'imprimer une douzaine de couleurs, et les dimensions étroites de ces machines ne permettaient pas de dépasser, pour un rapport de dessins, une hauteur de 60 centimètres ; mais, en 1878, on pouvait admirer, dans les expositions de trois fabricants, des séries de compositions, de dix, douze et vingt-six couleurs, mesurant de 1 mètre à 1^m,50 de hauteur. La section du Papier peint, en 1889, montrait des œuvres plus importantes encore par les dimensions et par le nombre des couleurs ; entre autres, une imitation de tapisserie du seizième siècle, avec personnages, composée de sept lés différents, d'un rapport de 2 mètres de hauteur. Les nouvelles machines sont des colosses. Dans leur physionomie générale, elles ressemblent à une roue hydraulique de moulin. Immobile dans sa partie extérieure, cette roue porte sur sa jante les organes d'impression. Pour chaque couleur, il y a : le cylindre de la gravure en relief, le rouleau compresseur et l'auge à couleur. Une bande de drap sans fin prend, par immersion, la couleur dans l'auge, l'étend sur la gravure, qui, au passage du papier, décharge sur lui la couleur dont elle a été imprégnée. Dans l'intérieur de la machine, un arbre de couche, mû par la vapeur et fixé comme un essieu gigantesque, met en rotation un immense cylindre sur lequel glisse le papier. Le tour accompli, l'impression est faite,

Un Atelier d'impression du papier peint
Fabrique Jouanny

et en autant de couleurs qu'il y a de cylindres de gravure sur la roue, dont le nombre peut varier, suivant les besoins, jusqu'à vingt-quatre, le maximum actuel des plus grandes machines. Tout humide encore, un guidage l'amène sur les perches d'un étendoir mobile, au-dessus de tuyaux de calorifère, dont la chaleur le sèche au passage progressivement. Parvenu à l'extrémité de l'étendoir, le papier s'enroule sur une bobine; ensuite, on le transporte dans une salle où il est coupé à la dimension traditionnelle de 8^m,50 et mis en rouleaux pour être vendu.

Les machines interviennent également, depuis quelques années, dans un grand nombre d'opérations spéciales de la fabrication du papier peint. Ainsi, le fonçage est devenu mécanique et se fait à la fois avec plus de perfection, d'économie et de rapidité que le fonçage à la main. Autrefois, l'ouvrier, fort péniblement, étendait sur le papier avec des brosses le fond de couleur, et devait le coucher tout d'une haleine, sans reprise apparente; la moindre hésitation de mouvement eût provoqué une inégalité de tons. Une machine saisit automatiquement une bande de papier de la longueur de cent rouleaux, la couvre, au moyen de brosses en mouvement épicycloïdal, d'un fond de couleur uniforme, l'enlève sur des perches et la promène dans un séchoir, d'où elle est transportée à la salle de coupage et mise en rouleaux. Le balancier et la presse hydraulique imprimeront ou estamperont, pour imiter les tapisseries, les dentelles, les étoffes à gros grains, les cuirs de Cordoue, etc., des effets de mille raies, de pointillés, de quadrillés, de gaufrage, de satinage, de chagriné, etc., d'une illusion parfaite. Grâce aux nouveaux procédés, l'imitation du velours de Gênes, du velours épinglé, du drap cheviot, des tapis de la Savonnerie et d'Orient, ne connaît, en effet, aujourd'hui, plus d'obstacles ni de bornes. Des déchets de laine, pulvérisés par un moulin, sont placés dans une longue caisse, au fond formé d'une peau d'âne tendue; on y introduit le papier, qui a reçu au préalable un mordant; un enfant frappe la peau comme un tambour; la poussière, sous la vibration de l'air, vole, s'éparpille partout d'une manière uniforme et, en retombant sur le papier, se fixe dans le mordant : le papier est velouté ou drapé. Veut-on obtenir une imitation de tapisserie haute laine : aux déchets de toison pulvérisés on substitue des poils de chameau, de vache, de chèvre, etc., coupés suivant la hauteur de tissu désirée. Par des dispositions ingénieuses d'engins divers, ces poils sont projetés violemment sur le papier enduit de mordant, s'y plantent et s'y enchevêtrent de manière à produire un feutrage. Le balancier ou la presse hydraulique donnera ensuite à ces velours, à ces cheviots, par une pression énergique entre deux matrices d'acier ou de bronze, les reliefs et les creux nécessaires pour produire l'illusion de divers genres d'étoffes; il striera et lamellera le papier en brocarts d'or ou d'argent; il l'écrasera en moires antiques; il en fera saillir avec vigueur les brochages, les broderies et les orfrois. Au moyen de bronze en poudre et de mica, seront obtenus les reflets chatoyants des soieries, que le satinage à base de baryte, employé autrefois, était impuissant à offrir; et ce même mica, teint mécaniquement, produira sur les fonds de drap et de velours des granités d'or prestigieux.

L'impression à la planche n'a point subi de modifications importantes, qui doivent être signalées comme ayant apporté des éléments nouveaux de progrès à une fabrication où le goût du dessinateur et l'habileté manuelle de l'ouvrier sont les conditions essentielles de développement. C'est toujours la même table d'imprimerie; la même opération très simple, mais fort délicate, en raison des repérages fréquents, de l'application sur le papier de planches de poirier, gravées en relief et encrées à la main.

Les chroniqueurs rétrospectifs citent, avec admiration et étonnement, comme des pièces de maîtrise incomparables, le grand décor de *Psyché et l'Amour*, composé par Lafitte et exécuté, en 1814, par Dufour, qui ne compte pas moins de vingt-six lés de vingt pouces de largeur chacun, sur cinq pieds sept pouces de hauteur, et pour lequel avaient été gravées quinze cents planches; la *Chasse dans la forêt*, de Delicourt, exposée, en 1851, à Londres, et dont l'impression exigeait quatre mille gravures. L'industrie contemporaine peut offrir des créations, qui, sans être d'une exécution technique inférieure, ont une tout autre valeur d'art. A la septième Exposition de l'Union des Arts décoratifs figurait un panneau dont la composition avait été inspirée d'une des tapisseries de la suite célèbre des Gobelins, *les Maisons royales de France*. Il mesure 7^m,50 de largeur sur 4^m,25 de hauteur, et l'impression avait nécessité trois mille planches. Le rapporteur apprécie ainsi cette œuvre superbe : « Elle dépasse en proportion tout ce qui a été fait en papier peint depuis un très grand nombre d'années. En en considérant l'ensemble décoratif et en le comparant avec les autres productions antérieures qui figurent dans la galerie rétrospective, on peut reconnaître la supériorité du goût

Fabrication primitive du papier de fantaisie
Travail à la main. Usine Vacquerel

mesuré qui l'a réglé dans toutes ses parties; et, lorsqu'on sait que les décors de ce genre sont imprimés en un nombre considérable de tons sur des lés contreposés et dont on ne doit pas sentir le rapprochement qui détruirait toute unité, on est étonné de voir avec quelle certitude les dosages des tons multiples des impressions se soutiennent dans toutes les parties d'un ensemble de pareille étendue. » Les Expositions universelles de 1878 et de 1889 nous ont montré des créations plus importantes encore, où la perfection technique s'allie à des qualités décoratives supérieures : un grand panneau de verdures et de roses trémières, de 2^m,50 de hauteur, par superposition de cinq lés en travers, et dans lequel il n'y a pas moins de soixante-quatre couleurs; un lambris de salle à manger à une laine, d'où émergent des branches de chardons et de roses en plusieurs laines sur fond velouté de drap bleu passé, et un panneau genre barbotine sur fond bleu, à grands carreaux, pièce d'une fort remarquable exécution. Des industriels, pour qui les sentiers battus ne sont point les seuls chemins de fortune, s'ingénient à des innovations. Jouanny applique au papier peint l'impression aux encres typographiques et en obtient, sur des fonds spéciaux, plus d'éclat, de fraî-

cheur et de netteté de coloris que par l'impression à la détrempe. Il crée le papier
à rapport unique de composition, à frises et soubassements mobiles, dans le but
d'obtenir une décoration correspondant, sans modifications de motifs, à toutes les
hauteurs d'appartement. Follot invente le cheviot et la chevioline, qui substituent
avec une illusion parfaite le papier aux étoffes drapées.

Dans son caractère artistique, le papier peint suit généralement les évolutions

Fabrication du papier de fantaisie
Atelier des calandres. Usine Vacquerel

du goût public en ameublement, et les caprices de la mode en matière de bibelots
et d'œuvres d'art. Tant que la passion du vieux neuf n'a pas encore transformé les
appartements en cabinets de curiosités, couvrant les murs de vieilles tapisseries,
d'étoffes anciennes, de triptyques et de panoplies, le papier peint joue un rôle décoratif intérieur important ; il n'est point simplement considéré comme un fond de drap,
de velours, de vieux cuir, destiné à mettre en relief, par des tons sombres et unis, les
objets variés et polychromes de rétrospective ornementation. On voit partout des
compositions à personnages, à sujets historiés, à festons, astragales et rinceaux.
En 1867, une transformation s'accomplissait déjà et était signalée comme un fait caractéristique dans l'histoire contemporaine de la décoration. Malgré ses caprices pour les
tissus du dix-huitième siècle, élimés et décolorés de tons, la femme conserve un inté-

Fabrication mécanique du papier de fantaisie : Machine à foncer, avec accrocheuse & bobineuse
Usine Pacquerel

rêt intermittent pour les belles étoffes, chatoyantes, d'ameublement moderne, dans lesquelles Roubaix et Lyon, en concurrence aiguë, créent constamment des modèles nouveaux, pleins de grâce et de fantaisie. L'industrie alors entreprend les imitations d'indiennes, de soieries et de velours, ayant pour but de faire valoir ces étoffes par le parallélisme de composition et de coloris en papiers peints, et elle en arrive, dans ces diverses imitations, au trompe-l'œil le plus complet. C'est la vogue des velours de Gênes, des gros de Tours, des damas, des satins, des toiles de Perse et de Jouy, et jusqu'à celle des dentelles, de la mousseline, de la tarlatane et de l'organdi. Aujourd'hui, la stylisation de la plante et de la fleur lutte avec succès contre la rétrospectivité. Les dernières Expositions universelles ont témoigné du progrès de cette heureuse réaction, à laquelle le japonisme a apporté un précieux appoint, par la popularisation de son esthétique naturaliste.

Fabrication du papier de fantaisie
Les machines à couper. Usine Vacquerel

Étrange contraste! S'européanisant à outrance, en dépit de ses Sociétés nationales, le Japon se lance éperdument, à cette même heure, dans la copie du papier peint occidental, dans l'imitation des vieux cuirs de Venise et de Cordoue, et laisse dessécher le chrysanthème, le lotus et la fleur de cerisier. Où conduira l'évolution nouvelle? Sera-ce, insensiblement, à ces gracieuses féeries d'Extrême-Orient, interprétées par le goût français, qui ont fait la joie de mes jeunes yeux, et que je regrette presque aujourd'hui, les enviant aux vieilles auberges perdues dans les montagnes, en l'absence d'originalité véritable et d'inspiration pittoresque dans la production ordinaire et à bon marché : « chimériques arcs de triomphe, petits temples circulaires sans autel et sans coupole, écrivait élégiaquement Charles Blanc, dans sa *Grammaire des Arts décoratifs*, galeries aériennes dans un palais impossible..., terrasses sans parquets sur lesquelles se promènent quelques cavaliers..., colonnade invraisemblable, brusquement interrompue par une balustrade ronde, où mène un escalier qui ne conduit nulle part..., porte ouverte sur la mer, à une hauteur où n'atteindront jamais ni les navires, ni les flots »?

A l'imitation des Japonais, chez qui le papier de soie remplace les tissus vulgaires et fait office de vêtements imperméables, de mouchoirs, de parapluies, de chaussures et de chapeaux, on a appliqué ingénieusement le papier peint comme étoffes d'ameublement, en lui faisant subir quelques modifications dans sa contexture. Les matières premières, au lieu d'être de la pâte de bois ou de paille, sont des déchets de cordages, de ficelles, de toiles à voile. Dans les piles raffineuses, on mélange aux fibres végétales

— NOS FLEURS —

PAPIER DE TENTURE IMITANT LA BROCATELLE

Décoration composée : 1º de 4 lés de 0ᵐ47 sur 2ᵐ60, 2º d'une frise de 0ᵐ45.

des fibres animales — nerfs de bœufs, intestins, peaux, etc. — qui produisent une agglutination plus vigoureuse. Ce papier, très résistant, est imprimé par les procédés ordinaires employés pour le papier peint et subit des opérations de gaufrage et d'estampage pour qu'il donne l'illusion du tissu. Les tapissiers peuvent façonner, coudre, couper, doubler et draper ce papier comme une étoffe véritable.

L'industrie du papier peint, qui n'occupe plus guère aujourd'hui que trois mille ouvriers et ouvrières, par suite de l'extension de la fabrication mécanique, produit annuellement, avec ses trois cents tables d'impression et ses deux cents machines, pour une somme d'environ 18 millions de francs. Il y a quelques années, elle exportait beaucoup à l'étranger ; pour les genres riches, tous les marchés du monde s'alimentaient à Paris. Mais les nouvelles lois économiques ont provoqué, sur ce point, dans notre commerce une certaine dépression. De 2 438 394 kilogrammes en 1879, l'exportation, en 1892, est tombée à 2 226 603 kilogrammes ; et le premier chiffre comprenait en majeure partie des papiers de luxe, alors qu'actuellement dans le second ne figurent guère que des papiers de qualités inférieures. D'autre part, il est vrai, l'importation a également fort diminué. La comparaison entre les deux dates accuse une différence en moins de 278 087 kilogrammes, et les 355 313 que l'étranger nous envoie représentent exclusivement des produits à très bas prix. Revienne la liberté commerciale, cette industrie reconquerra bien vite le marché du monde ; par son caractère essentiellement artistique, elle est de celles où notre pays peut opposer, en concurrence à l'étranger, la séduction irrésistible de la grâce, de l'élégance et de l'esprit.

Au Papier peint appartient le Papier de fantaisie, qui comprend génériquement toute la papeterie destinée à la reliure, au cartonnage, à la gaînerie, à la maroquinerie et à tous les commerces de luxe, où l'on a la préoccupation de parer et de présenter galamment la marchandise au client. Les procédés de fabrication, manuels ou mécaniques, sont bien peu différents. Ici aussi, on imprime, on fonce, on brosse, on gaufre, on estampe le papier, et l'outillage comporte des machines rotatives, des tables d'impression, des accrocheuses et des séchoirs chauffés à la vapeur; dans les ateliers, les pieds heurtent les mêmes baquets de couleurs à la détrempe, qui dégagent les mêmes pénétrantes odeurs. La chimie n'y a pas une intervention moins active et moins intime dans les multiples manipulations, fort délicates, et dans les opérations mécaniques, presque féeriques, qui transforment les bobines brutes, amenées des usines d'Auvergne, du Dauphiné, de l'Angoumois et des Vosges, en ces mille créations, si diverses, présentant au lieu de celles des tissus de soie, de laine et de coton, les imitations prestigieuses de tout ce que la nature nous offre de plus brillant et fantaisiste, comme teintes et dispositions, dans ses trois règnes, la flore, la faune et les minéraux, en y ajoutant le ciel et les eaux. Il n'est pas de marbre-brocatelle, sarancolin, griotte, brèche, jaspe, onyx ou campan, dont on ne copie à la perfection, avec toutes leurs nuances infinies, les veines, les stries, les grumeaux, les mouchetures et les coulées. La perle et la nacre ont livré tous les secrets de la réflexion profonde des rayons lumineux à travers leurs blancs épidermes translucides. Aux fleurs cristallisées de la glace et de la neige semblent avoir été dérobées les figures géométriques, tant elles sont imprévues, pittoresques et harmonieuses. Les papiers métalliques sont de l'or, de l'argent, du bronze, du vermeil, en fusion. Peaux squameuses de crocodiles; carapaces mordorées de crustacés, plumes chatoyantes de paons et d'ibis; irisations d'oiseaux de paradis; toisons crépelées de mérinos; velouté et lisse des feuilles et des pétales, etc. : tout se reproduit merveilleusement, avec la plus idéale illusion.

A cette fabrication spéciale se rattache l'innovation relativement récente des papiers destinés aux impressions avec les procédés nouveaux de photogravure : papiers « couchés », « frictionnés », « perfectionnés », etc., joie des typographes, désespoir des collectionneurs qui redoutent pour leurs trésors les métamorphoses futures de la chimie moderne.

L'industrie du papier de fantaisie, depuis vingt ans, a passé par la même évolution que celle du papier peint. La fabrication mécanique s'est peu à peu substituée à la fabrication à la main. Un outillage de machines nouvelles, de tous genres, ingénieuses et puissantes, a remplacé la brosse, le peigne, l'éponge et le pinceau, que manœuvraient péniblement de nombreux ouvriers, dans une atmosphère insalubre de poussières et de couleurs vénéneuses. Autrefois, en cela, notre commerce était tributaire de l'étranger; aujourd'hui, les importations ne cessent de décroître; elles représentent à peine le dixième de la consommation. Ces progrès économiques et techniques sont tout à l'honneur des industriels français, qui ont su, dans leur réorganisation matérielle, utiliser habilement les conquêtes précieuses de la science, mettre à contribution le génie de nos constructeurs; en même temps qu'ils développaient avec soin, dans leur production, le bon goût et l'originalité.

Vue panoramique de l'Usine Vacquerel

CHAPITRE IX

La Reliure

La Reliure d'art ✦ Rétrospectivité et Modernisme
La Reliure commerciale ✦ La Couverture du Livre broché

La reliure est le vêtement du livre, vêtement destiné, suivant les vues et les goûts, à n'être simplement qu'une protection ou à devenir une parure. La réalisation de ce double but constitue le rôle d'une grande industrie artistique, qui compte autant de quartiers de maîtrise que l'imprimerie et la librairie. La statistique la divise en deux branches : la reliure d'art et la reliure commerciale. La première est de beaucoup l'aînée de la seconde ; mais celle-ci l'emporte sur celle-là en vitalité, en puissance et au point de vue de son importance dans la production nationale. Et, sans aucun doute, elle l'absorbera définitivement un jour prochain ; au cours de ce chapitre, en seront déduites les raisons impérieuses, à la fois d'ordre industriel et d'ordre social.

Jusqu'à 1878, environ, toute la reliure d'art a vécu du culte fanatique du passé. Dans aucune industrie artistique, on n'en pourrait trouver des témoignages aussi évidents, et moins contestables, en raison de leur fréquence et de leur durée. En ces dernières années, un mouvement de réaction énergique contre le vieux neuf et la contrefaçon s'est bien produit, avec un certain éclat ; il semble présager une évolution, imminente, qui sera peut-être la renaissance définitive de cette industrie ; mais la rétrospectivité n'en subsiste pas moins encore, exclusive et tyrannique. A l'Exposition internationale de Philadelphie, le rapporteur de la section de la Reliure n'hésite pas à écrire d'un des premiers représentants de la France, Lortic, que sa collection pourrait servir de documentation pour faire une histoire complète de cette industrie. « On y retrouvait, dit-il, des volumes dignes de figurer dans la bibliothèque de Grolier, des reliures à la Fanfare ou dans les genres des Le Gascon, des Du Séuil, des Derôme, le tout exécuté avec une habileté et une sûreté qui laissent quelquefois derrière elles la main-d'œuvre souvent défectueuse des maîtres anciens. » L'obsession d'imiter ou de copier est telle qu'on ne se préoccupe même plus des règles élémentaires du bon sens et de la chronologie; il est apporté à l'adaptation d'un genre au format et au caractère d'un livre une telle indifférence, qu'un des rares partisans de la modernité, Marius Michel, pouvait humoristiquement s'exclamer : « On voit le Roy Arthur ou Tristan de Léonnois dans le pourpoint de Louis XIV et Rabelais ou Ronsard dans la jupe à fleurs de Mme Deshoulières. » On en viendra à ne plus vouloir se servir de fers neufs, à rechercher les plus usés et les plus déformés; et, le marché du bric-à-brac ne pouvant pas les fournir, il s'en fabriquera de faux. La certitude de se gâter rapidement la main ne prévaut même point contre la conviction intime de ne plus tromper personne; c'est l'universalisation de la naïveté dans la duperie. Et cela dure depuis près d'un demi-siècle. Déjà, en 1851, Ambroise Firmin-Didot déclarait avec ironie : « Nos relieurs ont

Atelier de la dorure sur tranches
Maison Lenègre

adopté le genre dit Renaissance et ils se bornent à imiter en appliquant ce type indistinctement à toute espèce de livres. » De la part d'un bibliophile aussi érudit et aussi fervent, la critique est précieuse.

Si l'école contemporaine de reliure, vouée à la rétrospectivité, avait quelquefois témoigné d'une ignorance des secrets du métier, se montrait incapable techniquement de traduire des compositions nouvelles, l'imitation systématique des œuvres du passé à laquelle elle s'est adonnée, résolument et presque sans intermittence, pourrait être interprétée, à son honneur, comme un aveu loyal d'impuissance de création; mais de l'opinion générale et indiscutée par ses adversaires, jamais, aux époques les plus florissantes, l'habileté professionnelle ne fut plus grande qu'en ce temps. Les relieurs les plus modestes sont de merveilleux ouvriers, qui savent pousser le fer, entrelacer les filets, inciser, graver, repousser le cuir, avec une habileté prodigieuse, et, à la perfection, savent tout des plus intimes secrets du métier, suivant l'énumération technologique d'un des sévères et progressistes bibliophiles de ce temps,

Henri Béraldi : « l'assemblage méticuleux, le battage merveilleux d'un marteau intel-
ligent, la couture savante, la rognure délicate au couteau, la douceur de la presse à
percussion, l'endossage ingénieusement médité, la parure d'un maroquin adroitement
dégradé du centre au bord par un travail délicat qui absorbe pour une seule peau une
journée d'un ouvrier de premier ordre. » Et l'on a pu dire très exactement qu'en maîtrise Trautz-Bauzonnet, Cuzin, Marius Michel, Gruel, etc., sont les fiers émules de

Machines à dorer & à imprimer les couvertures
Ateliers de reliure des Librairies-Imprimeries Réunies

Padeloup, de Du Seuil, des Ève et de Le Gascon. Quel sort avait donc été jeté
à cette école pour expliquer une pareille stérilité de fantaisies personnelles et de
nouvelles inspirations ?

Quand le goût de la rétrospectivité n'a pour objectif que la découverte des procédés
des anciens maîtres, sans conduire aux réminiscences de leurs compositions et de
leur manière, il est fort louable et digne d'encouragements. Par exemple, Léon Gruel
fera revivre le genre sévère des reliures monastiques, dans des cuirs de veau ou
de vachette, gravés, ciselés, modelés et peints, qu'il n'encastre point en pièce détachée,

dans un plat de matière différente, mais dont le décor sera toujours de la reliure partie intégrante. Si, un jour, il se laisse aller à l'imitation des émaux cloisonnés de l'époque byzantine, sans aucun doute dans le but d'affirmer, par les difficultés vaincues, la conquête du procédé de ses lointains modèles; le lendemain, dans une couverture de l'*Imitation de Jésus-Christ*, il adaptera, avec une hardiesse superbe, ce procédé, rendu par lui plus délicat sans moins de vigueur, à une composition toute moderne de caractère et d'une rare beauté. De son côté, Marius Michel retrouve et applique à la reliure une méthode du quinzième siècle pour inciser le cuir. Une couverture du *Cantique des Cantiques*, d'un naturalisme exquis, — un lis entouré de feuillage — est la démonstration éloquente que cette excursion technologique dans le passé et l'étude patiente des chefs-d'œuvre d'autrefois n'ont point troublé ses convictions artistiques ni diminué sa passion pour l'art vivant.

Atelier de couture à la main
Maison de reliure Lenègre

D'autres artistes sauront également trouver dans ces restaurations intelligentes le germe d'heureuses créations. Raparlier invente le genre auquel les spécialistes de la reliure ont donné son nom. Le dessin ornemental, tiré du sujet du livre, est modelé sur le cuir avec une pointe de plioir chauffée, qui donne, en même temps que les creux et les reliefs, les tons d'ombre plus ou moins vigoureux, allant parfois jusqu'à la carbonisation. Des morsures aux acides et des coloriages au pinceau complètent, ainsi que des combinaisons de cuirs teintés, la polychromie obtenue par cette pyrogravure. Mais il arrive là, comme en tout, que la préoccupation de se faire une personnalité en évidence ne tardera pas à provoquer des exagérations de procédés et de compositions. La mosaïque, de tonalités discrètes et de décors délicats, se transforme en silhouettes violentes; de figures symboliques et d'allégories, en projections rudimentaires de paysages, en caprices géométriques indécis, au coloris intempérant et provocateur. On incise dans des cuirs de bœuf, en les composant comme des vitraux néo-mystiques, et en les enluminant et mosaïquant en façon d'affiches murales, des tableaux d'histoire ou de chronique, par exemple : Alde Manuce faisant les honneurs de son imprimerie à Jean Grolier; une chevauchée des Quatre Fils Aymon, des scènes de *Salammbô*, etc.

La réaction contre la rétrospectivité est devenue aujourd'hui active et énergique. Parmi les artistes qui l'ont résolument entreprise et qui la mènent avec une courageuse

Atelier de reliure des Librairies-Imprimeries réunies

obstination, les uns, après Marius Michel et Cuzin, demandent au naturalisme, à la stylisation de la plante et de la fleur, les éléments variés d'un art nouveau ; d'autres se sont jetés dans le japonisme comme dans une fontaine de Jouvence, et ils importeront non seulement son esthétique de la fantaisie pittoresque et lumineuse, mais jusqu'à ses papiers, ses étoffes, et ses cuirs, estampés, dorés, laqués, aux animaux féeriques et aux capricieuses guirlandes de fleurs et de fruits. Il en est —

Batterie de Machines à coudre au fil métallique
Maison Lenègre

et ceux-là donnent à la génération nouvelle sa tendance la plus caractéristique et la plus féconde — qui, pour composer une décoration, sans réminiscences du passé, ni emprunts à l'exotisme, s'inspirent exclusivement du sujet de l'ouvrage. Ils mettront, avec une simplicité spirituelle, sur *la Céramique* de Jacquemart un frais décor à la corne en faïence de Rouen ; au plat de *l'Éventail* d'Octave Uzanne, les multiples armes de coquetterie de la femme, soit en bronzes japonais sertis dans un maroquin galant, soit en fines mosaïques de tons variés. Un *Chat botté*, s'enlevant en léger relief sur un cuir vaporeux, symbolise fort nettement les *Contes de Perrault ;* et, de la couverture de *l'Oiseau* de Michelet, on fera, par des théories de bouvreuils, d'hirondelles, de mésanges et de rossignols, un pur chef-d'œuvre de grâce et d'originalité. Enfin, pour clore une énumération d'exemples typiques qui pourrait être fort longue, des types militaires, vieux grognards de l'Empire, brigands de la Loire, turcos d'Afrique, etc., allégoriseront ingénieusement la reliure d'un ouvrage sur Bellanger ou Raffet. La mosaïque rationnelle, qu'elle le soit d'emblèmes ou de synthèse littéraire, constitue la forme essentielle d'une évolution, qui, pour rester toujours progressive

Machines à couper le papier & Presses à imprimer les couvertures
Maison Lenègre

et vivante, doit suivre étroitement, dans son expression artistique et technique, l'évolution des idées. Sous l'influence d'esthéticiens nouveaux, cette réaction prendra aussi quelquefois une allure paradoxale ou excentrique, combattant une rétrospectivité par une autre, et tombant ainsi joyeusement de Charybde en Scylla. « Le bibliophile artiste, est-il dit dans une brillante profession de foi de l'un d'eux, non seulement se plaît à concevoir sa bibliothèque de telle façon que chacun de ses livres doit exprimer par sa décoration extérieure l'esprit même de son texte, mais encore n'entend-il point passer sous les fourches caudines de la routine et prouve-t-il qu'il existe d'autres vêtements pour le livre que l'éternel maroquin, le veau, le chagrin et la toile dite à l'usage des relieurs. Il possède la science, dans ses flâneries du bric-à-brac, de dénicher de jolies soieries anciennes d'un ton très doux, harmonieux, tendrement flétri; des velours de Gênes à petites fleurettes, des peluches fines comme peau de pêche et des cuirs souples, patinés par le temps, et frappés d'adorables arabesques. » Ces novateurs sont des impulsifs, impétueux et irrésistibles dans leurs protestations et dans leurs projets. Il ne leur suffit pas de donner à l'habit extérieur du livre une originalité nouvelle; la doublure doit être l'objet des mêmes soins attendris. Le bric-à-brac n'aura pas assez pour eux d'étoffes anciennes, brochées, lamées, godronnées et fanées; à défaut de tissus, ils rechercheront les papiers de soie du Japon et de

Reproduction typographique en noir d'une couverture en couleur estampée gravée à l'eau-forte, imprimée en taille-douce

la Chine; et, quand l'engouement est passé de ces parures de satin, de damas, de faille, de gros de Tours, etc., débris de vieilles robes à paniers, de pourpoints séculaires et de vénérables gilets, par suite de leur vulgarisation en dehors du groupe, la passion d'inédit les précipite sur les fragments de kakemonos, sur les estampes et les dessins des artistes d'Extrême-Orient. Et après cela? En art comme en politique, chacun a son jacobin. Ira-t-on encore plus loin? Une réaction contre cette réaction naîtra fatalement de son outrance. Plaise aux dieux qu'on ne nous ramène point, par contre-coup, aux Maioli et aux Grolier!

Quelques amateurs et artistes renouvelleront, en les exagérant, sinon de richesse, d'étrangeté dans la matière ornementale, les fantaisies des grands seigneurs du Moyen Age et de la Renaissance, qui faisaient recouvrir leurs manuscrits de pièces d'orfèvrerie massives, rehaussées d'ivoires, de pierres précieuses et d'émaux. Un exemplaire du *Violon de faïence* de Champfleury, en guise de plats, porte deux

morceaux de céramique, exécutés d'après des dessins d'un artiste de la manufacture
nationale de Sèvres. Deck revêt de même façon une reliure de son ouvrage sur
la faïence. Des camées et des médailles antiques, enchâssés dans des mosaïques
romaines en maroquin, illustrent allégoriquement une *Vie de César*, par Napoléon III.
Burty mettra des émaux de Claudius Popelin aux couvertures élégantes des ouvrages
techniques de son ami : *l'Art du potier*, *l'Art et l'Émail*, *l'Émail des peintres* et *les*

Dans l'atelier d'assemblage
Maison Lénègre

Vieux Arts du feu; à celle d'un exemplaire avec dédicace de *Napoléon le Petit*,
une abeille provenant du trône impérial des Tuileries. Plus audacieux encore, un
bibliophile ou bibliomane, compliqué d'un collectionneur féru de rétrospectivité,
ne s'avise-t-il pas d'enchâsser dans un maroquin à compartiments des vieux limoges?
Des plaquettes d'orfèvrerie, signées des médailleurs modernes les plus illustres,
ornent toujours, comme si le protocole l'exigeait, les reliures des albums commémo-
ratifs d'Expositions ou de grands événements publics, offerts aux chefs d'État. Dans
les livres de messe et les Heures de mariage, le goût des fermoirs de métal, des
plats de velours frappé, des mosaïques de cuir polychrome et des ivoires sculptés

se perpétue religieusement et alimente une branche importante de l'industrie.

A l'inverse de ce qui se produit généralement dans les industries artistiques, la reliure commerciale présente plus d'originalité, de fantaisie et d'imprévu que la reliure dite d'art, qui, en conservant les procédés techniques du passé, semble vouloir, non moins fidèlement, en perpétuer l'esprit vieillot et les traditions surannées.

Presse pour le tirage en couleurs des couvertures
Maison Lenègre

Et, même, celle-ci est-elle redevable à celle-là de la plupart des innovations par lesquelles elle nous donne l'espérance d'une tentative générale de modernisation. La particularité est piquante; il est utile de la signaler comme une démonstration de l'inanité du préjugé populaire à l'égard de l'impuissance de l'industrie mécanique à provoquer, sinon à suivre un mouvement artistique, durable et fécond. L'outil n'est mauvais qu'entre les mains d'un mauvais ouvrier. En 1851, Ambroise Firmin-Didot écrivait : « Depuis quelque temps, mais pour les cartonnages seulement, on a adopté des ornements se rapportant par le dessin au sujet traité dans le livre qu'ils recouvrent. Il est désirable que les relieurs, sortant de leurs habitudes routinières, cherchent désormais à donner à leurs reliures un caractère plus particulier. Chaque art a des principes dont il ne doit pas s'écarter. Les reliures modestes mais bien exécutées qui se cachent derrière ces riches objets d'étalage sont cependant celles que le jury apprécie le plus, tout en désirant que leur prix soit moins élevé. » Ce vœu a été réalisé par la reliure commerciale, et même au delà de toutes les espérances ; car, dans sa recherche constante de formes nouvelles, elle a parfois dépassé le but et versé dans l'exagération et l'excentricité. On pourrait, à l'appui de cette intéressante démonstration, trouver de nombreux exemples, qui remontent très haut dans l'histoire de la reliure française ; car l'application de la machine dans cette industrie est déjà tri-séculaire. Geoffroy Tory, devenu libraire-éditeur après avoir été peintre, dessinateur et graveur, composa pour ses *Heures* une couverture mobile portant la célèbre marque de fabrique, le « Pot cassé », et la tira à la presse typographique. Les érudits nous assurent encore qu'à la fin du seizième siècle, les relieurs renoncèrent à s'adonner, comme précédemment, aux contrefaçons commerciales des riches reliures du temps, des œuvres de Grolier, de Pierre Roffet, dit « le Faucheux », de Philibert Lenoir et de Guyot Marchand, et s'efforcèrent d'assurer à leurs produits une valeur artistique

Divers états de tirage d'un cartonnage polychrome

particulière. Ils ajouteront que, sous le règne de Louis XV, la reliure commerciale déploya de réelles qualités techniques et un vif sentiment de la décoration dans ses plaques, le plus souvent d'une seule pièce pour les plus grands formats, et imprimées soit à la presse typographique, soit au balancier. Cette industrie n'innovait-elle pas, en ce même temps, la garniture en étoffe des gardes et les premiers papiers gaufrés, dorés

Vue d'ensemble des ateliers de reliure de la Maison Lenègre

Vue d'ensemble des ateliers de brochage de l'Imprimerie nationale

et repoussés ? L'invention de nouvelles machines, aussi expéditives qu'économiques, réduisant de plus en plus le prix de revient, provoquera, entre les industriels, la concurrence par les riches dessins et par la perfection du travail des impressions polychromes et à métaux précieux. On signalait déjà, en 1851, l'exposition, par un mécanicien des États-Unis, d'un outillage nouveau pour endosser et coudre, qui apportait une grande économie de main-d'œuvre dans la fabrication. Les presses à balancier se perfectionnent ; on invente la presse à genouillère. Engel importe d'Angleterre en

Atelier de brochage
Maison Paul Dupont

France, en l'améliorant, l'impression simultanée en noir et en couleurs, par une combinaison ingénieuse d'engins qui frappent les plaques en or et se transforment en machines à imprimer, portant avec elles leurs rouleaux d'encrage et leurs plateaux. Aujourd'hui, un atelier de reliure commerciale est une usine industrielle, où tout se produit mécaniquement, à la vapeur et même à l'électricité. Des fours à air chaud sèchent le papier apporté tout humide de l'imprimerie ; des presses hydrauliques,

Nouvelle table rotative à assembler
Atelier des Librairies-Imprimeries réunies

dont quelques-unes atteignent des pressions de plus de 120 000 kilogrammes, le compriment ; des calandres puissantes le satinent ; des machines l'assemblent et le cousent en cahiers avec une vertigineuse rapidité, et des massicots énormes en rognent le bloc d'un seul coup. Pendant ce temps, d'autres engins ont coupé et biseauté les cartons ; dans la peau, le cuir, la toile, le papier, le « mouton » ou la presse à gaufrer incrustait sous sa planche de cuivre l'or, l'argent, le bronze, la polychromie d'un dessin pittoresque. Et, quand convergent sous la main du relieur, d'ici, la brochure dont la tranche, au passage, vient de recevoir une dorure ou un marbré ; delà, la couverture rapidement habillée de son enveloppe et de sa garde, il n'a plus qu'à insérer mécaniquement

Reproduction en noir d'une collection de cartonnages imprimée en un seul ton

l'une dans l'autre : le volume est relié. Cinq cents
ouvriers et ouvrières, et un outillage, mû par une force
de cent vingt chevaux-vapeur, produiront ainsi, dans
une usine modèle, huit mille volumes par jour, deux millions et demi par an.

La prodigieuse variété de la production de la reliure
commerciale la fait échapper à toute tentative d'analyse
d'art ou de technologie. A peine pourrait-on établir
quelques grandes divisions chronologiques se rapportant
à une évolution générale du goût, à condition toutefois
de ne point remonter au delà de ce dernier quart de
siècle. D'abord, les éditeurs se contentent d'une ornementation relativement discrète, obtenue par l'emploi de
motifs géométriques et de titres de fantaisie, et qui ne
compte qu'un ton ou deux, le plus souvent une simple
dorure. Viennent ensuite quelques compositions décoratives, qui présentent des allégories ou des emblèmes se
rapportant au sujet de l'ouvrage, et se développent plus
librement. La polychromie apparaît avec timidité. Mais
des dessinateurs hardis découperont en silhouettes d'or
ou d'argent les figures des personnages dont l'écrivain
conte la vie, décrit les travaux ou chante les exploits.
Les ors gagnent toute la surface des plats, sur des fonds
de couleur destinés à les mettre en relief. Bientôt, cela ne
paraîtra plus suffisant pour attirer l'attention. La couverture se fractionne en compartiments variés, losanges,
triangles, cercles, demi-lunes, bandes et écussons, qui
contiennent des scènes diverses, empruntées à l'ouvrage;
les tons les plus éclatants se prodiguent pour accentuer
l'attraction de ce titre historié. Par ses excès, le genre

ne tarde point à tomber en décadence ; on se lasse des festons et des astragales, des ors et des argents. La vogue du japonisme a remis la nature en honneur. Le décor géométrique et la vignette sentimentale font place à une ornementation florale, délicate, légère et gracieuse, qui s'enlève fraîchement sur une toile aux tons clairs ; au milieu, le titre s'inscrit en toute simplicité, ne visant à l'effet que par l'élégance et la pureté des caractères. Il apparaît, alors, en ce genre, des chefs-d'œuvre de goût et d'originalité, et l'impression en polychromie lui donne une extension prodigieuse, par la facilité de reproduction des fantaisies de coloris les plus audacieuses et les plus vibrantes.

Reproduction typographique, en noir, d'une couverture de cartonnage
imprimée en aquarelle

La mode a adopté cette forme nouvelle et semble devoir lui conserver ses faveurs, avec une fidélité fort rare dans l'histoire de ses capricieuses évolutions. De temps à autre, la rétrospectivité tentera bien quelques retours offensifs : imitations de reliures anciennes, copies de vieux cuirs ciselés, etc. ; mais elle remporte moins de succès que d'échecs, et les manifestations de l'art moderne témoigneront d'assez de vigueur et de fécondité pour espérer l'abandon prochain et définitif du vieux neuf et de la contrefaçon.

La simple couverture du livre broché elle-même présente actuellement un caractère décoratif, donnant une physionomie aussi attractive que pittoresque aux productions de la librairie française. Elle a subi également des transformations successives, qui ne sont point sans intérêt. Le romantisme l'historie, de la façon la plus animée, de

vignettes aux allégories et emblèmes truculents, où Nanteuil, Devéria, Grandville,
Jean Gigoux, Gavarni, Raffet et Henri Monnier montrent une imagination exubérante, intarissable et parfois fertile en inventions décoratives d'une charmante fantaisie.
La création des séries multiples d'ouvrages sous le nom de Bibliothèques, dans lesquelles les éditeurs font entrer leurs diverses publications, interrompt, pendant un
certain temps, cette illustration extérieure, et lui substitue la sévérité des titres en simple

Atelier de brochage de la Maison Henri Charles-Lavauzelle, à Limoges

typographie, sur papier insipide et éphémère de couleurs. C'est à peine si une marque
de librairie, discrète et souvent fort banale, en atténue la monotonie. Mais le goût de la
polychromie et la nécessité d'attirer l'attention de la clientèle font revivre, un jour,
la mode de la couverture décorative. Après quelques tentatives indécises, se bornant
tout d'abord à une légère composition de milieu extraite de l'illustration intérieure et
qui obtiennent du succès, la chromotypographie, dans toute l'attraction de sa nouveauté,
offre à cette mode le précieux concours de ses procédés économiques, aptes à
réaliser les compositions les plus séduisantes. C'est le *Conte de l'Archer* qui inaugure
l'innovation par la superbe composition de Scott : une enseigne d'auberge moyenageuse
en fer forgé, fleurie de roses, qui a dans son écu une délicieuse vignette en camaïeu

Les Ateliers de brochage de la Librairie Masson

de Poirson, représentant une scène de beuverie entre Bignolet et Tristan, les deux héros du joyeux trouvère contemporain. On raffole de cette exquise invention, et, bientôt, tous les ouvrages d'un caractère littéraire aimable et gracieux se revêtent, à cet exemple, d'une parure artistique, aux éclatantes polychromies sur fonds d'or et d'argent, rappelant les merveilles des miniaturistes. Quant aux livres plus sévères et de grand format, leurs couvertures gaufrées reproduiront, au début, des fers de reliure

Galeries des réserves. Magasins des Librairie-Imprimeries réunies
(Ancienne Maison Quantin)

ancienne, des cadres inspirés de frontispices des éditions célèbres, de Geoffroy Tory, de Martin de Vos, de Cochin, de Choffard et de Moreau ; puis, des maîtres contemporains en composeront de nouveaux, d'une élégance et d'une virtuosité incomparables. Et les montres de libraires, pour la joie des yeux des passants, ressembleront à des expositions d'estampes, d'aquarelles, de pastels et de chromos. A cette heure, la théologie, la science pure et l'économie politique exceptées, tout ce qui se publie porte sur son titre une image, une vignette, un décor, un ornement, une tache de couleur, un point de lumière, destinés à provoquer l'attention, à retenir la curiosité, à éveiller un désir. Il y a là un mouvement artistique du plus haut intérêt, dont le caractère est l'originalité, la fantaisie, l'esprit et la variété : toutes qualités superbes de la jeunesse, et expression éclatante de sa puissance. Si la reliure, dite d'art, rompant résolument avec le passé, suit, dans cette voie, la reliure commerciale, elle renaîtra à une vie nouvelle et pourra ainsi léguer au siècle de demain, non plus des copies et des imitations, mais des œuvres modernes attestant fièrement la fécondité du génie français.

Reproduction en noir d'une reliure en mosaïque
de couleur

Postface

Le Projet de l'Auteur

La Poésie de l'Industrie

Au bout de ces deux cents pages mettre le mot « Fin » serait, il me semble, de l'impertinence ou de la sottise. Pour un sujet aussi vaste, aussi varié, aussi complexe, elles constituent à peine une esquisse; esquisse sommaire, rapide, qui, en dépit de toute la bonne volonté de l'auteur, ne donnera probablement qu'une idée bien générale de toutes les belles industries du Papier. Si, au moins, le désir d'en savoir plus suivait cette constatation décevante, il en recevrait une grande joie et beaucoup d'orgueil. Inspirer un regret, éveiller une curiosité n'est point un médiocre résultat. Lui permettrait-on de plaider les circonstances atténuantes? Le travail à faire n'était pas aisé, et, même, à l'entreprendre dans des conditions normales, y avait-il quelque présomption. Écrire en trois mois l'histoire des progrès artistiques et industriels de la Papeterie, de l'Imprimerie, de la Gravure, du Livre, du Papier peint, etc., pendant un quart de siècle! Hélas, aux difficultés d'ordre purement matériel, lourdes, pénibles, mais non insurmontables, il s'en est ajouté d'autres, plus cruelles, créées par le misonéisme, les préventions, la méfiance et les préjugés. « Grands dieux! à quoi « songez-vous? Votre naïveté égale, si elle ne la surpasse, votre ambition! Et nos secrets « professionnels, nos recettes techniques, nos procédés, nos tours de main, nos inven- « tions et nos brevets? Révéler tout cela à nos concurrents, à l'étranger! » L'effa- rement des visages et des gestes prouvait une sincérité, irréductible et accablante, qui donnait déjà à l'auteur de l'anxiété et des remords. Ce n'est point tout. La préoccupation de l'apparence d'une réclame commerciale hante tous les esprits. « Qui « pourra croire à l'impartialité et au désintéressement d'une critique ou d'un éloge? « Tout ne se paye-t-il pas aujourd'hui? » Et l'auteur rêvait joyeusement qu'on en était revenu aux temps heureux où les reines, pour des vers, embrassaient les poètes endormis. Il ne pouvait être question pourtant ni d'un catalogue ni d'un manuel. Prétendre enseigner leur métier à des imprimeurs, à des mécaniciens, à des papetiers! L'auteur, tout le premier, en a ri.

Combien plus simple et plus pratique était son projet!

Il allait s'ouvrir une Exposition internationale, consacrée aux industries nombreuses qui se rattachent au Livre et au Papier. Le Gouvernement, le Cercle de la Librairie, les chefs de toutes ces industries lui assuraient leur concours et leur protection. Au lendemain d'une longue crise, cette manifestation est opportune et doit être féconde. Dans un microcosme pittoresque et séduisant, elle offrira au public le résumé de tout ce qu'elles produisent aujourd'hui de plus perfectionné; le public y prendra intérêt; peut-être se passionnera-t-il, et l'Exposition aura marqué le retour d'une nouvelle période de prospérité. Ne serait-il pas, alors, actuel et utile de publier un volume, qui contienne lui aussi, sous une forme attrayante, une démonstration éloquente et suggestive : celle de ce qu'il a fallu de travail, d'énergie, de ténacité et d'intelligence pour créer tout cela? A côté de la description de l'œuvre typique, mettre l'exposé de sa genèse; dans l'analyse des transformations successives des systèmes, des procédés et de l'outillage de fabrication de chaque branche de l'industrie, dégager de la technologie et du matérialisme un peu d'esthétique et de poésie. L'auteur se mit aussitôt à la besogne, pendant que son dévoué collaborateur, Chmielenski, expert en la matière, préparait les éléments d'une illustration originale et vivante. Tout d'abord, il entreprit de montrer l'alliance de la science et de l'industrie; leurs progrès mutuels, incessants, et la conquête qu'elles ont faite ainsi des richesses de la nature; puis, comment le génie humain est arrivé à substituer peu peu la puissance de l'intelligence à celle de la force matérielle, le travail des cerveaux à celui des bras, et a réalisé par là une révolution sociale. Ensuite, le Livre, la Presse, l'Estampe, l'Affiche, etc., lui ont paru la matière la plus admirable et la plus féconde à mettre en développements philosophiques et littéraires, comme l'expression superbe de la solidarité humaine dans la communion constante de l'Idée et le témoignage éclatant de l'instinct général de la vie sous toutes ses formes, dans l'éternelle préoccupation de rappeler le passé, de retenir le présent et de rapprocher l'avenir, avec leurs joies, leurs douleurs, leurs espérances et leurs illusions, par l'image, l'histoire, le roman, la fantaisie et le rêve.

« Quelle tempête dans un verre d'eau! » diront les ignorants. « Vous êtes orfèvre, monsieur Josse, » ajouteront les sceptiques. Un sourd qui voit jouer des musiciens rit de leurs gestes inutiles et grotesques. La poésie est partout pour qui en a le sentiment et qui sait la découvrir. Elle est jusque dans les singularités et les contrastes de l'industrie, qu'elle justifie et explique avec autant d'exactitude que d'ingéniosité.

Quand les premiers papetiers émigrent, des centres populeux, au milieu des forêts de sapins et de mélèzes, dans les gorges profondes des Cévennes, de l'Auvergne et du Dauphiné, ils s'en vont simplement chercher des torrents pour faire mouvoir leurs moulins à chiffons. Qui leur prédirait que la forêt, qu'ils ont appris bien vite à aimer pour sa beauté grandiose, pour son mystère poétique, pour sa protection incessante contre l'avalanche et contre l'inondation, leur fournira plus tard, comme une divinité récompensant ses adorateurs fidèles, la matière première du papier, aurait très vite, inculpé de sorcellerie, fait l'expérience, sous forme de bûcher, d'un autre emploi des arbres, moins bienfaisant. S'il plaît à l'auteur de traduire de cette façon, en métamorphose d'Ovide, un événement industriel, en a-t-il diminué la portée? Il récidivera bien plutôt par un second exemple, tiré d'autre part, et qui confirme le premier.

Un jour, à peu près vers le même temps, de ces Cévennes descendent dans une ville noire des paysans trapus et vigoureux, qui veulent devenir des forgerons : il y a là en abondance du fer et du charbon. D'un autre côté, par une vallée profonde, montent vers la même ville une colonie joyeuse d'hommes élégants et de belles femmes, apportant d'Italie une industrie nouvelle, toute de grâce et de fantaisie : les rubans. Sur ce point du monde moderne se renouvelle le mythe antique de la visite de Vénus à Vulcain. Les économistes et les techniciens se mettront martel en tête pour comprendre comment, au milieu de ces charbonnages, de ces hauts fourneaux, de ces forges et de ces ateliers métallurgiques, sous ce ciel enfumé, peuvent éclore, aussi fraîches, aussi éclatantes, les plus belles fleurs de l'art industriel, et découvrir pour quelles raisons cette industrie s'y acclimatait avec tant de facilité que, trois cents ans après — alors que beaucoup d'importations du même genre ont depuis longtemps disparu de régions où tout, dans le climat, dans les conditions sociales, dans les traditions artistiques, semblait devoir hâter leur développement et leur assurer une existence brillante, et que le pays même d'où elle est sortie n'en a plus conservé de traces, — elle est plus florissante que jamais et donne à la ville noire qui l'a accueillie une prospérité inébranlable et une gloire universelle. C'est le mythe qui continue. Vénus venait chercher des armes dans les forges de l'Etna. Qui aurait pu lui en fournir de plus étincelantes? Maître Gayotti, le chef de la bande des rubaniers lucquois, allait là, parce qu'un mythe créé par les poètes ne disparaît jamais; à peine s'il se transforme, pour être compris des humanités nouvelles; et ceux que les dieux immortels appellent à le perpétuer en sont inconscients et impulsifs, comme les héros tragiques d'Eschyle marqués au front par la fatalité. Ces couleurs si tendres, si délicates, si savoureuses, d'une variété si infinie, qui permettent de donner aujourd'hui aux rubans et aux velours — ces armes de la Beauté moderne — tous les tons, toutes les nuances que la nature a mis aux pétales des fleurs, c'est le charbon qui devait les fournir. Dans une pierre inerte, au sein de la terre, avait été enfermée, pendant les transformations géologiques de notre planète, la flore qui couvrait le sol aux temps antédiluviens; et, à cette heure, cette pierre nous rend, par la puissance magique de la Science, tout ce qui en était la splendeur inconnue.

La poésie de l'industrie, elle est si intense, si puissante que l'ouvrier lui-même en éprouve la sensation. C'est elle qui, en dépit du labeur écrasant et du danger perpétuel, de la misère et de la mort, lui fait aimer son métier et lui en donne l'orgueil. Elle aussi est « l'Éternelle Chanson », la philosophie sociale, qui le réconforte et le réjouit. Par elle, il a la conscience et la joie que de cette transformation de la matière, de cet enfantement industriel, douloureux, sanglant et parfois mortel, il est sorti un produit, une œuvre, qui a quelque chose de sa chair, de son cerveau et de son cœur, de sa pensée et de son idéal, et qui accomplira une mission dans la vie, apportera à la famille, à la patrie, à l'humanité, un plaisir, une richesse, une gloire.

C'est là ce que j'ai voulu mettre dans ce livre sincère. Si je n'y ai point réussi, la forme a trahi l'idée ; la réalité a défiguré le rêve.

Marius VACHON.

Août 1894.

Le Cercle de la Librairie
à Paris

Achevé d'imprimer

le 31 octobre 1894, par les Librairies-Imprimeries réunies

May & Motteroz, Directeurs

Sur papier fabriqué spécialement pour cet Ouvrage

par

Outhenin-Chalandre fils & Cie

Avec les encres de Lefranc & Cie

Photogravures de L. Bordier

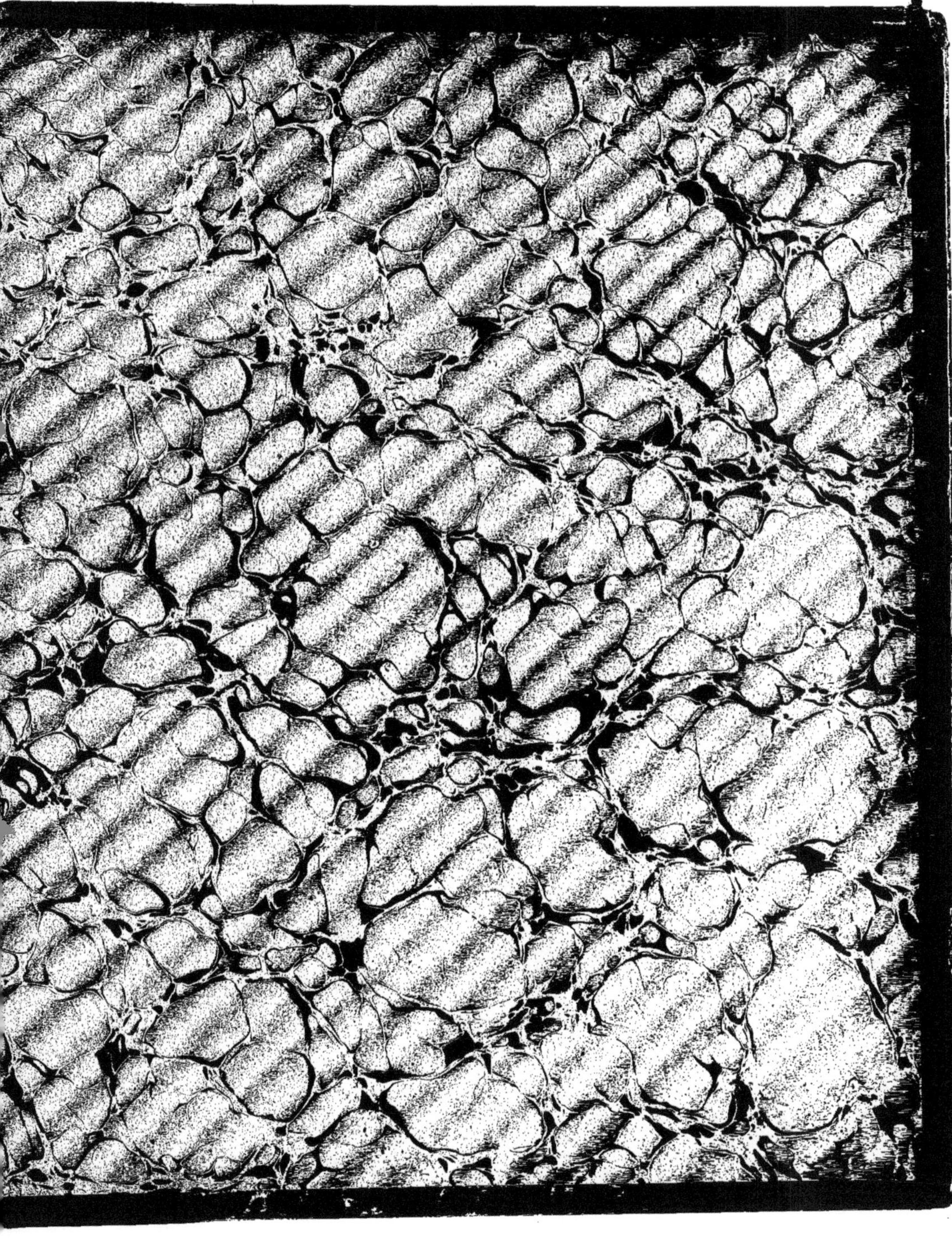

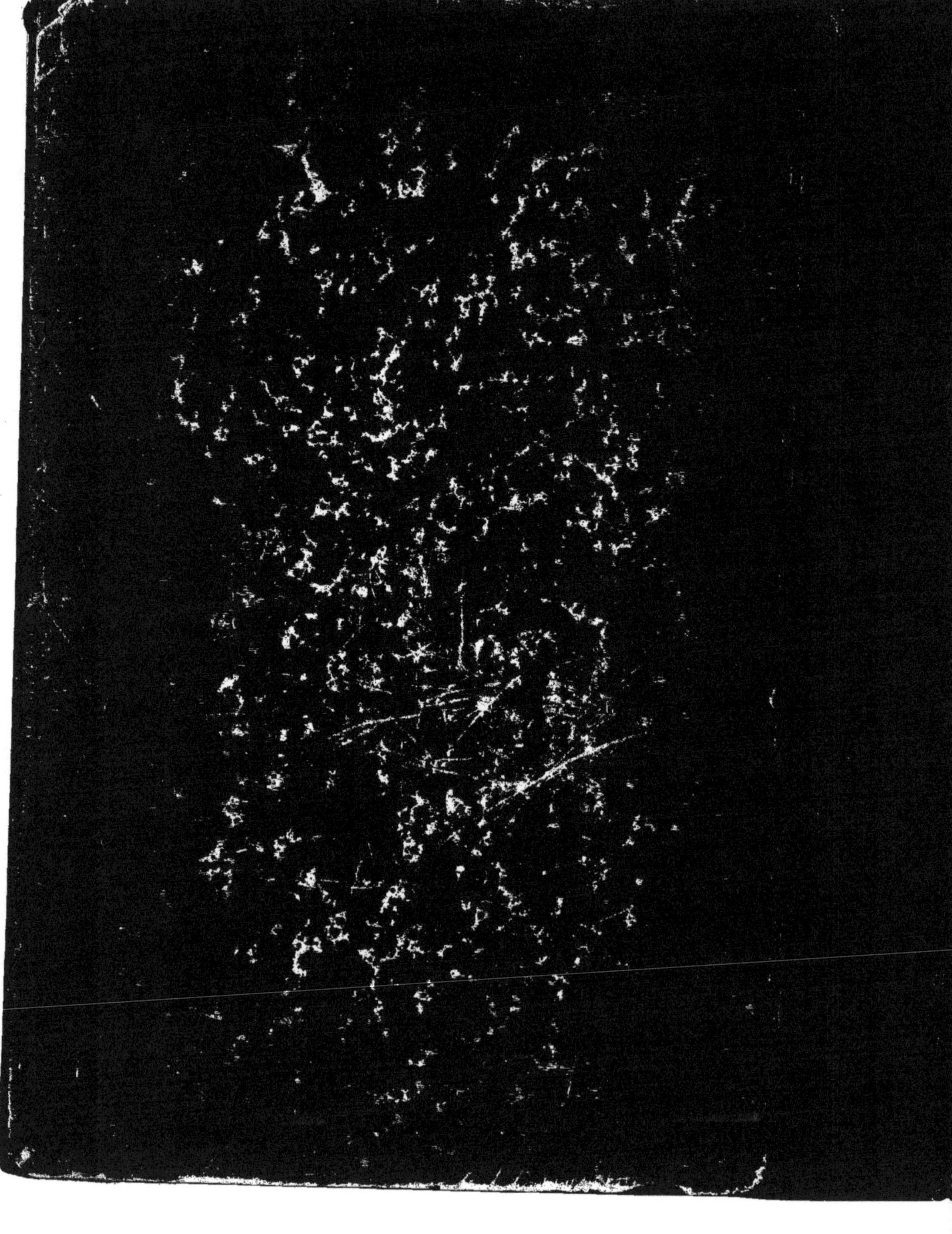

www.ingramcontent.com/pod-product-compliance
Ingram Content Group UK Ltd.
Pitfield, Milton Keynes, MK11 3LW, UK
UKHW020603230726
13926UKWH00005B/2162